岭市政协文史资料第十一辑

久庵先生文选

〔明〕黄绾 著
张宏敏 整理
刘航 审阅

U1014590

浙江古籍出版社

图书在版编目（CIP）数据

久庵先生文选 /（明）黄绾著；张宏敏整理. -- 杭州：浙江古籍出版社，2024.1

ISBN 978-7-5540-2848-3

Ⅰ.①久… Ⅱ.①黄… ②张… Ⅲ.①黄绾（1477-1551）—哲学思想—文集 Ⅳ.① B248.61-53

中国国家版本馆 CIP 数据核字（2024）第 007044 号

久庵先生文选

（明）黄　绾　著

张宏敏　整理　刘　航　审阅

出版发行	浙江古籍出版社 （杭州体育场路 347 号　邮编：310006）
网　　址	https://zjgj.zjcbcm.com
责任编辑	徐　立
责任校对	吴颖胤
封面设计	吴思璐
责任印务	楼浩凯
照　　排	杭州立飞图文制作有限公司
印　　刷	浙江海虹彩色印务有限公司
开　　本	880mm×1230mm　1/32
印　　张	11.5
彩　　插	4
字　　数	243 千字
版　　次	2024 年 1 月第 1 版
印　　次	2024 年 1 月第 1 次印刷
书　　号	ISBN 978-7-5540-2848-3
定　　价	68.00 元

如发现印装质量问题，影响阅读，请与本社市场营销部联系调换。

黄绾画像(《洞山黄氏宗谱》)

久庵先生文選卷第一

明禮部尚書兼翰林院學士黃岩黃綰著

賦　四言詩　五言古詩

惜志賦

羌古人之好脩兮續佩服之陸離時好穢而昌讒兮或沉淵以遺悲白日迅其不留兮昧黃昏之非期胡余亦好芳兮固無羨乎青朱欲羿麟以馳騁兮窮大道于黃虞招風牧而為仇兮參皋夔以齊驅何今日之貿貿兮溷美惡而無區蝘蜓為龍兮魚目為珠羌美人之既邁兮藐遐軌而莫追欷歔

久菴先生文選　卷之一　一

癸壬春刊

日本尊经阁文库藏明万历刻本《久庵先生文选》

黄绾少年求学地（今为温岭市大溪镇方岩书院）

黄绾手书摩崖石刻（位于今黄岩翠屏山灵岩洞侧）

黄绾生圹自铭摩崖石刻（位于今路桥东盘山）

黄绾墓（位于今黄岩城北新宅村紫霄山）

整理说明

《久庵先生文选》的作者黄绾，字宗贤，号石龙，又号久庵山人、久庵居士、石龙山人，后世学者称久庵先生、久翁先生。明浙江布政司台州府太平县洞黄村人（一作黄岩人）。生于明宪宗成化十六年二月十一日（公元1480年3月31日），卒于明世宗嘉靖三十三年九月四日（公元1554年9月30日），享年75岁。作为政治家与社会活动家的黄绾，一生经历明成化、弘治、正德、嘉靖四朝。为官二十余载，先后四次出仕，又四次请归，穿梭往来于北京、南京之间，历任后军都督府都事、南京都察院经历司经历、南京工部营缮司员外郎、南京刑部员外郎、《明伦大典》纂修官、光禄寺少卿、大理寺左少卿、詹事府少詹事兼翰林院侍讲学士、南京礼部右侍郎、礼部左侍郎、礼部尚书兼翰林院学士等职。因任南京都察院经历时，积极参与了嘉靖初的"大礼议"活动，与张璁、桂萼、席书、黄宗明、方献夫、霍韬等人极力主张"继统不继嗣"，又在任礼部左侍郎时作为钦差成功抚勘了"大同兵变"，而受到嘉靖帝的赏识与信任，后官至礼部尚书兼翰林院学士。

作为思想家、哲学家、文学家的黄绾，学富五车、"志在天下"，毕生以学"圣人之学"而"明道"为己任。青年时期，师从理学名家谢铎，刻苦用功于程朱理学。中年时期，与王阳明、湛若水等心学大家结盟共学，曾一度服膺于阳明"致良知"之学并创办石龙书院而致力于在台州一带传播弘扬阳明学；阳明殁后，多次上疏为阳明争取“名分”，撰有《阳明先生行状》，辑刊过阳明存世文献，还嫁女于王阳明嗣子王正亿，并抚养成人。晚年因出使安南未成而“落职闲住”于黄岩老家，隐居翠屏山，以读书、著书、讲学终老。黄绾在学术上开展对宋明诸儒学术思想的批判，提出具有复古倾向且成一家之言的“艮止执中”之学，堪称中晚明时期“王门”内部自觉修正“王学”的先驱。

黄绾一生“好古深思，闳览博物”，著述宏富：经学著作有《易经原古》《书经原古》《诗经原古》《礼经原古》《春秋原古》《四书原古》《大学中庸古今注》《庙制考议》等，政论著作有《思古堂笔记》《知罪录》《石龙奏议》《云中奏稿》《边事奏稿》《边事疏稿》等，哲学、文学著作有《困蒙稿》《恐负卷》《石龙集》《久庵先生文选》《明道编》（亦作《久庵日录》）等，家乘编纂有《洞黄黄氏世德录》《家训》等。此外，参修过《明伦大典》，整理了《阳明先生存稿》《桃溪类稿》等。黄绾之著述，徐象梅撰《两浙名贤录》、庆霖等修《嘉庆太平县志》、黄虞稷著《千顷堂书目》、嵇曾筠等修《雍正浙江通志》、陈宝善等修《光绪黄岩县志》、王棻著《台学统》、项元勋编《台州经籍志》、喻长霖等修《民国台州府志》、杨晨编《台州艺文略》，皆有载录。黄绾遗稿号称有数百卷，可惜大多“以海寇残毁散逸”而不传世。今存者仅有《石龙集》《久庵先生文选》《知罪录》《明道编》及散见于明清学者诗文集（诸如《王阳明全集》《明儒学案》《名臣经济录》等）、家乘（《洞黄黄氏宗谱》）、地方志（如《光绪太平续志》《光绪乐清县志》《雍正浙江通志》）等史料之中的佚诗文若干篇。

对于黄绾的存世文献，《石龙集》《知罪录》《明道编》已经点校出版。遗憾的是，作为黄绾一生诗文选集的《久庵先生文选》尚未单独出版。兹对黄绾《久庵先生文选》的版本、文献价值略作说明。

《久庵先生文选》十六卷，《嘉庆太平县志》《台学统》《台州艺文略》等著录。又，《千顷堂书目》卷二十四作“《久庵集选》十六卷”，焦氏《国史经籍志》亦称之为《久庵集选》。今日本尊经阁文库藏有明万历十三年（1585）刊本，四册，25.7 厘米 ×16.2 厘米，半叶 10 行，每行 19 字，四周单边，版心白口。据编刻者称，该书以择选黄绾《石龙集》《石龙奏议》诗文而成，凡十六卷，共收文一百二十八篇。卷首有“万历乙酉夏日赐进士第知仙居县事前户科左给事中侍经筵官福建布政使司左参议姑苏后学汤聘尹撰”序文，即“黄久庵先生文选序”，序文首叶上下钤有“松倚竹伴”“家在云间”两方印。北京大学严绍璗教授撰《日藏汉籍善本书目》录有《久庵先生文选》书目，以为该书系“原江户时代加贺藩主田纲纪旧藏”。

关于《久庵先生文选》的编刻过程，汤聘尹在序文提到：黄绾遗稿多达数百卷，“以海寇惨毁散佚”。黄绾嗣子黄承忠“绍家学有声”，时任台州知府的李时渐因赏识黄承忠的才能，决定亲自从当时黄绾存世文稿《石龙集》与《石龙奏议》中各选编若干卷予以刻印，并撰《久庵先生文选凡例》；未等付梓，李时渐因官职变动，编选之事暂停。新任台州知府晋江张会宗乐意成人之美，对编选《久庵先生文选》尤加重视，责令时任黄岩县令刘顺征续成其书；编选完毕，张会宗又敦请时任福建布政使司左参议的汤聘尹亲自撰序而刊印。据李时渐任台州知府的时间即万历元年至四年

（1573—1576）以及汤聘尹为《久庵先生文选》撰序时间即万历乙酉十三年（1585），可以推断，《久庵先生文选》从编选到刊刻前后历经十年之久。

关于《久庵先生文选》的编选内容，李时渐在《久庵先生文选凡例》中提到是从《石龙集》与《石龙奏议》二集中“择其树意高古、立论正大、敷设隽永，有关风化、有裨纪纲者选之，得若干篇，约四本，梓之”。其中特别讲到：“先生（黄绾）奏疏词多中肯剀切，无少隐晦，常能言人所不能言，适当多选。”也就是说《石龙奏疏》大部分卷次已经选入，这为我们了解黄绾在“大礼议”中的“继统不继嗣说”、黄绾对治理黄河漕运的策略、对王阳明遭遇的同情及其本人抚勘大同兵变的经过提供了不少第一手的材料，也为我们详细考察明嘉靖前期的国家政局提供了一些史料。

《久庵先生文选》十六卷，正文各卷头题“久庵先生文选卷第×”、卷末题“久庵先生文选卷第×终”。卷一右下角还署有“蔡于春刻”的字样。卷一署“明礼部尚书兼翰林院学士黄岩黄绾著”，其余十五卷署“黄岩黄绾宗贤甫著”。上书口刻“久庵先生文选”，中口刻“卷之×”，下书叶次。全书共有赋诗二百六十九首、文一百二十八篇，其中卷一：赋五篇、四言诗三首、五言古诗三十九首；卷二：七言古诗二十七首、五言律诗三十五首、五言排律二首；卷三：七言律诗七十二首；卷四：五言绝句十六首、七言绝句七十首；卷五：论八篇、杂文十三篇；卷六：序二十篇；卷七：序十六篇；卷八：记二十篇；卷九：书二篇；卷十：书十篇；卷十一：传五篇；卷十二：行状一篇、墓表一篇、志铭一篇、碣铭二篇、碑铭一篇、祭文十一篇；卷十三：奏疏六篇；卷十四：奏疏四篇；卷十五：奏疏三篇；卷十六：奏疏四篇。

如果勘校今存《久庵先生文选》万历年间刻本与今存《石龙集》嘉靖年间刻本，会发现有两点明显差别：一是两书相同题名诗文，正文文本在文字上有不少变动，即王舟瑶提到的“改窜之异文”。之所以会出项大量异文，一个可能的原因就是《石龙集》在黄绾生前不止刊刻一次，至少有两次，王舟瑶校勘所用《石龙集》系早年刻本，而黄承忠等编选《久庵先生文选》所用《石龙集》版本则系经黄绾修订过的新刻本。二是《久庵先生文选》中有部分诗文《石龙集》未录，《石龙集》部分诗文不见于《久庵先生文选》，而《久庵先生文选》中有不少诗文（《石龙集》未录）系黄绾晚年隐居翠屏山时所作，这对我们全面了解黄绾晚年的学术交游、思想变化颇具文献价值。《久庵先生文选》中所收录的黄绾奏疏，即“石龙奏议”对了解黄绾的政治理论、嘉靖帝与黄绾之间的君臣关系提供了不少线索。所以《久庵先生文选》的版本与文献价值不容小觑。

《久庵先生文选》的整理，承蒙温岭市政协文史委的邀约，并提供项目经费与出版资助。杭州市社会科学院刘航助理研究员，参与了书稿的审阅工作。浙江古籍出版社总编辑钱之江先生、责任编辑徐立先生，为书稿的顺利出版，付出了努力。在此，谨致谢忱！

另外，书后附录《黄绾生平系年》《黄绾研究论著索引》，以便读者了解黄绾的生平学术，以及今人对黄绾生平学行的研究最新进展。

张宏敏　谨记

2023 年 9 月 30 日

目　录

黄久庵先生文选序 / *汤聘尹* …… 1
久庵先生文选凡例 / *李时渐* …… 3

久庵先生文选卷一

◎赋

惜志赋 …… 5
谢知赋 …… 5
归志赋 …… 6
太史石赋 …… 7
浩斋赋 …… 8

◎四言诗

匪霜赠余子华 …… 8
河之水 …… 9
青青水中荷 …… 9

◎五言古诗

咏怀 …… 10
感秋（三首） …… 10
怀远 …… 11
侠游 …… 11
杂诗（四首） …… 11
志怀 …… 12
病习辟谷寄阳明甘泉二公 …… 12
送解冲还乡 …… 12
露筋庙 …… 12
赠李生朝绅 …… 13
郑继之访予紫霄结亭留之 …… 13
与继之紫霄夜坐 …… 13
玉辉堂 …… 14
写松屏赠刘仲宾秋官 …… 14

承诏恭和圣制敬一亭诗 …… 14
和游佥事游灵岩韵 …… 14
乙亥归舟逗风蔡家庄见田舍土垣茅茨朴野有类太古慨然兴怀 …… 15
田居（六首） …… 15
九日 …… 16
远怀（七首） …… 16
力耕（三首） …… 17

久庵先生文选卷二

◎七言古诗

画山水歌 …… 19
山人歌 …… 19
雁荡篇和许松皋宪副 …… 20
通明洞为陆伯载进士赋 …… 20
洪水歌 …… 21
和王浚川九日登观音岩歌 …… 21
奉寿太淑人八十歌 …… 22
短短床（二首） …… 22
采莲曲（二首） …… 22
游女曲次夏桂洲宫保韵 …… 23
白纻词（二首） …… 23
感慨歌送周士器太守 …… 23
飞虹峡歌 …… 24
云壁楼歌 …… 24
胡为吟在二公亭作 …… 24
伊人吟在少谷亭作 …… 25
恻边行赠陈太守 …… 25
赠闽族弟希白会试 …… 26
玉溪图歌赠石廉伯 …… 26
题百雀图 …… 26
赠蔡生 …… 27
送曾明卿守茶陵歌 …… 27
松图歌赠张元益 …… 28
凭翠楼歌赠林世善 …… 28

◎五言律诗

与继之郡斋燕集次顾华玉韵 …… 29
吊章达德 …… 29
方思道闻余与继之结亭紫霄诗期共隐次韵招之（二首） …… 29
送余廷实会试 …… 30
游梅花水 …… 30
登焦山 …… 30
次韵周贞庵九日登观音阁 …… 30
再游梅花水 …… 30
观音阁眺望 …… 31

游寒岩 …………………… 31
游明岩 …………………… 31
次韵边廷实听雨 ……… 31
游牛头寺和王东瀛司寇韵 ………………………… 31
哭邵二泉 ……………… 32
燕子矶送黄诚甫 ……… 32
余女妻高洵八年而夭招洵至金陵为续萧氏女使归抚诸孤于其去实有不能为情者诗以送之 ………………………… 32
于东湖柬孔文谷提学用张岱野兵备韵 …………………… 32
和朱荡南太守见寄韵 … 32
送司马太守之怀庆 …… 33
祈雪得应次李蒲汀韵 … 33
新丰阻雪 ……………… 33
送吴达之至任 ………… 33
挽张宜人 ……………… 33
和曾梅台少参枕流亭韵 ………………………… 34
东湖燕集次周士器太守韵 ………………………… 34
东湖燕集次王维祯韵（二首） ………………………… 34
哭吕泾野宗伯 ………… 34
哭王浚川宫保 ………… 34
和刘紫岩道院习仪韵 … 35
和张岱野兵备石门潭韵 ………………………… 35
和张兵备湖亭雨集 …… 35
次姚允复访山中韵（二首） ………………………… 35

◎五言排律

孟渎雪夜饮恽功甫宪副宅语旧 ………………………… 36
乙未文场次王御史承晦登明远楼二十六韵…………… 36

久庵先生文选卷三

◎七言律诗

游香山寺时僧有问予官者作此答之 …………………… 37
夜登嵩岩觅湛秋江遗迹 ………………………… 37
暮春 …………………… 37
幽居 …………………… 38
同俞节推游龙潭寺 …… 38
秋日 …………………… 38
草堂 …………………… 38
登天台 ………………… 39
桃源洞 ………………… 39
北山漫兴 ……………… 39

北山秋思 ………………… 39
雁荡与继之元忠 ……… 40
罗太守邀登云峰 ……… 40
雪后登金山 …………… 40
次韵林见素留别 ……… 40
云龙山 ………………… 41
九日宿迁忆诸昆弟 …… 41
得归 …………………… 41
至日舟经沛中 ………… 41
金陵观涨有感 ………… 42
和紫岩东麓阁韵 ……… 42
王定斋魏师说诸友邀饮郑庄 ……………………… 42
同紫岩泛舟城西 ……… 42
乙未贡院登明远楼作 … 43
忆旧 …………………… 43
紫霄述怀 ……………… 43
和顾华玉游云峰 ……… 44
吴山紫阳庵 …………… 44
除夜瓜埠舟中 ………… 44
寄题舅氏鲍梅坡新居 … 44
冶城东麓阁次浚川韵 … 45
东麓亭次紫岩韵 ……… 45
斋居次紫岩韵 ………… 45
东麓亭次黄筠溪韵 …… 45
送万治斋归田 ………… 46
岁暮书事 ……………… 46
功臣庙次紫岩韵 ……… 46
和曾梅台少参游灵岩韵 ……………………… 46
新岁二日四弟携酒酌江上草堂 ……………………… 47
和张岱野宪副游东湖韵 ……………………… 47
与王汝中沈静夫曾明卿叶敬之冯子通杨汝鸣婿王正亿儿承式承忠同游雁山忆往年与郑继之应元忠赵弘道弟约同游继之元忠弘道久已鬼录（三首） ……………………… 47
移居翠屏（二首） ……… 48
秋居感怀 ……………… 48
咏侄承芳山池 ………… 48
江上草堂 ……………… 48
岁暮感怀 ……………… 49
次秦子亨宫允见访山居话旧韵 ……………………… 49
金鳌山望海有感 ……… 49
雪后野望 ……………… 49
哭李双峪方伯 ………… 50
游真武庙次紫岩韵 …… 50
东园灯燕次紫岩韵 …… 50
送胡秀夫太常考绩 …… 50
寿顾东田七十 ………… 51

往金山次林少泉司空韵 …………………… 51
使云中归浚川赠以诗用韵酬之 …………………… 51
和张阳峰侍郎山行韵 … 51
谷日 ………………… 52
寿任秋山八十 ………… 52
和应立之归田自咏韵 … 52
送范元德岁贡 ………… 52
和高少参雁荡韵 ……… 53
和宗叔亦斋岭店驿韵分得歌字 …………………… 53
和张岱野岭店驿分韵得歌字 …………………… 53
夜读宋靖康德祐史有感 …………………… 53
岁暮江楼咏怀 ………… 54
夜坐一碧楼 …………… 54
次韵留别杜子敬郡博 … 54
陈山人鹤以诗见赠依韵酬之 …………………… 55

久庵先生文选卷四

◎五言绝句

望雁山 ……………… 56
委羽赠继之（二首） …… 56
寿岩夜坐 ……………… 56
题便面 ……………… 56
江南曲次夏少保韵（二首） …………………… 57
见方石谢先生 ………… 57
感事（二首） ………… 57
明印流落远来住我溪亭三年矣兹欲寻访名山诗以赠之（四首） …………………… 57
为施存言写仰峰图 …… 58
岁暮忆三儿承德 ……… 58

◎七言绝句

望湖亭 ……………… 58
送方叔贤归南海 ……… 58
宿灵鹫院 ……………… 59
吾庐 ………………… 59
雨宿半壑庵（二首）……… 59
宿林典卿山居 ………… 59
灵峰洞 ……………… 60
冯园在西湖予为童子侍先君来游逾三十年再至而园莽矣 …………………… 60
访碧峰上人 …………… 60
迟山为刑部邵照磨赋 … 60
净慈寺壁见故友诗墨感而有作 …………………… 60
题晏太监行边图 ……… 61
夜坐赠王给事南渠 …… 61

云中归度居庸关（二首）
…………………………… 61
夜雪与侄承芳及王宗范围炉
…………………………… 61
访张紫阳神化处（二首）
…………………………… 62
赉功为李恭川宪长赋 … 62
与四弟题画（二首） …… 62
鹤园为四弟赋（二首） … 62
题星士孙性之卷 ……… 63
赠潘瑊 ………………… 63
赠吕泾野归关中 ……… 63
出京泊舟保运观道馆书怀
…………………………… 63
出京中秋舟中观月（二首）
…………………………… 63
游白园赠白师慎鸿胪 … 64
题张氏隐居 …………… 64
和萧两湖宪副雁荡道中韵
（二首）………………… 64
题常秋壑赠王湍（二首）…64
雁荡书院赠朱时言 …… 65
和甘泉登罗浮见怀韵（二首）
…………………………… 65
送潘司训归休 ………… 65
暮　春 ………………… 65
次应立之亭池韵 ……… 66
写松（二首） …………… 66
写梧冈图赠陈太守 …… 66
写海峰图赠叶敬之 …… 66
与文启治写壁峰图 …… 66
雨后枕流亭观瀑（二首）
…………………………… 67
中秋洗心亭与王汝中观月
…………………………… 67
灵岩石洞宋丞相杜公范于此
读书 …………………… 67
石门道中答继之苹花之作
…………………………… 67
登华顶 ………………… 68
天台道中忆继之诵其懒椿诗
…………………………… 68
登永康方岩 …………… 68
程舜夫池亭 …………… 68
和夏桂洲少保九日来玉亭韵
…………………………… 68
东关驿 ………………… 69
为僧天轮题画鹊 ……… 69
为虞进士惟明题画 …… 69
南宫早起见落叶有感 … 69
再游西湖（二首） ……… 69
昔同阳明先生及郑伯兴梁仲用
徐曰仁王纯甫顾惟贤王舜卿诸
君游功德寺忽几二十年再至而

忆同游入鬼录半矣寺僧号朴庵亦旧人因其请诗故道旧… 70
挽张思立 …………………… 70
送张少府归凤阳 ……… 70
予铭张木庵墓牟业为刻石以诗来谢次韵答之………………… 70
送赵副使辽东兵备 …… 71
为林尹通写梅趣图 …… 71
叶云壑以诗期过次韵答之 ………………………………… 71

久庵先生文选卷五

◎论

审治论一 …………………… 72
审治论二 …………………… 73
审治论三 …………………… 74
商鞅论 …………………… 75
春秋论 …………………… 76
秦汉得失论 ……………… 77
利害论 …………………… 78
入治朝德日进论 ……… 78

◎杂文

释问 …………………… 79
梦渔说 …………………… 80
留别三友 ………………… 81
赠石门子 ………………… 81
赠王生胤东 ……………… 82
志说 …………………… 83
治河理漕议 ……………… 84
赠周仲玉守巨津 ……… 86
题华山对雨图 ………… 87
题文征明诗墨 ………… 87
题霍山代卷后 ………… 88
钟石山房诗引 ………… 88
题陆文学自制志铭后 … 88

久庵先生文选卷六

◎序

送方石先生应召序 …… 90
燕市悲歌序 ……………… 91
送叶一之序 ……………… 92
交游赠言序 ……………… 92
别甘泉子序 ……………… 93
送王纯甫序 ……………… 94
送王崇贤序 ……………… 95
送吴禹城序 ……………… 96
实翁先生寿序 ………… 96
心贺序 …………………… 97
秋泉生诗卷序 ………… 98
东冈诗集序 ……………… 99
送黄诚甫序 ……………… 99
送祝太守序 ……………… 100
赠陆原静序 ……………… 101

赠俞锦衣序 …………… 102
赠韩庶子谪官序 ……… 102
送黄寅卿归罗浮序 …… 104
赠邹谦之序 …………… 104
贺畦乐翁受封序 ……… 106

久庵先生文选卷七

◎序

送张佥事之广西序 …… 107
赠孙纯伯守邵武序 …… 108
近言序 ………………… 108
祈雪集序 ……………… 109
贺戴封君夫妇朋寿序 … 110
寿丘母序 ……………… 111
阳明先生存稿序 ……… 112
送孙一鹤兵备叙泸序 … 113
山西按事奏议序 ……… 114
赠雷必进序 …………… 115
贺费钟石六十寿序 …… 116
赠王克之擢岳州贰守序 ………………………… 117
送谢子应午序 ………… 118
赠周太守考绩序 ……… 119
长湖章氏家谱序 ……… 120
任氏族谱序 …………… 121

久庵先生文选卷八

◎记

少谷亭记 ……………… 123
回风亭记 ……………… 124
游永康山水记 ………… 124
书园记 ………………… 126
游石佛记 ……………… 127
游散水岩记 …………… 127
道姑庵记 ……………… 128
竹山记 ………………… 128
学易轩记 ……………… 129
南台经历司壁记 ……… 130
忠诚堂记 ……………… 131
修南京礼曹私署记 …… 132
空明小隐记 …………… 132
天真书院田记 ………… 133
少白堂记 ……………… 134
梅池记 ………………… 135
游雁山记 ……………… 136
洗心亭记 ……………… 138
思古堂记 ……………… 138
家经阁记 ……………… 139

久庵先生文选卷九

◎书

上李西涯先生论时务书 ………………………… 141

再上西涯先生书 ········ 155

久庵先生文选卷十

◎书

谢陈御史招应举书 ······ 157
寄谢方石先生书 ········ 158
贽西涯先生书 ·········· 159
谢张东白先生书 ········ 161
谢林南川书 ············ 162
寄储柴墟先生书（二首） ···························· 163
与张罗峰书（三首）········ 164

久庵先生文选卷十一

◎传

静学先生传 ············ 168
占迂先生传 ············ 170
少谷子传 ·············· 172
萝石翁传 ·············· 176
王翁传 ················ 177

久庵先生文选卷十二

◎行状

谢文肃公行状 ·········· 178

◎墓表

吕府君梅安人墓表 ······ 182

◎志铭

薛助教墓志铭 ·········· 184

◎碣铭

张木庵墓碣铭 ·········· 186
白云先生墓碣铭 ········ 187

◎碑铭

东瀛王公神道碑铭 ······ 189

◎祭文

祭张东白先生文 ········ 191
告祖考文 ·············· 192
祭方石先生文 ·········· 193
祭湛太夫人文 ·········· 193
奠西涯先生文 ·········· 194
奠朱白浦侍御文 ········ 194
奠郑继之文 ············ 195
祭徐御史母文 ·········· 195
奠阳明先生文 ·········· 196
奠侯郎中文 ············ 196
祭方思道文 ············ 197

久庵先生文选卷十三

◎奏疏

大礼第一疏 ············ 198
大礼第二疏 ············ 200
大礼第三疏 ············ 201
谏止献帝入太庙疏 ······ 204

论上下情隔疏 ………… 205
论圣学求良辅疏 ……… 207

久庵先生文选卷十四

◎奏疏

论治河理漕疏 ………… 210
议江西军功疏 ………… 214
论治机疏 …………… 216
沥忠乞休疏 …………… 219

久庵先生文选卷十五

◎奏疏

明是非定赏罚疏 ……… 225
星变陈言疏 …………… 229
上明罚安边疏 ………… 233

久庵先生文选卷十六

◎奏疏

遵圣谕敷王道以永定人心疏 …………………………… 236
昭圣功明国是伸大义示四方万世疏 ……………………… 238
赐考妣祭葬谢恩疏 …… 242
定庙谟疏 ……………… 243

附录

黄绾生平系年 ………… 246
黄绾研究论著索引 …… 342

黄久庵先生文选序

汤聘尹

大宗伯黄岩久庵黄先生遗稿无虑数百卷，顾以海寇残毁散逸。其嗣承忠业诸生，绍家学有声。前刺史李磐石公雅善之，选先生稿，梓未竟，以代去。今刺史晋江张公尤加重焉，命黄岩令刘君顺征续其成，顾谓聘尹序之。聘尹，鄙庸人耳，何足为先生重？辞弗允。请而读之，懔然神蜚，若聆邹鲁余绪，固难为浅见寡闻道也！

先生少负巨人志，不断断为博士呫哔习，曰："余其以一时尚而易百世业耶！"筑室紫霄峰下，溯圣贤授受之要，究当世得失之林，铭座右以孔孟伊周为法，居十五年。以王父文毅公世禄起家，参后军督府幕，名公卿莫不延颈愿交。上李西涯、储柴墟诸公书，所条画开陈，于世务靡不切，非干进竞荣也。寻请告，屏迹山墅，仍从阳明、甘泉二先生讲明绝学，抱蕴益宏远矣。会肃皇帝龙飞，诏起遗逸，用柱史朱公荐官留台。自是屡谢屡起，郎缮部、佐光禄、改宫僚，历迁大宗伯。然侃直不诡随，竟以忤权贵归，不啻脱纚，营翠屏以自老。岩居川观，著述益富，非好古深思、闳览博物而探理学之源者，其曷以臻此？

嗟夫！世之曲士拘学庸庸者，固置无论，而其楷摹轧茁，剽猎而博、缀缉而华者，祇以炫盲里、震聋俗，辄自踸踔，曰："吾且左马矣，吾且沈谢矣。”然有识者一眇睇焉，藩篱未剖而室家已罄，是何异目论而耳食也！今读先生文若诗，皆不事雕组、直摅胸臆而其俊伟之识、忠说之谟、恬淡之趣，自可概见其心胸面目。初不曰“吾法古人”而时与古人相出入者，则得之。罗洽沈浸，神契情合，先生固不得而自知也。

当时“大礼议”起，奏牍一上，虽听者骇之，然畅利明正，远胜欧文忠“濮议”。至如《止献帝入太庙》之疏，又屹然持正论而批鳞犯颜，有所不遑恤赐。及其靖云中而反侧皆安，谕交趾而南夷遂帖，见诸勋绩，有成验。曩与阳明、甘泉讲求而传习者，不虚矣！视世之建标立号、侈然自张而实则颠蹶者，不大相远哉？

於乎！浙之名山惟天姥、雁宕为尤胜，黄岩邑其间，紫霄、翠屏其支麓也，又环以大海。意者山川灵粹钟于先生为不偶，而歌咏发挥又得于山川之徜徉矣乎！

是集也，张公乐成李公之美，而刘令克代终焉，胥山川之光也。聘尹遵命，遂僭为之序。

万历乙酉夏日，赐进士第知仙居县事前户科左给事中侍经筵官福建布政使司左参议、姑苏后学汤聘尹撰。

久庵先生文选凡例

李时渐

一、先生所著诗文若干卷名曰《石龙集》，所上章疏若干卷名曰《石龙奏议》，二集共计四十余本，俱已梓行。未几，为倭寇所毁。今缘帙繁不能悉梓，于二集中择其树意高古、立论正大、敷词隽永、有关风化、有禆纪纲者选之，得若干篇，约四本，梓之，名曰《久庵先生文选》。不仍旧名者，以后之学者称为“久庵先生”云。

一、凡为海内名公、党里亲故所作状志铭碣、表传赞跋、往来酬答、寄赠诗歌书简以及有司旌奖、送贺文序等类，不能悉载者，因是集以“选”名，故略之。

一、状志表传，亦有可选而不与者，以他经多梓，如《阳明先生行状》是也。

一、应制诗文，词尚赞扬，体妨骚逸，今亦少录。

一、所选诗文内或有书名、书表、书号不同者，缘其人或在亲厚、或在先辈、或在僚属门士，故别书之。间有宜书号而书表与名、宜书名而书表与号者，又缘纂辑者忘与讹也。

一、先生奏疏词多忠恳剀切，无少隐讳，常能言人之所不能言者，实当多选。今录止此者，以余篇内多文移，数目字面于文体稍碍云。

一、我朝诸作家长于文者或短于诗，长于诗者或短于文，至于诗文之中又不无偏长，若先生诗与文并臻其美，诚作家之最也。读者慎无忽焉！

海岱李时渐伯鸿甫书。

久庵先生文选卷一

◎赋

惜志赋

羌古人之好修兮，缤佩服之陆离。时好秽而昌谗兮，或沉渊以遗悲。白日迅其不留兮，昧黄昏之非期。胡余亦好芳兮，固无羡乎青朱。欲乘麟以驰骋兮，穷大道于黄虞。招风牧而为仇兮，参皋夔以齐驱。何今日之贸贸兮，混美恶而无区。蝘蜓为龙兮，鱼目为珠。羌美人之既迈兮，藐遐轨而莫追。欷歔伤哉！吾将凌白水兮，陟昆仑之孤危。拔琼枝以驾凤兮，入云天之清虚。纵逸羽如所之兮，览方外之无隅。幸日月之未坠兮，极昭昭于斯须。

谢知赋

为虎谷王子作也。

皇余初之矢志，非古训其何追？仰圣哲之懿范，将终身以为期。蹇淹留而莫及，路亡羊以多歧。惟既高而难至，恒十年而睽违。意怊怅以荒唐，行踽踽而堪悲。胡君子之不悯，乃小人之群嗤。念修能之未逮，又何暇乎他为？奉晨昏于膝下，力菽水于山巇。何年岁之陻阨，贻惶惶于慈闱。拦余辔以徂征，望国门而驱驰。汹尘土之茫茫，顾汶汶而无归。非夫子之为德，吾颠连其谁依？诊肝肺于平生，指心旌于狐疑。缔久要于不忘，岂骨肉之可逾！坚志意以相励，尚千载而不渝。羌古人之遭际，信天谋而神毘。匪同气以相求，乃生人之遇奇。傅岩何修而梦至，固殷宗之默思。南阳既卧而欲终，胡帝胄之能移？惟时运之凑泊，亦经纶之宜施。苟鬼神之背戾，虽尼父亦何其？箕子幽囚，梅伯为醢。凤凰在笯，麒麟被羁。乃嵁岩以自藏，庶庞叟之所规。听接舆之来歌，敢鼓瑟于吹竽。怖今日之莫知，爰考卜于蓍龟。旷此世之寂寥，惟斯人之是蕲！

归志赋

哀余生之不淑兮，逢斯世之陻厄。乃蒙童之不灵兮，长惛惛而靡觉。仰前良以取懿兮，转驰骛以履错。何志意之睽违兮，去圣哲之淳悫。旷前修以逴远兮，入迷途以谁挽？怊惝恍以自思兮，顾荒惚而欲返。岂风霜之不裘兮，宁顑颔而不饭！昼乾乾而匪懈兮，宵耿耿其如悬。将谓兹其几兮，又多艰之见窘。思遐陟而中坠兮，既遥奔而复近。将持晦而自显兮，方明白而反隐。将求亲而遇疏兮，忽朝矛而夕盾。奚冰寒而火燠兮，或遥龙而迩蚓。伊时势则固然兮，亦惟命之是允。羌兰蕙之芬芳兮，杂鲍鱼而臭溷。皎白璧之辉光兮，青蝇集而污坋。观古人以为度兮，抚予膺以自忍。尚有垢于予遭兮，乃终立以舒蕴。和怀璞而见弃兮，卒必售夫至宝。膑成能以残形兮，竟奇勋之自造。巷伯僇服宫兮，抒忠雅而直道。马迁佴蚕室兮，擅述作以摛藻。周公流讟兮，舄几几其爰好。傅说胥靡兮，置经纶以自抱。虽困踣兮何伤，彼无合兮何懆？结余茅兮幽渚，矢余遯兮山陬。石嵸巃兮周堵，树蓊蓊兮交挐。涧激激兮风吹，云黯黯兮阴留。虎豹悲兮猿狖愁，凄余止兮将余仇。思骞举兮凌逍遥，放营魂兮解烦劳。丽玄鹤兮谢芝田，辞青麋兮去丛苞。浴兰汤以洁体兮，衣紫绮之新裘。折日华以为佩兮，缀明月以为钩。春朝霞以为糗兮，掬玉露以为羞。戒雷电使前驱兮，搴虹蜺以为旄。骖玄螭而上腾兮，指天皇之灵州。天潢汤汤不可涉兮，列宿伺以梁舟。叩帝阍兮登层台，谒上帝兮陈素怀。帝端居兮俨垂旒，张广乐兮奏鸣球。皇赫清寂兮，翳敷猷。谓淫逸兮非志，惟精一兮当由。余迅悟兮旋归，求幽贞兮所休。萝竹阴幪兮涧水流，崆峒玄穆兮居斯求。厌六籍兮尘余目，虚余心兮空余腹。元神翕兮氲芳馥，敛棼思兮反初服。

乱曰：天高兮地厚，若有人兮与之耦。廖哉廓兮，天地因之而后。有思若人兮藐难就。俛以从兮没吾齿，超两仪兮与之寿。

太史石赋

五清刘子为检讨时，尝夜登澧上盘石，人因名之为“太史石”。索予为赋，云：

若有人兮扬舲，下澧浦兮何从？秋夜永兮月朗，缆巨石兮江中。俨圜丘兮孤峙，蹑巉岩兮峻峰。蒹葭帀兮苍苍，鱼龙寂兮波空。风萧萧兮西来，水滔滔兮流东。望重华兮不见，吊湘累兮无踪。羌独立兮四顾，憯踟蹰兮忡忡。烟光暖兮冥蒙，山木黯兮茏葱。零露下兮瀼瀼，恍或来兮颙颙。苟忠诚兮吻合，岂千载兮无通！

乱曰：石不可泐兮，江不可堙兮。惟斯人之不忘兮，何江石之可沦兮。

浩斋赋

浩斋，陆封君自号。其子秋曹主事原静，请予赋之：

维美人之静处兮，托幽居以容与。仰前哲以为旌兮，葆神明以为轨。世婪秽以险隘兮，独寥落于中野。横侮棼轹兮，恒委弛以含垢。审人情以端操兮，见天真之枢纽。辩利害于毫芒兮，允不忘以怀咎。仁义集而由行兮，恍邹叟其左右。绵一气之申申兮，充太宇其何有？匪卿云之五色兮，岂虹蜺之可偶？龙虎嘘而漭瀁兮，刚风厉而莫凑。鲲鹏迅而扶摇兮，烝若怒而不纾。乃正气之不侔兮，恬愉静以贞虚。世不灵而共遗兮，蹈岭巇以踌躇。入荆棘而求广兮，徒暧昧以终日。睹斯人之逸豫兮，邅回车而改适。毋望洋而增慨兮，守真志以永毕。

乱曰：环堵窅兮云水空，若皎皎兮天地通，饮沆瀣兮游无穷。

◎四言诗

匪霜赠余子华

匪霜凄凄，匪风发发。念此离人，中心有怛。

古道崔嵬，荆棘左之。君子有行，从容考之。

梁之美兮，食则噎之。衣之华兮，服则恧之。从子逝兮，我心欲之。

（《匪霜》三章，二章章四句，一章章六句）

河之水

《河之水》，思吾母也。

河之水，去茫茫。我不如，水南泱。我有老母在海疆，我思不见兮，使我悲伤。王事靡盬，疾痛莫顾。六年违离，鬓发先素。

河之水，去洋洋。我不如，水南汤。我有老母在海方，胡入我梦兮，悲号彷徨。觉坐而思，吉凶未知。万里疾痛，感惟其时。予奉命云中，一夕梦母入卧竹笼，予攀号，觉而忧思不已，时母在家病危。云中万里外，情之感通如此。

（《河之水》二章，章十句）

青青水中荷

青青水中荷，叶下双白凫。凫飞食鱼去，荷在将奈何？

青青水中荷，藻生相与依。横塘夜雨涨，藻漂荷叶稀。

青青水中荷，受命托涟漪。君子怀耿介，独立终不移。

（《青青水中荷》三章，章四句）

◎五言古诗

咏　怀

飘风吹白日，忽忽堕西山。严霜萎百草，明星灿以繁。居然季秋节，庭树少光颜。感物欻兴思，悲歌两泪潸。志士营世业，驱役靡先闲。宝剑价千金，独拂临长关。遥瞻太行曲，远骋河渭间。千秋事已往，慷慨惟嗟叹。如何和氏璧，不与楚人班。鬻皮非志愿，弹冠岂相攀！缅怀岩渭叟，在古遇亦难。殷宗与西伯，一去何时还？

感秋（三首）

凉风飒云至，秋气凄已清。白露下丰草，蝼蛄夕悲鸣。俄顷雪霜集，川野俱凋零。即此探盈虚，荣悴今昨更。物理则固然，喟焉伤我情。伤之转深念，恻恻哀平生。

碧梧生高冈，密叶阴下壑。秋气发微凉，苍黄先萎落。空枝风莫栖，阿巢将焉托。驱车望青霄，欲至宛与洛。宛洛多王侯，园林相参错。闻有日边花，嫣红犹绰约。怅然不欲去，悲风满林薄。

遥夜素月明，鉴此寒霜陼。蛩螀亦何知，嘤嘤如有语。屣履步空阶，揽衣独延伫。白露栖野草，明河没修渚。人无金石固，岁月不我与。我志千万端，未能一就绪。岂徒温饱营，戚戚恋尊俎。

怀远

去去昆仑丘，欲登十二楼。日月驶如箭，山川远悠悠。驱车未能进，马瘏恒逗留。踟蹰悲逆旅，明发催行輈。豺虎号白日，鬼蜮窥深幽。焉能遂高举，慨叹莫我俦。

侠游

三月长安道，朱楼花映好。白马谁家子，扬鞭骋芳草。秦姬楼上头，弹筝扬素缟。相望不可亲，落日空懊恼。

杂诗（四首）

明月何皎皎，吐彩扬空虚。浮云忌光洁，翳此万里辉。倏忽生重阴，寒雨零凄凄。烈士仰叹息，击剑思高挥。

我有双明珠，流电看不如。藏之在箧笥，欲寄当遗谁。幽光贯苍昊，精诚讵能知？美人隔江海，怅望空遐思。

荆轲饮燕市，酒酣面微醺。抚剑何激烈，拂衣远入秦。悲风起易水，哀歌咽行云。一朝事尽去，所谋惟杀身。千载志堪惜，鄙勇奚足论！

凤凰翔千仞，览德下虞庭。志士去江海，岁暮抱幽贞。含机与时晦，水木共孤清。闲观物理妙，无言托希声。

志　怀

甘泉公既去，予又欲与阳明公言别，甘泉公寄诗至，遂用韵。

委身属三益，岁晚哀无成。一朝遽分手，使我百忧增。青阳易颓景，春飙忽秋声。苦念人世短，常如万里行。不至犹重负，未停若风旌。何时复嘉会，恻恻悲晨星。

病习辟谷寄阳明甘泉二公

伏疴久弗愈，乃试辟谷方。山深多松柏，日采颇不忙。终朝未一粒，三咽充我肠。神爽觉超越，肝肺忽已香。从兹谢荤秽，并遣人间粮。琼英与玉液，脱屣皆堪尝。邀我若耶子，招手西云郎。与锄三径草，白日游玄荒。

送解冲还乡

风尘我欲倦，驱驰尔胡为。相见遂下榻，坐谈邻曲时。桑柘通幽径，松菊罗清池。鸡犬时来往，烟霞静纷披。日暮读书罢，开尊共尝之。自分羲农民，终身勿复疑。岂意江海游，遂成旷荡期。念之极深慨，先寄归来辞。烦君为我歌，幸使山灵知。

露筋庙

清晨发邗沟，日夕泛甓社。停桡谒丛祠，吊古咨田舍。澄瀛荡桬轩，流猋激枌槚。嗟彼蚋噣姬，精爽耿荒野。芳馨见玉雪，皎日光云厦。千秋江汉思，岂假琬琰写。

赠李生朝绅

李生久山中，习我山中趣。日夕对飞泉，濯缨歌自娱。兴至一濡毫，淋漓满缣素。写我溪上容，修髯挹飞露。或疑芙蓉挺，或认乔松卧。如凌霜气晓，如映秋波暮。外澹内坚贞，浑然雕饰去。即此遗千秋，悠悠可谁付。

郑继之访予紫霄结亭留之

我营东海居，君策南闽杖。南闽几千里，兹山乃幽壤。壤幽溪壑回，烟岚极森爽。猿狝号昼木，狼虎出深莽。荷君慰岑寂，孤怀爱轩朗。结亭縻逸轨，以慰平生赏。悠悠千古怀，共入无前往。

与继之紫霄夜坐

夙志事幽尚，岁晚依山隅。同云翳丛木，积雪阻修途。良朋自何来，吊我形影孤。深树彻永夕，寒气生茅苏。哀歌坐待旦，海曙林猿呼。

玉辉堂

朔风戒冬严，朔雪入南纪。溟濛一气殷，晶莹二仪姼。银松挂绝壑，瑶竹披修址。俯遗下郭尘，望没寒江游。邦君生人杰，高情薄云宇。客乃物外仙，而不婴垢滓。矧兹僚友贤，玉树欣有倚。列筵瞩虚白，倏尔成具美。遂令东溟陬，兹山极辉炜。招携及山泽，攀跻亦时止。同讴穆穆风，爰袭羲黄理。

写松屏赠刘仲宾秋官

昔我居山中，群松绕檐阿。映日纷罨画，横空递笙歌。林深窅无际，列墉垂薜萝。眷兹欲终世，不计年岁多。何期堕垢坌，回首成蹉跎。因君展素屏，遂写旧陂陀。兴动不可禁，奈此云山何。飘然拂衣去，坐烂溪上柯。

承诏恭和圣制敬一亭诗

石渠湛秋渌，圣训昭华堂。神功亶无斁，渊虑犹弥详。永言饬多士，无俾欲利妨。允怀缉熙学，一德交相望。庶复千载后，由今仰前良。矢诗答谟言，之死焉敢忘。

和游佥事游灵岩韵

清晨扣石壁，亭午面泓浤。重峦峙高馆，阴壑垂紫茎。鸣镳欻来顾，慰我遗世情。相携跻侧径，复还蹑峥嵘。搴裳千仞峰，远瞩蓬与瀛。襟虚层云荡，心契砥柱撑。回视万木杪，俯闯架岩衡。幽淙响绝涧，隐若韶頀声。独宿矢考盘，伐木和莺鸣。岂伊仗钺风，恍对羊元屏。眷言不遐弃，爱笃情何萦。劳歌紫芝曲，金玉惠平生。

乙亥归舟逗风蔡家庄见田舍土垣茅茨朴野有类太古慨然兴怀

我本山林人，误作朝市客。牢落四十年，双鬓已萧索。秋风棹归舟，日暮下邳泊。登岸步荒墟，经彼槐柳陌。草屋有数家，俨然如古昔。飕飕落叶深，林暝烟光夕。圭窦见主人，言拙理堪绎。云只种禾黍，他利无所射。稼收大有年，亟事供赋役。储余亦酿酒，邀邻聊共适。我闻欣有省，独恨驱驰错。岂若事田畴，宠辱无拘迫。悠悠岁月忘，何须武陵陟。

田居（六首）

夙志经纶业，晚遂田园居。鸡鸣村巷晓，驱牛向东菑。竭力事畎浍，毕稼息耘耔。日落西山阴，鸟鸢散何之。翳翳归人远，藐藐凉飙吹。投耒掩荆扉，慨然当何思。

营室北山下，筑基剪荒芜。草屋虽非华，栖息聊堪娱。松桂荫户牖，兰菊周庭隅。即此远人世，轩车息驰驱。犬吠白日晚，鸡鸣清夜徂。兴寐每晨夕，俯仰无复拘。须臾千载后，此道谁能愚。

郭外少人事，田居无杂喧。前庭露庾积，后圃葵堇繁。收获未云已，有客扣我门。东邻初祭社，豚肩幸余膰。烹豚摘新蔬，相对话田园。但愿岁长稔，遂此育儿孙。坐忆无怀化，雍熙又奚论。

种苗在西皋，春旱土如燔。抱瓮陟高岸，灌溉诚亦烦。携馌荫孤树，竣功还远村。童儿候檐隙，新醪喜开樽。酌罢颓然卧，海月流东轩。

新谷既登廪，菜茹亦归罂。农事日已休，呼童掩柴荆。读我平生书，稽古以自明。翻思四方志，黯黯将奚成。

岩泉抗高馆，江湖返行踪。招我平生好，弦诵于其中。散步郊野旷，攀跻岭峤重。览古有余嘅，哀今不可穷。离居易为久，幽寻岂无悰。达人知幻化，抚己甘愚庸。

九　日

抱疴卧林壑，重九爱嘉名。凉风动高薄，细雨洒疏棂。开樽摘菊蕊，泛以村酤清。酌之百虑远，闲谣倚紫荆。栖迟固素愿，了无尘物婴。

远怀（七首）

美人在洛浦，被服芙蓉衣。纫兰以为佩，容止世所稀。去去隔远道，一别无还期。相思每成梦，特启双玉扉。脱屦坐不语，欲语还暇思。胆肝可相照，中情更何疑。荒鸡忽夜啼，觉复天一涯。思阻情不达，惋叹空涟洏。

行永不可至，日久流光驰。相去各万里，会面当何时。白日耿余照，阴翳浮复移。音容日益隔，情眷日益稀。膂力不再强，素发难复缁。瑶华远莫致，揽结徒自悲。

出门行复叹，微霜被原阪。茫茫欲何之，秋草萋已满。蛟龙在清津，虎豹守高栈。方舟不可济，巾车远莫挽。俯仰徒悲吟，徘徊岁将晚。

东城有高楼，上与青霄近。重梯接飞阁，疏栊映高楯。当楼理瑶瑟，宫商托徽轸。初弹飞凤吟，再操别鹤引。借问弹者谁，微意不可尽。夫君久离居，鬓发难再鬒。敢云知音稀，怅恨伤中悃。

朱栱落以蠹，高栋倾以菑。掇蜂乃诚孝，至死成疑猜。待扆本忠敬，四国流言来。凉风率已厉，白日堕西峐。游子怅何之，望望增幽思。

漆以黏而割，龟以灵故焦。张罝待狡兔，耿雉翻从招。羊质炫虎文，燕羽饰凤翘。负乘不见夺，燕石错琨瑶。上焉思道揆，下焉幸奔侥。巷伯诗何悲，暴公情亦骄。惆怅白日晚，仰视云汉遥。

漫漫坐长夜，明月来我轩。起行视天宇，灿然众星繁。织女负空筐，牵牛破其辕。入户掩洞房，寝息不遑安。乾鹊知天风，罐冰知天寒。我心难具陈，辗转以成叹。

力耕（三首）

大道久云丧，举世慕经营。有身不肯贵，但贵身外荣。小大竞奔波，决命毕其生。岂知草露凝，日出不待倾。嗟予独何为，敛衽事躬耕。

先师有遗训，游艺乃当知。世哲云亦然，治生孰非为。开春务农亩，及秋功可窥。负耒岂不劳，庶适分所宜。日用仅自足，妻儿免寒饥。出处惟听天，守道复何疑。

穷居务稼穑，竭力畎浍间。耕作事虽劳，意得心自闲。秋成喜方饱，邻曲乐相关。即此了无事，羲皇俗堪还。所以古哲人，遯世老商山。

久庵先生文选卷二

◎七言古诗

画山水歌

云泉树石性所眷，每对丹青终日玩。是谁幅素向我投，元气淋漓墨光乱。咫尺江湖万里开，茅屋苍林日初旦。耶溪天姥眼前立，竹杖芒鞋瞑烟湿。小桥如凳入村遥，练水浮花穿石急。长松偃蹇藤半死，古壁崭岩藓痕紫。孤舟远泛忆吾友，隐约相呼乃非是。

山人歌

山人不出山，白云共孤卧。起居恒自适，朝朝复暮暮。嗟彼役役为谁忙，钟鸣漏尽忘归路。前者扬扬后者趋，披朱横玉纷驰骛。忽看山头新冢多，玄鹤为愤青猿怒。由务何之今耿耿，我日松阴扫山影。扪萝远访箕山岑，白石残阳藓花静。

雁荡篇和许松皋宪副

南条既穷转而东，山水秀异争巃嵸。中有雁荡最奇绝，盘桓百里皆昭融。山根拔地三千七百丈，穹湖隐漫不知何代曾沉钟。蒹葭杨柳似非世间物，但见鸿雁翙翙飞来同。我昔经觏犹记忆，轩身直上，倒看沧海华夷空。方壶倏闪，万状璁珑。或踞虎豹，或蹲罴熊。中天屹屹铜柱出，扬旗攒戟抗长云而上攻。忽漫丹台掩映挂霞障，珠帘垂地声淙淙。雄风撼谷，散作雾霭随飞龙。真元秘惜三万载，讵那卓锡发其藏兮，至今楼阁凭苍穹。梵宫十八黝复明，六谷瑰诡浮烟容。曲池湛绿水，锦溪奔黄狨。天桥驾飞绝，寒坑极幽雄。石门中断湖雾起，下有三井，混然神工。方岩遥望群山丛，玉环跨海不可通。南溪仙亭远相接，括苍迤逦何当穷。我曾令夸娥，负山半夜声隆隆。须臾险怪会几席，不须缘藤胼足、晏然坐我恬而冲。澡垢入温泉，平生毕深衷。洞前愿筑一亩宫，云霞不偶世，箪瓢我将终。矫首山水与之化，谁犹议拟椎凿非人功。君不见天地初判水火风，大浸混混昆仑凝。中古水始消，此山巇嵲元在风水荡激中。

通明洞为陆伯载进士赋

昆丘山人生来有仙骨，倒骑白鹿直走蓬壶巅。朝餐石梁霞，暮吸龙湫烟。翻身玉笥峰，自得先天玄。凄然兀坐江上崔嵬之削壁，慨惜元窍秘藏苍莽成万年。乃斫云根，爰剖玉涎，龙蛇惊遁鬼神怜。但见清明一隙堕地光绵绵。忽然不知宇宙入手，风云变化来无前。松竹何掩苒，云岚雪浪荡决，嘘拂相鲜妍。

洪水歌

彭城西望失山坞，洪波浩渺气吞吐。汴泗茫茫不可分，江淮无复寻潟卤。吴艨楚舰走高陆，蛟龟结伴居人屋。东啼西号绝向天，忍饥待死谁堪赎。突甑有烟巢木上，禾黍无根惟簌荡。风吹白杨若蒲苇，快舞大吴悲魍魉。吁嗟此邦人命薄，今春贼去水方落。官吏束手无奈何，抱印走望孤岑托。始信沧桑反掌间，人生有情泪萧索。舜忧民穷食不嗛，安得神禹重疏凿。神禹不来愁断肠，临风怅望云中鹤。

和王浚川九日登观音岩歌

河汾夫子旷世豪，佳晨携我游江皋。江皋飞阁百余尺，下瞰倒海之奔涛。我来时属秋天清，望穷楚越千岩明。蔼蔼浮烟散林壑，辉辉晓日扶桑升。澄潭潦尽敛寒雾，平畴漠漠摇晴树。脱却身中紫绮裘，亟换金陵酒千注。醉扫阴崖苔石平，卧听倒壑松泉鸣。长江滚滚去不返，名航利舶朝暮行。回首因之忆六朝，兴亡历历如一朝。治乱相寻可奈何，狐蜮鬼魅恣跳嚣。耿耿夫子色相向，欲语不语心惝怅。红云万里动风色，老人舒芒夜相望。我知经纶必有属，咄哉夫子当自勖。还呼太白待江月，倾情倒意毋局促。冥冥天地只如此，英雄千古当何似。江风萧萧秋夜长，满天凉露香兰芷。阳和何日回春盎，与君共结蓬丘赏。身骑白鹿辞世人，笑入云中吸流沆。

奉寿太淑人八十歌

我家洞黄隩，我母杨川谷。洞黄天台阳，杨川雁荡麓。两地相望百余里，山谷磅礴孕灵淑。挺挺大人贞杰姿，作合当年显雍肃。生儿岂徒伯仁望，教训原同邹孟育。许身稷契非儿愚，生逢尧舜当驰驱。捐躯报主乃儿孝，扬名立身应丈夫。几回明发不能寐，有怀菽水何由遂。起看飞鸿一搔首，白云万里空嗟跂。何日乾坤了济时，八荒四海成雍熙。归来躬推白犊车，追趋稚子云中嬉。愿言我母足千龄，庶报罔极心无违。

短短床（二首）

短短床，眠未稳。寒虫鸣秋苑，时节惊已晚。金剑荧荧流夜光，瑶琴欲弹美人远。

短短床，坐太息。邻鸡方寂寂，宫壶催漏刻。鬼蜮窥人恣跳梁，长空无星秋夜黑。

采莲曲（二首）

采莲复采莲，皎皎明妆丽秋水。秋水朱颜花映红，妾心岂比青莲蕊。

采莲复采莲，莲有花兮根有节。吴姬越女愁不来，下渚风波流素月。

游女曲次夏桂洲宫保韵

垂杨岸上控骅骝，芳洲绿水兰桡游。相望不亲隔波流。隔波流，转愁心。江海浅，情思深。

白纻词（二首）

青山落日白雾长，野色欲敛犹苍苍。群鸟争栖傍林翔，居人已息行人忙。岁歘云暮开我堂，罗肴张灯飞羽觞，鸡鸣夜阑不相妨。

青山已瞑明河长，众星历历罗文章。天涯主人归故乡，开尊解衣歌未央。客问风尘何徬徨，我徐答之不可详，停杯汴想欲断肠。

感慨歌送周士器太守

送君将上天台路，感慨欲言愁不能。感慨愁言更何谓，丈夫胸次亢崚嶒。欲叩天关排阊阖，白日倏烁烟雾昏。欲登祁连控大漠，雪花如掌飞沉轮。欲渡黄河凌陇坂，寒风割人冰塞津。拔剑四顾长太息，因君一吐胸中赤。君今西陟巴陵道，欲穷蚕丛鱼凫之旧迹。下俯转壑惊雷之奔涛，上窥横云拂汉之绝壁。将铲太白平瞿塘，谈笑经营不遗力。我今胡为亦杞人，对酒悲歌抱忧色。伯牙常怀钟期远，管仲惟怜鲍叔识。渭川空垂三千六百钓，鲁阳挥戈竟何得？於乎！西瞻紫阁落日明，怅望浮云白发生。

飞虹峡歌

列石为双阙，咫尺五玉城。中穿一道直天门，天仙于此弄英灵。或放玉龙下饮涧，或挽银河际天横。朝开金液千仞耀，夜吐灏气幽深明。於乎！君不见峡下披褐秃发翁，早欲自立经天功。小试鸡割非至愿，赤心惟悯苍生穷。北勒燕然徒一笑，南平百越付飘蓬。方今胡奴恣猖獗，驱马欲饮天池中。如何老翁跣双足，俯濯仰视如愚蒙。於乎老翁！扶摇不来鹏翼垂，白日西去浮云东。白日西去浮云东，飞虹峡静苍烟空。

云壁楼歌

吾山石壁高千尺，当楼日映岚光碧。我非西来折芦者，如何兀坐惟面壁。功名过眼片时耳，豪华富贵徒生悲。斩蛇逐鹿终已矣，妾孕鱼书空尔为。铜雀台成日云暮，麒麟阁上春先归。抚髀谁嗟皮骨销，抱树莫使涕泗垂。何若山中卧白云，瞿昙老子堪同居。君不见黄鹤东飞沧海浔，三山崒屼波涛深。孤栖玉树饮琼液，白日尚留西山阴。

胡为吟在二公亭作

昔胡为兮亭山阿，彼二子兮期我过，期不过兮永啸歌。彼山阿兮星屡易，死生阔兮幽明隔，瞻望久兮我怀积。

伊人吟在少谷亭作

伊若人兮不可疏，今胡之兮亭翼如。岑高高兮云舒，望不来兮愁予。伊若人兮闽海，今何逝兮隙驹。不待日落山深兮，紫芝谁采？

恻边行赠陈太守

子今何去将朝天，我在江边空自怜。前月五日子顾我，忆在旗亭相周旋。子知我怀久郁塞，剧谈为之开逼侧。亭畔长杨拂地垂，举眼遥瞻燕冀北。皇业昭承列圣勋，小胡何敢时窥测。天设长河关辅堑，受降东胜藩篱植。贺兰山北水草居，今胡河里为胡域。膴原牧马秋正肥，庆环花马供胡食。孰念关中全盛时，斗米流脂数钱直。岂知今日斗十千，二陕榆林常菜色。君不见亭障掖泉万年利，老臣昔断匈奴臂。即今青海生齿繁，驰道庄浪恣游戏。此患新增更可忧，只今廊庙烦谁议。且有雄图万世虑，社稷幽燕乃天意。敦煌西来东北连，百万金汤岑巘萃。谁知此是华夷限，唐季一失千秋弃。天回地转迄我明，故疆尽复何容易。如何肉食总不思，坐使天骄日无忌。又不见东海孤臣兀似痴，仰天不语血泪垂。因子一吐平生臆，贾生恸哭将何为。回首西山白日晚，紫阁浮云孰堪挽？锦帆天际瞻望劳，大江东流几时返。

赠闽族弟希白会试

我居江上卧江阁，弟自何来扣我榻。我喜持醪与尔饮，极谈今古将谁合。贾谊刘蕡不可作，腹内风云常捭阖。眼看尘土满东华，双鞋欲向何门趿。君不见当宁圣人端玉冕，素壁宫中图止辇。奔走伤心忆往年，千载一时徒自觍。今尔来顾欲观光，不觉幽怀为之展。江湖廊庙总胡为，日暮尊空不忍遣。门前木落寒江深，怅望青天一雁远。

玉溪图歌赠石廉伯

玉溪子，家住玉溪里。草堂正接玉溪云，日日窗开玉溪水。穹岩绝谷足幽趣，清涟濯濯芬兰芷。早见乘云蹑九州，今也扫迹躬耒耜。耒耜方闲即我邀，顷属秋残百卉凋。驱驰不惮开石迴，跋涉特上铜岩遥。铜岩一宿最堪忆，席地谈玄俱意超。我今岁暮倚山舍，晤言一室无可者。邻靡二仲偏苦心，苦心念尔郁不解。忽漫穷冬气已严，上天同云雪花下。雪花纷披大于手，顷刻吾溪如玉泻。乘兴为扫玉溪图，尔溪吾溪两无假。君不见昔日洛阳子，忍饥白昼且高卧。如何昌黎翁，冻僵蓝关尚骑马。千秋此意更谁怜，缄图寄尔吾何言？

题百雀图

文启治以《百雀图》索诗，文介而知言，故书以归。

百雀图，谁将悬我堂？悬之堂上云有意，欲况玉陛之鹓行。忆昔天门日初出，旌旗拂柳龙蛇翔。殿上炉熏紫烟起，阶前剑履群趋跄。许身稷契谁复是，岂知一去江湖长。江湖上，青丘谷，茅檐曝背吾事足。野雀群飞欲何为，喳喳下啄堂前粟。回看亦疑堂上图，嗤尔众雀太多欲。挟弹惊之未飞去，指图问之不我告。噫，嘻吁！尔欲不欲我莫了，泠然长啸云天杳。

赠蔡生

蔡生别我将何之，欲上玉京窥天阍。天阍九重未可窥，芒蹻欲蹑何人门。山中云飞木叶黄，清霜路古莓苔苍。执手踟躇西日落，慨然不语涕泗滂。之子有意宁复来，松阴石室春当开。开时与子探千古，白云万壑猿啸哀。

送曾明卿守茶陵歌

抱病经时作云卧，有客轩车驾鸣驺。鸣驺欲行将何之，遥指长沙古茶州。此州乃在云梦中，洞庭极天衡岳流。千波万浪荡灵怪，联峰叠壁开图画。桃花碧流何处寻，芳草飞英满溪隘。更有斑竹连苍云，鹧鸪啼雨不可闻。昔时帝子今何在，千秋简册空鸿勋。子今胡向此中去，分符五马凌烟芜。从兹七泽增壮观，辉光满眼生焦苏。揽衣极骋绝万里，欲别不别还嗟吁。我有幽怀欲子托，岂不千金重前诺？为我重吊湘累魂，殷勤一返贾傅魄。临风有便寄书来，慰我山中久萧索。

松图歌赠张元益

予昔走探五岳，返天台之隈。溪穷壑绝见一山，上与霄汉相徘徊。猿猱不可度，飞鸟不可回。中有流泉，喷激奔惊，声如雷鸣。峪岈间遇两松，青绡阴幄，白昼晦冥。我倦憩息，坐而忽瞑。梦入钧天，见帝玉京之庭。帝乃前席，命予造膝与语，更仆若启予衷。倏焉梦觉而去，至今靡忘。抱兹回首，而星霜几更。俯视千载，如醉未醒。子何人，斯扣我阍扃。爰写松泉歌以畀子，永托岁寒之幽贞。

凭翠楼歌赠林世善

我住翠屏下，君向翠屏楼。楼开烟雾澄江曲，江北江南相望足。忆昔少年邻舍时，共骑竹马颜如玉。君家忧患最堪怜，我父我母意搣捉。排难不啻事在己，事宁欢爱情弥笃。忽漫今看数十秋，两家墓草经时绿。君垂白发老江干，我谢金门卧空谷。君携画图索我题，披图无语泪相续。慨今感昔极伤心，宛转悲歌君我瞩。君不见昨朝晴日今风雪，世事翻更那可说。人生几何春又冬，失意得意皆猥屑。山下梅花白已芬，长风叫雁天欲裂。日短烟飞岁序残，百工群动皆将辍。劝君墐户且弗忧，眼中万事惟当休。

◎五言律诗

与继之郡斋燕集次顾华玉韵

风雪城门路，翻思已十年。叨陪长康宴，况对子真贤。寒气侵袍带，瑶光逼几筵。兴余忧思集，怅望朔方天。时武宗北狩。

吊章达德

向与王、湛二公谋居雁山，用主达德，蹉跎十年而达德下世矣。兹过其庐，二公之言犹在壁间。

十年卜居意，三日荡阴楼。空留考盘赋，不待鹿麋游。风雨伤吾梦，溪山问某丘。遐心正萧瑟，况值燕鸿秋。

方思道闻余与继之结亭紫霄诗期共隐次韵招之（二首）

筑居岩上顶，寒碧覆松枝。出入云常共，行藏世莫知。养丹非有药，学易不因辞。惟爱蓬瀛子，迢迢寄玉芝。

江海清狂客，寄书何所为。挂冠须有待，出世合先期。越绝烟花际，长安暮霭时。无言各搔首，会面岂应迟。

送余廷实会试

衰柳满江滨，迢迢送故人。誓将观国志，不负报君身。跃马长安道，看花上苑春。无嗟千里远，咫尺是通津。

游梅花水

省台斋罢日，深谷得招邀。寒色留梅蕊，春光入柳条。看云穿石径，斫药度溪桥。携手何时去，余生共老樵。

登焦山

汉士幽栖地，青丘驻海回。水深犹翠雾，岩静自苍苔。瘗鹤人何在，听鸡客又来。登临当落日，千古共兴哀。

次韵周贞庵九日登观音阁

北郭崖阴寺，柴门静不关。阁虚看月易，树密度云难。白见淮壖浸，青知海岸山。何能遂遗世，渐远旧鹓班。

再游梅花水

梅水重相寻，翠微行复深。岩空藏道室，地远息尘心。榻拥春云暖，窗开晓日阴。思同向时侣，惆怅不能吟。

观音阁眺望

飞阁横云壮，登临兴已孤。江山万里在，岁月半生徂。倒壑松浮动，浴波鸥有无。那堪清赏罢，犹自忆乘桴。

游寒岩

久忆寒山路，今朝始一登。白云长抱石，青壁自垂藤。谷静烟光合，林昏雨气腾。寥寥尘世外，须记我来曾。

游明岩

重岩足幽胜，地静白云长。绣壁遗冠冕，青天下佩璜。林枫霜后赤，岩菊雨中黄。不见寒山子，悲歌落日苍。

次韵边廷实听雨

岁杪余淫雨，空阶彻夜鸣。草堂愁不寐，村舍念多情。坐觉林霏晓，思看海日晴。凄凉无限意，奔走倦王程。

游牛头寺和王东瀛司寇韵

金陵不尽兴，牛首复相寻。细路盘丹壑，飞轩倚碧岑。俯临江汉小，遥见帝居深。回首风尘外，凭虚一怅吟。

哭邵二泉

泉斋读书处，一去即穷年。八座荣何为，三牲养欲先。经纶无复见，著述总堪看。海内怀耆旧，临风一泫然。

燕子矶送黄诚甫

孤台相送处，惆怅寄遥吟。巴蜀山川远，乾坤岁月深。飒飒风将起，冥冥日欲沉。谁怜吾道独，慷慨已沾襟。

余女妻高洵八年而夭招洵至金陵为续萧氏女使归抚诸孤于其去实有不能为情者诗以送之

为续新弦好，偏伤旧爱情。青灯怜故馆，黄口念诸甥。谩托长歌惨，还悲别泪倾。临歧难送尔，落日大江清。

于东湖柬孔文谷提学用张岱野兵备韵

去岁东湖上，同君坐夕阳。清谈时看剑，雄饮不停觞。逝水郴偏速，浮云岂自藏。悲歌飞鸟尽，月白水烟乡。

和朱荡南太守见寄韵

雁荡幽栖者，白云春兴长。万峰寻逸迹，六谷入仙乡。接竹能分水，烧田欲下秧。回思旧游处，愁绝不堪望。

送司马太守之怀庆

中州新五马，南国旧乘骢。慷慨严星驾，劳歌念泽鸿。循良追汉吏，揖让起尧风。白首秋江别，悠悠思不穷。

祈雪得应次李蒲汀韵

祷雪星坛暮，同云起大荒。朦胧藏日御，飘洒乱鸿行。静激空林响，遥迷远树苍。固知丰岁兆，先已慰农望。

新丰阻雪

雪暗新丰市，冥连万壑微。林深闻虎啸，野阔见乌饥。冰合归舟滞，山寒过客稀。南天空怅望，菽水愿犹违。

送吴达之至任

达之，歙之莘墟人。曾祖亚卿公宁，与先兵部公同僚。

南国通家旧，天涯送汝时。殷勤百年谊，迢递九朝思。苑树云霞古，庭槐岁月迟。莫忘忠孝懿，相与勖恩私。

挽张宜人

婉娩清门胄，辛勤学士妻。如何敛青镜，不复听晨鸡。椓逐梁云暮，魂归楚月西。那堪双白发，垂涕倚门啼。

和曾梅台少参枕流亭韵

虚亭构溪上，日夕听泉声。却有烟霞侣，还寻鸥鹭盟。岭梅迎腊破，岩鸟应春鸣。多谢轩车使，迟来慰我情。

东湖燕集次周士器太守韵

南国甘棠地，临流列绮筵。沙明余落日，山静积浮烟。待月还移席，乘风且放船。昆明眼中似，看剑一鸣舷。

东湖燕集次王维祯韵（二首）

出郭逃炎暑，谁还载羽觞。烟花浮远水，荷气袭空堂。会合斯文契，留题翰墨香。悬知今日兴，异世不能忘。

昔讶镜湖水，今看在此山。喜同宫锦泛，不假紫泥颁。岭树团云湿，林花着雨斑。夜深追鹤驭，风举可谁攀。

哭吕泾野宗伯

昔为京国别，白发叹萧骚。讵知成永诀，遂尔失人豪。绝德言犹在，英魂赋莫招。平生江海泪，悲向圣明朝。

哭王浚川宫保

常怀浚川子，问讯得哀音。无复论文日，空怜济世心。鸿鹄飞将尽，云龙会永沉。翻思旧时事，恸哭几沾襟。

和刘紫岩道院习仪韵

环佩追陪处，玄都记昔年。陛犹翔凤阙，池即饮龙川。仙杖悬朝日，霓旌绕瑞烟。拜趋诚窃忭，万国戴尧天。

和张岱野兵备石门潭韵

晓日开银阙，晴川看跃鱼。还维溪上艇，来读壁间书。犹恨衡门远，那同太古居。何时结茅屋，共倚翠屏虚。

和张兵备湖亭雨集

江天清昼暑，城外散轻雷。杨柳汀前雨，荷花堂上杯。分明渼陂泛，不与杜陵来。忆落西山日，东峰月色开。

次姚允复访山中韵（二首）

怜君吴地客，岁暮到茅堂。弹铗投清咏，扁舟思不忘。青山考盘在，白日药壶长。俯仰知何为，丹书著满床。

我昔何为者，多应不自谋。江湖成浪迹，天地有深忧。已结烟霞好，闲随麋鹿游。岁寒期尔共，海上觅丹丘。

◎五言排律

孟渎雪夜饮恽功甫宪副宅语旧

海上辍耕客，天涯岁暮时。殷勤酬宿语，邂逅对深卮。雪暗江云惨，风摇岸木悲。百年双鬓短，万里一舟迟。济世惭无补，吹竽愧莫宜。德难明主报，恩重简书知。路迥多尘梦，山深足摽枝。凤鸾非偶出，猿鹤每遐思。华顶堪幽遯，吾将行自遗。

乙未文场次王御史承晦登明远楼二十六韵

春意登楼见，欣逢赤县中。四郊花气满，万户瑞烟笼。鄠杜晨光丽，昆明晚色空。云中犹过雁，檐下渐飞虫。济济群英集，彬彬百辟同。精诚期贯日，壮志欲吞虹。鳷鹊瀛洲畔，甘泉御水东。凤翔看接谢，龙附起淹冯。飞鹊怀承帝，吹竽厌逐童。稽古非追蠡，思明有舜瞳。论道多先哲，匡时必世雄。文光九曜动，大雅万方通。鲸播南溟浪，鹏翻北海风。同明资日月，一德赞岍幪。刑辟期时措，平章彻夏戎。此情真悬悃，何事问鸿蒙。泪尽长沙傅，神扬商岭翁。失意人嗤鹦，遭时孰羡龙。共尔歌鸣鹿，伊谁赋远鸿。夙兴常阊阖，夜梦每崆峒。客舍柳条绿，乡园桃蕊红。二奇非隐约，万巘正峥嵘。抱病惭通籍，投簪乃素衷。岭松青万盖，陇稻熟千樱。岂不寻三岛，吾行访八公。殷勤谢柱史，诗赠意何穷。

久庵先生文选卷三

◎七言律诗

游香山寺时僧有问予官者作此答之

帝畿何处散幽情，林谷高深逸兴生。莫问金闺还有籍，由来空界岂论名？台前春色湖天远，阁上烟华象纬平。面壁可能随处静，花飞松径细无声。

夜登嵩岩觅湛秋江遗迹

扪葛黄昏上翠微，天风松影正交飞。石坛坐处闻秋叶，鸟道行时见古扉。入海泥牛今几岁，埋云真骨未传衣。秋江涅槃，真骨尚存石门。对联："议拟涉思惟，泥牛钻入海。"惟余岩下同禅虎，客至还来不忍挥。

暮　春

问讯东君几日归，芳菲渐觉雨中稀。新莺翅短依巢立，高柳花残出院飞。碧草旋生游子路，白云长抱钓鱼矶。闲居不尽怀春意，愁绝无言对落晖。

幽　居

草阁柴扉秋水深，远飞双燕故相寻。乾坤浩荡凭栏意，岁月迟回看剑心。细雨石花生坏壁，飘风云叶散寒林。地偏门巷客来少，坐对冥鸿一怅吟。

同俞节推游龙潭寺

城西十里龙潭寺，绝渡来寻窈窕丘。云将雨去岩花润，江送潮来溪树秋。遁世何人嗤避席，忘机对此亦虚舟。谁云山简能乘兴，我欲停杯赋远游。

秋　日

一夜山中木叶空，云烟万里素秋同。出林鹰隼窥霄汉，伏枥骅骝听朔风。岁月无情挥罼外，江山极目倚栏中。丘园留滞时将暮，倚杖微吟意不穷。

草　堂

积水秋光冷石门，草堂天畔一孤村。丹枫背日舒晴色，翠壁浮烟敛雨痕。幽意已看收紫苣，高情还忆采芳荪。翻思往事俱陈迹，惆怅千秋谁共论。

登天台

天台山高卑百越，万八千丈携客游。银汉孤悬双阙晓，金梁高映九天秋。可怜汉武求仙误，已见秦皇望海愁。今我何为跻绝险，流观大地莽悠悠。

桃源洞

桃花洞口白猿啼，青壁无媒尚自跻。仙媛至今何处在？刘郎当日岂真迷？山中鹿驭还应见，云里龙辀孰与齐。笑指清溪犹独去，人寰日月任东西。

北山漫兴

清溪日抱紫崖长，野色无边入草堂。瀑影遥分松叶碧，山光静带竹阴凉。栖迟丘壑时将晚，寄旅乾坤鬓已霜。谩以行藏论鲁叟，躬耕亦复有南阳。

北山秋思

秋风山上日相寻，草阁凄凄竹树阴。鸿雁声回湘浦晚，梧桐叶落汉宫深。槐南耻作王侯梦，泽畔时为梁甫吟。细数古来真隐者，可无名姓列朝簪。

雁荡与继之元忠

五年不踏雁山烟，此日登临飞鸟边。洞府何年藏石髓，天池一夜长青莲。诛茅准拟开三径，拄杖宁辞挂百钱。去去未缘山水癖，与君同种紫芝田。

罗太守邀登云峰

千岩万壑远相求，拄杖凭虚兴转幽。日照海门波浪静，风回天柱草花浮。三车解忆山僧话，五马还同野客游。更喜高轩消暇日，杯盘狼籍暮云秋。

雪后登金山

横江紫黛隐澄漪，正是龙宫雪霁时。虚阁凭云天上见，孤帆掣海月中迟。坐忘击磬纡清听，望入乘槎怏远思。去去风尘吾已倦，钓竿须寄莫相疑。

次韵林见素留别

乍脱朝衣换绿簑，壶公归去意如何。山前桂影月初散，石上松阴晚更多。出处有情关世道，息游无事搅天和。商霖在处人皆识，未许逃名老旧窝。

云龙山

楚尾东来黄阜冈，风烟万里渺苍茫。解骓事去空流水，挂剑台遗自夕阳。草木兵前犹惨澹，川原水落正荒凉。雄图豪思今何在，且为留侯酹一觞。

九日宿迁忆诸昆弟

年年对菊山窗下，今日孤舟泗水渍。不见汉城青入眼，汉城，家山名。可怜淮浦碧连云。日斜远市收苍兔，风冷长天陨白粉。独折茱萸谁共插，村沽寥落泪缤纷。

得　归

万里扁舟抱病归，海门东望极霏微。风城回首违云树，霞峤行将采蕨薇。出处何心聊自适，功名如梦本来非。乾坤岁月今方得，击壤歌残惜和稀。

至日舟经沛中

孤舟至日仍为客，楚泽风烟感岁华。卧听寒潮喧极浦，起看霜月忆还家。燕山北顾云霄迥，越峤南行驿路赊。徒有芳樽对摇落，汉台寂寂一兴嗟。

金陵观涨有感

坐看风城霖雨过，忆回江麓晚风凉。横塘浴鹭逢新水，野渡归牛带夕阳。踪迹百年蓬鬓改，乾坤万里客愁长。扁舟际此堪乘兴，何日投簪与世忘？

和紫岩东麓阁韵

秋老遥空木叶飞，望穷霄汉雁来稀。六朝形胜惟云树，千古江山几钓矶。吹断玉箫尘梦醒，搔余白发宦情微。相携应惜流光晚，落日深樽未拟归。

王定斋魏师说诸友邀饮郑庄

南皋六月熏风起，驱马远寻韦曲深。正喜盍簪来海内，即看倾盖动云林。清溪碧石斜阳外，幽阁疏帘高柳阴。兴恰却忘归路晚，几家灯火乱栖禽。

同紫岩泛舟城西

千门万户旧神州，碧水苍山此荡舟。宿雨新晴江树晓，轻阴初散岭烟收。吹箫正忆缑山侣，采蕨翻思委羽丘。不有高情金马客，相携那得罄清游。

乙未贡院登明远楼作

文院门深春昼水，群英试罢一登楼。七陵佳气窗中见，九甸祥光眼界收。鹳鹤声高天宇迥，云龙影挟日华流。欲知济世须人杰，惟恐刘蕡策未投。

忆　旧

昔年同应元忠、郑继之、弟约卧万年山中，有感云云。

忆在上方云里寺，翠微谁共我追游。日高窗启白鹇入，风起山寒青兕愁。箧带古书闲更读，僧携新醸静相酬。不堪往事俱陈迹，回首存忘念已悠。

紫霄述怀

石磴盘空开翠壁，草堂迢递入丹丘。望迷云树千峰合，坐听松风小院幽。欲比青城颐我老，更开蒋径候同游。溪田虽瘠犹堪种，岁服犁锄得自由。

和顾华玉游云峰

精蓝绝顶敞幽扉，我亦曾来借衲衣。山色未应随客换，雨花犹忆傍人飞。芳樽石上怜春去，皂盖云中向晚归。见说相携多逸兴，寒泉枯木共天机。

吴山紫阳庵

层城亦自有蓬壶，紫气东来定有无。入静岂知朝市异，逃虚真与世情殊。玉扉云里通三界，翠屿林间见五湖。花落洞门人不到，天空笙鹤下相呼。

除夜瓜埠舟中

腊尽孤舟犹傍人，天涯是处足相亲。帆樯灯火看回浦，门巷笙歌听及晨。岁月无情双短鬓，江湖浪迹一孤臣。十年旧迹俱休问，明日今皇第二春。

寄题舅氏鲍梅坡新居

舅氏新居梅树林，幽怀寄我考盘吟。翠岚映日窗中见，红药逢春砌下寻。谷暖携童耕陇上，溪回有客访山阴。回头最忆当年兴，炙雉围炉夜雪深。山径弋兽，偶得一雉，当炉炙之。

冶城东麓阁次浚川韵

冶城东面草堂开，金屋苍崖迤逦回。月槛星桥惊乍见，霓旌风吹恍犹来。东溟忽忆求仙棹，高阁虚疑接露台。最是千秋增感慨，江湖地远醉霞杯。

东麓亭次紫岩韵

朱楼紫阁对嵯峨，阆苑仙城胜事多。霞气每从瀛岛至，泉声应傍日边过。故宫花草将谁赏，百丈丹崖尚未磨。幸逐高轩恣游衍，醉来堪慨亦堪歌。

斋居次紫岩韵

上苑绯桃已破春，南宫斋馆净无尘。辉辉竹日犹含雾，莽莽庭沙自叠茵。抱病乾坤忧思集，羁怀江海鬓毛新。频宵梦入丹丘远，搔首风云拟乞身。

东麓亭次黄筠溪韵

作客江东岁复阳，登楼风物转凄凉。阴崖丛竹和烟碧，旭日平林带雾黄。桂阙仰瞻香霭合，蓬瀛还挹翠涛长。衰迟未惜流光暮，楚泽悲吟对羽觞。

送万治斋归田

去国孤臣一棹迟，君门万里系遐思。欲言岂尽经纶志，感激难忘天地私。路绕春山应自好，樽前白发未须悲。行看诏返长沙傅，霖雨盐梅定有时。

岁暮书事

白门岁尽卜嘉平，箫鼓沿门报腊声。宦海风光怜素发，野人情事忆春耕。凄凉客舍元依柳，寥落瓜田或傍城。回首青山亦何事，预期春日濯尘缨。

功臣庙次紫岩韵

昭代共论功业盛，云龙际会有诸贤。谋谟已识皇图壮，河岳谁思地轴坚。客走松杉看剑履，庙开江汉静风烟。英魂若在吾当与，挥卑长吟对远天。

和曾梅台少参游灵岩韵

隐居卜筑效方干，驾壑依林置石栏。与客临风披鹤氅，呼童汲涧煮龙团。岩隈积雪犹含冻，谷口青阳欲破寒。闭户久忘城府路，不知吏道日多端。

新岁二日四弟携酒酌江上草堂

闭门新岁少逢迎，江上茅堂夜雨晴。幸有惠连能载酒，岂无子晋解吹笙。雪融绝壁烟华细，云散长林曙色明。怅望春风回万里，倚栏愁绝醉还醒。

和张岱野宪副游东湖韵

城东湖水白云多，炎天载酒正开荷。鸥鹭遇雨看即集，杨柳含烟欣自和。小车不远故稀至，敝庐若近定频过。秋风寄我新诗好，尽日江干烂漫歌。

与王汝中沈静夫曾明卿叶敬之冯子通杨汝鸣婿王正亿儿承式承忠同游雁山忆往年与郑继之应元忠赵弘道弟约同游继之元忠弘道久已鬼录（三首）

西谷今来惊我老，讵那堂背又高亭。白昼回风散烟雾，清秋绝壑隐雷霆。岩扃落月寒宵霁，石窦飞云晓树青。惆怅胜游真不易，昔年踪迹半凋零。

六谷参差与尔寻，白头吾识旧溪深。青天雨过群峰合，画栋云移绣壁阴。寂寞梵钟今古意，凄凉山阁往来心。谩云梁甫非终隐，芝草悲歌若共吟。

卜居雁荡昔相求，三十年来又一游。秋色锦溪还自好，白云丹壑为谁留。寒生绝谷风初急，光透高岩月欲流。惆怅松堂亦何事，乾坤吾道正堪忧。

移居翠屏（二首）

移居垅亩缘耕菑，习静云林好著书。怅望不知身欲老，栖迟那觉岁频除。天涯故旧空多念，海外风尘日已疏。喜有白鸥相慰藉，朝来暮去爱吾庐。

卜居鹫岭溪林窅，易水燕山望转遥。灸背可无金阙梦，燃藜还记凤城宵。未同蒋诩开三径，且爱林逋置独桥。惆怅此时摇落甚，肯随宋玉赋萧条。

秋居感怀

老去无堪卧一丘，驱驰翻忆更何求。燕然云鸟悲初志，铜柱风烟感四休。岁月山中惟旧业，勋名世上总浮沤。鸷飞木落还多慨，昨夜园林已素秋。

咏侄承芳山池

阿戎别业在西洲，暇日来寻宿雨收。山色遥连霞障晓，池光高映雁湖秋。门开白鹿时经过，地僻青牛或见留。我正翠屏栖绝巘，岂知平地有丹丘。

江上草堂

翻忆当年解组初，飘然来定水云居。辕门姑置平夷剑，江槛新摊种树书。世路阴晴谁可料，人间踪迹自应疏。回头壮志今休问，检点春畦但荷锄。

岁暮感怀

龟兹山北海桑西，风物凄凄日欲低。野水未云龙止蛰，幽岩积雪虎时啼。余生岁月看流水，吾道行藏付杖藜。极目天涯正愁绝，林中浊酒共谁携。

次秦子亨宫允见访山居话旧韵

寒山幽阻在烟霞，有客来寻石径赊。银汉凤城何处所，白云红树野人家。敢论往事伤心曲，且共村酤遣岁华。逝水日东吾甚惜，衰年谁复拟黄麻。

金鳌山望海有感

孤城溟岛登临处，阆苑蓬壶有所思。横海楼船秋尚在，入云鼓角暮方悲。玉关万里吾何为，铜柱当年策未亏。此日天涯愁欲绝，萧条白首一低垂。

雪后野望

雪后出郊时极目，楚云燕嶂共遥天。三山玉树浮烟外，万里银潢落照边。细柳每忧秦塞戍，金汤长虑越江船。行年七十岂称意，拄杖独吟川上烟。

哭李双峪方伯

忆君邂逅烟尘日，患难相同即故知。一别山堂成浩梦，百年事业付长悲。春风榇逐孤云杳，夜月魂归绝塞迟。回首不堪重感慨，萧条为赋大招辞。

游真武庙次紫岩韵

中天翠巘到非迟，落日云梯步欲危。万井烟花春澹荡，九衢灯火夜参差。临风岂少登高赋，览胜犹吟吊古诗。况值良宵更佳节，可谁携酒未归时。

东园灯燕次紫岩韵

江柳东风岁色新，名园箫鼓集佳辰。映阶残雪犹含冻，拥树浮烟已散春。汉祀遗风今尚在，夷门胜事迹非尘。醉归灯火交衢乱，车马仍闻喧市人。

送胡秀夫太常考绩

白下重来喜共君，山堂水阁几斜曛。低回簪绂心常远，慷慨乾坤意独勤。清白久夸杨伯起，风流谁薄鲍参军。行看日下双麂去，霞珮飘飘入五云。

寿顾东田七十

淮海维扬扣隐沦，白云溪上有垂纶。清风大地从高蹈，此日江湖忆古人。煮药炉分丹灶火，游仙歌永石堂春。林深时枉司徒驾，共摘琼花荐寿樽。

往金山次林少泉司空韵

渺渺平湖入远林，云堂风阁不知深。围炉正惬平生话，闭户尤便避世心。雨洒青崖朝复急，烟笼寒树日初沉。诗成吟咏时相慰，千古真同此旷襟。

使云中归浚川赠以诗用韵酬之

奉命云中自玉墀，捐躯报国可同谁。虎贲岂假三千士，云鸟深嗟百万师。野旷阴风号怨鬼，天高白日闪归旗。劳君赠我西征曲，敢说勋名世共知。

和张阳峰侍郎山行韵

风阁归来时独卧，遥闻仙客并山行。泉边笑语吹衣湿，野外风烟霁色明。万里旅怀增日暮，百年高兴与秋横。怜君贻我沧洲句，不负平生吏隐名。

谷　日

雨从元日到谷日，山阁朝看霁景明。绿树暖烟浮野色，白鸥新水动春声。未酬南陌寻游兴，独喜东邻过酒情。别业旧斋俱未扫，岭梅溪柳许相迎。

寿任秋山八十

饭甑峰前遗老宅，吾行东谷路常临。青崖日对丹霞落，玉涧云连画栋阴。载酒每邀麋鹿伴，息耕时过野人吟。今看八十犹强健，岁岁秋山好共寻。

和应立之归田自咏韵

挂印提戈吾事疏，青山谁共卧幽居。寻春地带千峰静，对月天涵万籁虚。取乐岁时聊伏腊，交欢亲故但醪蔬。倚栏日暮东西倦，坐对浮云任卷舒。

送范元德岁贡

临歧送客何嗟咨，却忆曾同社学师。白首垂髫如昨日，悬车驱马又今时。燕然勒石吾虚梦，阆苑寻春尔独迟。杯酒江干怜把袂，何年林壑再委蛇。

和高少参雁荡韵

南去雁峰连赤城，谢公开岭几时平。灵湫欲对宵蟾冷，绝壑还依秋气清。碧涧舍舟惊路失，丹梯回首觉身轻。莫怜胜概稀人迹，真境从来远世情。

和宗叔亦斋岭店驿韵分得歌字

四十年来几度过，雁山秋色望中多。翠岩丹壑留云气，玉室金庭隐薜萝。路远每逢携剑客，溪深时听濯缨歌。回头天地兴怀处，落日浮烟奈尔何。

和张岱野岭店驿分韵得歌字

黑云将雨日如何，晓集山楼夜复多。收网远看投岸火，归牛又听渡溪歌。庭连密树猿时下，门掩孤村虎乍过。我欲深栖山涧曲，凭谁诗句寄烟萝。

夜读宋靖康德祐史有感

江城击柝方严夜，山阁钩帘月正明。紫塞雁声闻海国，黄龙秋色度神京。千年事往犹堪恨，此日忧来若系情。谁道桃林牛已放，多添白发暗心惊。

岁暮江楼咏怀

去国当年悲不已，岂知遯世遂成游。江村幽事吾垂钓，天地深怀此倚楼。四海浮霾落日暝，三城积雪去鸿愁。何堪岁序惊心处，况复临风系百忧。

夜坐一碧楼

风急天寒万木摧，海门月出夜潮回。静凭高阁银河畔，闲听吹箫碧落来。逆顺阴阳几挥麈，风云天地一持杯。萧条双鬓如霜雪，莫问千秋事可哀。

次韵留别杜子敬郡博

三载论心未有期，何当尊酒又睽离。几宵夜雨留清梦，千里春风隔绛帏。白发自怜犹幻迹，青山何日共餐芝。滕王阁上堪乘兴，此去凭君寄远思。

陈山人鹤以诗见赠依韵酬之

怜予卧病碧山阿，门巷萧条雀可罗。一径残花红雨乱，满溪流水白云多。身闲喜共渔樵话，地僻从教鹿豕过。远谢陈蕃劳记问，预悬尘榻意如何。

久庵先生文选卷四

◎五言绝句

望雁山

盘岭秋烟外，乱峰霄汉间。遥知湖水曲，留我钓鱼船。

委羽赠继之（二首）

我爱山水居，君寻山水来。相对欲忘言，洞口流光颓。

方扫山石苔，已蹈残阳影。悠悠良夜心，寒月薄西岭。

寿岩夜坐

灯残岩下影，孤梦不成眠。飒飒霜风起，猿啼万壑烟。

题便面

幽林抱流水，茅屋带烟萝。问尔山中事，年来种杏多。

江南曲次夏少保韵（二首）

郎住大江上，妾住古井头。江波日以逝，井水终不流。

游女荡轻舟，朱颜照绿水。朱颜虽可见，谁见妾心里。

见方石谢先生

平生慕远游，夜梦周八极。灵氛穆无言，惟问谢安石。

感事（二首）

孔辙平生志，忧深道转穷。谁云官八座，云水半生同。

感事千秋后，方知楚客哀。孤心对白日，愁绝暮云来。

明印流落远来住我溪亭三年矣兹欲寻访名山诗以赠之（四首）

流落幽栖子，云游歌可怜。住我沧溪馆，绿蓑常昼眠。

步壑还临水，焚香复听猿。一川秋色晚，寒日落柴门。

三年常面壁，知为独往客。猿啼古岫青，月出虚窗白。

庭多古苔色，径少俗行迹。落日正苍茫，林间鸟声寂。

为施存言写仰峰图

昔贤一以逝，杳杳隔云天。今尔瞻依处，孤峰拂紫烟。

岁暮忆三儿承德

岁暮同诸弟，灯前坐夜长。天涯怜汝去，冲雪在何方。

◎七言绝句

望湖亭

谁于绝壁著孤亭，曲磴深林入窅冥。漠漠湖田春满眼，水云飞上葛衣青。

送方叔贤归南海

石门松路白云依，遥隔烟尘入望微。我有丹丘风露冷，输君不及早秋归。

宿灵鹫院

扪萝来酌峰头院，暂借禅堂一榻眠。窗静时时山雨过，擁衾不寐听风泉。

吾　庐

寒山过雨青犹润，红树惊风叶已疏。歌罢紫芝归望月，白云深处是吾庐。

雨宿半壑庵（二首）

山雨闭门不出山，终朝门外响潺湲。野人送酒情何厚，我在山中正独闲。

终宵雨打白扉响，晓起千山万壑流。却忆去年二月晦，夜烧生叶卧峰头。

宿林典卿山居

林蹊幽处客来初，细雨青泥步欲扶。谁启云庵饶我睡，一窗风雨落花疏。

灵峰洞

异境喜随秋气入，丛峦斜带夕阳明。客来不识刘郎洞，遥听云间珮玉声。

冯园在西湖予为童子侍先君来游逾三十年再至而园莽矣

岁晚来寻旧酒垆，残云落叶渺平湖。飘零花径伤心事，泪满西风白发孤。

访碧峰上人

道人误落风尘网，来访高僧了宿缘。十里青山秋雨后，一溪流水暮云天。

迟山为刑部邵照磨赋

南峰松桂北峰云，几度湖船对夕曛。此日秋风秣陵道，相逢又是我迟君。

净慈寺壁见故友诗墨感而有作

竹林不见三秦客，湖上空吟少谷诗。落日云烟独挥涕，此心猿鹤故应知。郑继之尝欲约孙太初与予共隐。太初又尝书《竹林精舍》诗寄予。

题晏太监行边图

窑居山上临沙漠，百里黄河负水还。谁唱凉州海西曲，黄云白草共愁颜。

夜坐赠王给事南渠

门前日色落古柏，灯火夜堂杯酒频。莫问谏书前日事，已惊华发两州新。

云中归度居庸关（二首）

紫崖苍壑壮天关，笑拂风尘塞上还。怅望五云金阙回，心先葵藿向龙颜。

塞外秋生牧马悲，遥空漠漠雁南飞。征人搔首霜毛短，慢谓燕然有勒碑。

夜雪与侄承芳及王宗范围炉

长安风雪客来稀，灯冷红炉与尔围。兴味今宵须记取，他年留话到山扉。

访张紫阳神化处（二首）

拂尽黄尘度岭还，万峰回合碧溪湾。天风吹起双鸣鹤，道是仙人拔步关。

我自玉门关外还，松鸣日落大溪湾。坐忆仙人紫金诀，笑开千仞白云关。

赉功为李恭川宪长赋

萑苻泽中贼哨聚，大梁道上金鼓鸣。缚取渠魁献天子，行人多说李西平。

与四弟题画（二首）

习家池中新水生，襄阳城外春日晴。坐看浴鹅归去晚，绿杨阴转蓼花汀。右《鹅》。

塞上霜寒月在天，荒鸡初唱促程先。今于山馆听鸡唱，坐引秋光翠竹边。右《鸡》。

鹤园为四弟赋（二首）

青林西去澄江合，江畔沙洲是鹤园。晴日龟兹当户见，天风吹落上清言。

山人岁晚托长镵，畦草芊芊手自芟。何事故人书币在，闭门匿迹不开缄。

题星士孙性之卷

九里仙郎何处来，丹丘春尽石门开。莫问凌烟他日事，桃花流水杳然回。

赠潘瑊

年来好事推潘阆，临水登山独有情。俯濯桃花春涧远，高攀秋月华峰晴。

赠吕泾野归关中

关西先生间世豪，昔我曾投金错刀。悲对京尘分首去，相看白发各萧骚。

出京泊舟保运观道馆书怀

村馆无人紫荳开，秋风萧飒雁声哀。晴窗坐检仙函罢，不觉东林月色来。

出京中秋舟中观月（二首）

蓬岛烟消月色多，群仙同赏亦同歌。谁怜野水孤舟客，愁对清光奈尔何。

青林飒飒将飞叶，玉宇沉沉正度鸿。怅望岂堪明月夜，凤箫声转九天风。

游白园赠白师慎鸿胪

尘梦茫茫此泊舟，白园聊作邵园游。征南定北劳相问，一笑长林菊径秋。

题张氏隐居

郭南十里独相求，松竹阴阴到一丘。可是幽人结庐处，白云红树万峰秋。

和萧两湖宪副雁荡道中韵（二首）

客来两袖携山烟，坐谈雁荡见壶天。愿向君王乞湖水，移共此山浮钓船。

山下绿阴春可怜，角巾藜杖影翩翩。诧予独往寻幽事，笑挟双鸾白昼骞。

题常秋壑赠王湍（二首）

闻尔山中栖息处，白云千顷屋三间。岩松石桂常秋色，寒暑萦回总不关。

不倦登临吾白发，尔山幽绝与秋期。云牙石乳丹霄近，拄杖行寻白帝居。

雁荡书院赠朱时言

雁荡书堂雨后开，层林飞磴静萦回。不堪日暮空回首，绝顶猿声秋正哀。

和甘泉登罗浮见怀韵（二首）

罗浮万仞拂空濛，谁复能居最上峰。秋日寄予诗句好，恍闻笙鹤挟飞龙。

秋风吹雨晓濛濛，尺素谁传海上峰。白首故人应念我，九关招手共骑龙。

送潘司训归休

柳碧桃红潘阆宅，几回春色梦中归。今朝得遂扁舟去，无数林花尚未飞。

暮　春

春辞我去归何处，我惜春光不可寻。阶下碧苔如簇锦，海棠风散落花深。

次应立之亭池韵

沧江分水到庭隅，数尺犹堪比五湖。逃世莫云非范蠡，长房曾憩市中壶。

写松（二首）

北风吹云天欲裂，崖端老松交屈铁。日落孤吟送尔归，流水高山听呜咽。为王宗范赋。

秋尽独行飞叶冷，天高悬壑翠阴横。窅然如入三山去，月落桃花潭水清。为王允廉赋。

写梧冈图赠陈太守

淮水南来见此冈，风云千仞振衣裳。海门东望朝阳色，冈上碧梧秋未霜。

写海峰图赠叶敬之

秋野朝看万木枯，悠然海上一峰孤。谁云不及蓬莱岛，时听天风鹤背呼。

与文启治写壁峰图

紫芝山下潞公孙，五亩为家半郭村。庐岳飞流虽背阁，少林青壁日当门。

雨后枕流亭观瀑（二首）

溪回绝壑开云壁，雨过山窗绕蔚蓝。斫药归来已无事，悠然灵瀑下澄潭。

小构穹崖跨玉川，飞云时往或时还。山中岂有瀛洲在，遥见银河落九天。

中秋洗心亭与王汝中观月

池上秋生竹馆开，九天寥落雁声哀。病夫坐倚胡床久，待看中天月色来。

灵岩石洞宋丞相杜公范于此读书

崖端古洞如虚阁，丞相当年此下帏。岁久烟霞迷薜荔，寒江几曲送斜晖。

石门道中答继之苹花之作

逶迤涧道白苹生，树影山光秋日晴。忆昔相寻湖海意，两鸥相对碧苔明。

登华顶

昔年曾读中峰语，今日来寻华顶行。俯视云烟空界里，丹霞映壑日冥冥。

天台道中忆继之诵其懒椿诗

苍松秋雨去年路，一树懒椿相对青。忽漫诗成回首处，闽山万叠海冥冥。

登永康方岩

山中不见金光草，岩下来听彩凤鸣。望入斜阳烟霭乱，何人早了世间情。

程舜夫池亭

曾凭绝壑俯幽亭，落日烟花一镜明。坐共小窗梨叶晚，高云凉雨不胜情。

和夏桂洲少保九日来玉亭韵

画省华筵九日开，无花何以对芳罍。非关老圃秋容晚，留待金盘玉露来。

东关驿

长江落日水悠悠，云碧山青古驿楼。何事风尘行旅倦，虚窗蕉叶不胜秋。

为僧大轮题画鹊

秋日欲出庭树明，秋风初起山鹊鸣。山僧解识西来意，常见常闻若有情。

为虞进士惟明题画

寒山雨过日未西，碧苕花吐烟欲迷。疏林寂寂无行迹，正是道人方渡溪。

南宫早起见落叶有感

海鹤孤飞入九关，野情知不偶鹓班。昨朝上苑西风急，归梦终宵返故山。

再游西湖（二首）

青龙桥边华严寺，丹霞白石洞门阴。记得扪萝曾信宿，春湖月出夜沉沉。

西湖山下云堂静，忆昔携朋坐夜深。三十年间事如梦，终宵寒雨响空林。

昔同阳明先生及郑伯兴梁仲用徐曰仁王纯甫顾惟贤王舜卿诸君游功德寺忽几二十年再至而忆同游入鬼录半矣寺僧号朴庵亦旧人因其请诗故道旧

沙边绿树半凋残，湖上惟存旧石坛。回首昔游今几在，山僧问讯泪汍澜。

挽张思立

记得相逢泽水滨，笑谈杯酒各青春。于今白发京尘里，哭对孤儿忆旅魂。

送张少府归凤阳

淮水东流古寿州，若遗茅屋水西头。归怀喜逐春风去，笑指平畴麦向秋。

予铭张木庵墓牟业为刻石以诗来谢次韵答之

忆昔岷山独访时，草玄亭上未言归。侯芭今共谈遗事，载酒犹怜旧白衣。

送赵副使辽东兵备

万里辽阳塞草黄，星文晓夜带玄霜。尧天已见风尘静，桑土怜君意独长。

为林尹通写梅趣图

白水苍山俱岁暮，疏梅修竹欲春生。茅堂有客缘何事，亦我衡门遁世情。

叶云壑以诗期过次韵答之

秋老青山路不赊，白头吟望忆谁家。当年夜雪相寻处，丹壑凌空散玉花。

久庵先生文选卷五

◎论

审治论一

治天下者，不可不审其时之缓急与其政之宽猛，得则治，不则乱。夫举天下之事存乎人，成天下之治本乎几，及其极也，亦有非人所能为者。周公，圣人也，非不知衰微削弱之为患也，然治鲁亲亲而尊尊，可谓善矣；太公乃意其后必至寖微，及其后果有如太公言者。太公比于周公者也，亦非不知争乱弑夺之为祸也，然治齐举贤而尚功，可谓至矣；周公乃意其后必至篡弑，及其后果有如周公言者。夫齐、鲁一国，治以圣人，其敝如此。使有天下治之不得其人，其敝又当何如？虽然，久而后敝，亦理然也。若夏之忠、商之质、周之文，厥初攸尚，固欲传之子孙，守之久远而不变。及其后，商视之不能皆忠矣，故尚质；周视之不能皆质矣，故尚文；周之后，视者又不能以皆文。此三代所为异制。忠、质、文所以必变，无相袭也。使圣人而不知，欲乖其不当变，守其所当变，将乱是兴，曷治之足言，何也？

天下之时有缓急，圣人之治有宽猛，审其缓急，酌其宽猛，应惟其宜，宽不至于纵，猛不至于残，则政得其中，而治之所以无失也。若不知先审其时之缓急与其政之宽猛，则刑赏不得其中，欲以治之，岂不难哉！昔郑子产为政，其将卒也，谓子太叔曰："我死，子必为政，当以猛。"太叔不能用其言，卒以致盗。夫如是，则政果可独宽乎？唐太宗初治，将欲严其威令，魏征谏以不可，封德彝遂讥"征书生，不识时务"。太宗卒用征言，不数年，海内乂安，四夷宾服。夫如是，则政果可独猛乎？噫！是何异也？舜绍尧而治也，尧之民宜无不仁者，舜之治宜以宽也，然而必流共工、放驩兜、窜三苗、殛鲧，而后天下咸服。武王承纣而王也，纣之民宜多不仁也，武王之治宜以猛也，然而必出炮烙之罪人、散鹿台之财、发巨桥之粟，大赉于四海而后万姓悦服。噫！是又何异也？

盖为治譬之为医，医之治病，必先审其人之虚实与其症之寒热，然后投之以药，病则易愈。若虚实、寒热之不审，而以虚攻虚、以实攻实、以寒济寒、以热济热，此死者所以交首于世也。药不能济病，人之责者，固不责乎药矣。使治天下而不审其缓急、宽猛以至于乱，则天下之民之责之者，又岂止一医之责而已哉！吾故曰：治天下者，不可不审其时与其政也。

审治论二

夫人才以太平而出，亦以太平而不幸。故国家本以太平为可喜，而亦以太平为可畏。夫太平之时，朝廷有用贤之美，深山穷海之人皆怀愿用之心，愿用之心胜则流而不止，故夤缘侥幸之路作。

有夤缘侥幸之路，则所用或非其才，而小人进矣。小人进，则君子无路而入矣。夫国有君子犹耳目之司其身也，人无耳目则有声不闻、有色不见，不闻不见，可谓之人乎？小人非不足为人君之耳目也，盖以彼易我耳！我之所进者公忠，彼之所易者私邪。公忠多难亲，私邪多易悦。悦则听之专而任之笃，听之专、任之笃而朝廷之蠹贼生。朝廷而有蠹贼，天下皆蠹贼矣。天下皆蠹贼，天命于斯去矣。败亡之祸，其能已乎！

古之圣人知治乱之本系乎人才，故周为育才之具，精为择才之方。必由乡举里选以覆其实，必自比闾族党以励其成。无他岐以定其志，不二道以一其德。使人皆才矣，然后举而用之，则有才不废，非才不冒，所以久安长治而乱无所自生矣。故曰：天下不以太平为可喜而以太平为可畏，有天下者可不知审乎！

审治论三

治天下者，不可以无法令；法令之成治，则非法令所能致也。圣人知此，常为疏远不急之法以示之，故民畏之如雷霆，远之如汤火。使之日改月化，若常有临而提撕之者，岂专恃乎法令哉？夫法令之于民，巧者可舞之，奸者可欺之，可舞可欺，而坏之不难矣。以易坏之法待无穷之情，犹云“足禁之”，吾未之见也。夫吾以赤子之道待之，彼亦以赤子待其身；吾以虫虺之道视之，彼亦以虫虺视其身。一为赤子，将以笞骂为大辱，则笞骂为足耻而畏避矣；一为虫虺，将以杀戮为轻刑，则杀戮为无畏而数犯矣。得其说者，笞骂可重于杀戮；不得其说者，杀戮反轻于笞骂。

是故圣人修仁义、察人伦，使之以有则；又为置井田、制邑居，使之以有养；又为立党正、设族师，使之以有摄；又为修六礼、明七教，使之以有道。盖皆因其天性之自然者以为之制，故民无智愚贤不肖，皆欢欣鼓舞，乐趋而不倦。一或有戾，皆知惭愧悔恨，思以迁善，视被桎梏、受斧钺，无以过也。此所谓“不刑之刑甚于刑，不怒之威甚于怒”，固何在于法令哉！夫如是而又有不悛者，则为自弃之民矣，然后置诸法令，则法令重而民不敢犯也，故治天下者不在法令而在得其要也。昔赵鞅铸刑鼎，孔子闻之，曰：“民在鼎矣，何以尊贵？何以为国？晋国其亡乎！”郑人铸刑书，叔向诒书子产，曰：“先王议事以制，不为刑辟。今吾子制参辟、铸刑书，将以靖民，不亦难乎？”噫，甚矣！法令之不足为治也久矣，然世专恃之，何哉？

商鞅论

商鞅相孝公，挟威令制国人、霸诸侯，是时秦国以强，诸侯莫敢西向视者，皆鞅力也。及孝公薨、商鞅死，始皇立，吕不韦、赵高、李斯用，二世而失。起于陈胜、吴广二匹夫，而卒灭于刘、项之手，其故何哉？盖商鞅者，徒知其术之可以强秦，而不知其术之能败秦也。行徙木之小信，假威令以劫人，故人不得不从也。然其并心趋利、峻刻深残，皆足以腐民之心髓，其败秦也必矣，何强秦之有？但祸偶未发耳！故一旦孝公死，秦人车裂鞅以殉，然秦不与之俱亡者，幸也。

吾曰：强秦者非鞅也，孝公也，盖孝公能用鞅尔！败秦者非韦、斯、高也，乃鞅也。何也？夫三子固能败秦，殊不知三子之残贼者，鞅实先之，微鞅则秦不强，而三子亦不得肆矣。呜呼！及其后也，败秦之鞅未死而强秦之鞅已死，故吾不痛鞅之死，而哀秦之亡。鞅其死耶？鞅其未死耶？

春秋论

《春秋》，何书也？天子书也。何为而作也？为小人也，为君子而不知义也。苟时皆君子而知义焉，虽有赏罚，将执何人而加之？将指何人而断其是非？必有小人而后有是非，有是非而后有赏罚。周室凌夷，王法不行，纲纪废坏，虽有桓、文，皆自为以济其私，岂为天下也哉？是故《春秋》非无事而修，必不得已而后作。

然所以作《春秋》者，皆天子之权也。以天子之权假之于我夫子，何责人之僭而自僭也？然其所赏罚者，因鲁史也；鲁史者，空言也。以空言而托天子之权者，道在我也。道在我而权不在我，虽有赏罚，以道不以权，庸为僭乎？

或曰：因鲁史以寓赏罚，则以其权与鲁矣，鲁可受乎？鲁而可受，齐、晋何不预也？子曰："夏礼，吾能言之，杞不足征也。殷礼，吾能言之，宋不足征也。文献不足故也，足则吾能征之矣。"鲁，周公之国也，周公以圣人之德任辅相之职，制礼作乐，正名定分，成一代之典，为百王之法，则鲁之文献足征矣。故以与鲁无疑也，亦以见周公之道传于夫子，而夫子受之也。夫子必曰："周公，我师也，我以师之道而行我之志于天下，天下之人必不曰我僭天子之权也，必曰我行周公之道也。使周公而存，见诸侯之强盛、伦理之不明，必请征伐而讨之，而《春秋》之赏罚者亦无事于措矣。"呜呼！所谓《春秋》者，抑岂夫子之好为哉？无君子故也，无周公故也。故夫子曰："知我者其惟《春秋》乎！罪我者其惟《春秋》乎！"后之读《春秋》者，知也？罪也？

秦汉得失论

秦自缪、孝以来，因河山之险，据上游之胜，以霸术为强，兼并为事，所用者智术，所尚者首功。垂至始皇，遂吞二周，灭六国，有天下。其本固浅矣，犹谓功高五帝、业过三王，不悟其非，欲为子孙万世之有，易诸侯为郡县，戮豪俊以绝争，南开百粤，北筑长城，严法峻禁，固防密虑，坑儒燔书以愚黔首，销锋铸鐻以弱其民，以为子孙万世安枕为帝王矣。然一旦身死，闾左之徒，鉏耰梃呼，群雄蜂起，天下瓦解，竟以其所深欲者为速亡之媒。

汉高祖惩其弊，入关约法三章，弛除苛刻，退待诸侯，以之宽秦民也，非略地争天下也。然屡辱强羽而不挫，卒屈众策举宇内，一奋辄兴，遂成帝业。竟以其所无意者为结人心、得天下之资。噫！天道可以私心测哉？天下可以私力有哉？民心可以私智服哉？惟不可私也，此汉之所以得，而秦之所以失也。

夫禹、汤、文、武，行纯王者也，溥其泽于天下，非利天下贻其子孙也。然生而其身安荣，殁而其名不朽，国祚悠长，子孙不失，又岂思虑智谋尝及是乎？道合乎天，德覆乎民，故人不忍去，天不能违之，岂区区可同论哉？惜乎，汉高不深求其道，充入关之心，此汉之所以卒为汉也已矣。

利害论

天下有大利、有大害，皆自己出，人常不知。仁者己之利，而人苦不知用；私者己之害，而人苦不知去。用仁所以利天下，而亦所以利己也，用私所以害天下，而亦所以害己也。

智伯攻赵，引水灌晋阳城，方自快其用之神，曰："吾乃今知水可以亡人国也。"殊不知俄顷，襄子使人杀守堤之吏，决水溃其军，首为饮器，国为丘墟，竟其水之自为也。卫鞅相秦，作惨刻之法以毒其民，暴其公族，自谓可以显身、福其子孙也。殊不知一日孝公薨，秦人起而诛之，走及关，以其法不得出，秦人追杀之，车裂以殉，灭其族，无噍类，亦竟其法之自为也。呜呼！以之害人而卒害己，以之利己而卒不利世，复有如智伯之水、卫鞅之法者乎？

入治朝德日进论

人贵自立，又贵遇其时也。自立固难，获时之遇尤难，故曰：朝廷有教化则士人有廉耻，士人有廉耻则天下有风俗。

治朝之世，君子率德，百僚师师，道德敷政，仁义成俗，林野之民皆具贤人之才，江汝之女尚有君子之行。况缙绅在朝，善类相观，犹蓬处麻，犹金在范，同声非均而均于景行，同气非齐而齐于蓄德，与之俱化不知其化，所以人乐盛世，愿趋有道之日也。

乱朝之世，上下率怠，淫刻颇邪之政宣，桀鄙狙诈之风流。求之以不经，归之以流荡；使之以不诚，应之以不肖。苟非豪杰独立不惧，树之风声，虽天资近道，鲜不委夺隳败于波颓风靡之际也。况其下乎？虽然，贞女不以患难易节，良农弗以旱潦辍耕，君子惟求自立，一息尚存，此志不容少懈，岂以其时有作辍哉？

◎杂文

释　问

或问曰："子何得罪于五品大夫而致怒乎？"曰：邑谷不登，连兹三岁，餐草啖木，不能自活，道殣相望，子不见乎？恃力持铁，奋攘横野，子不闻乎？邑长安食，不为之念，日取其良，签指榜臀，裂肤流血，穷搜其膏，以事逢迎，子不知乎？予不忍窃叹于室，意五品大夫为民官也，故言其情，欲其拯而活之。不料大夫旧于邑长，今行而逢，将同其利，以予言为非，故怒之。

或曰："圣有谟训，思不出位。子在蓬蒿之下，不揣在我，妄言民事，以招大夫之怒，宜也。传曰'一出言不敢忘父母'，大夫言将子陷，是贻其忧，一举两失，何以为智？"予曰：古之作法，教于今者，非孔孟耶！孔子不忍见天下之民不被尧舜之泽，故驱驰齐、鲁，奔走宋、卫，绝粮于陈，畏惧于匡，几死于桓魋。孟子犹此心也，故经营齐、梁，艰关燕、滕，疑于时人，毁于臧仓，轻于淳于髡。其道虽是，其身能免乎？况居父母之邦，可避以默乎？然乡邻闭户，同室被发，予何出位之有哉？且扬美于亲，保己之身，孰非予事？但顾理无以取之者，亦将奈何？予则求之。以为当默也，则予言为非；以为不当默也，则予言为是。予何是非哉？但恨未能为孔孟者也，作《释问》。

梦渔说

三衢徐可大方举进士，馆于予，以志江湖而频梦之，遂自号曰梦渔子，请予著其说。予窃疑之。既而受官南科给事中，将舟而行，又请之。予又疑之。梦渔子喟然曰："吾所谓者，岂心明不可强言，以伪而冒之者耶？岂徒爱其名，矫智以非情而盗之者耶？盖吾之性固疾也，吾向见夫蒹苇之渍，烟水之区，张轻罾，下联筒，绿蓑黄帽，长歌欸乃，吾至喜也。吾自谓虽有王侯，吾勿易之。今吾既梦之，吾行之兆乎？子行且索吾为芦中丈人矣。"

予遂不得辞，乃问之曰："子之所言，子果梦之乎？今之富贵者，其亦梦乎？梦则其诚乎？子诚则予何疑焉？抑予闻古之仕者必有所不为而后可有为，今子之官则谏官也，谏官之务在今为至急，子果梦渔者则予之去就可轻矣，去就轻则子之谏可行矣。行谏之道而后去，则子其真梦渔者乎！"

留别三友

石龙子将归天台，舜卿、仲用、惟贤二三子握其手，曰："子去，我若何？"石龙子曰："阳明先生在矣，子日亲之，其终染乎！"曰："先生志去，又将奈何？"曰："离合，迹也。在离合矣而不为离合者，神也。二三子其为迹乎？其为神乎？为其迹，爱而得之，一臂掉而失之，其能忍不悲乎？为其神，六合之内以及六合之外，百世之上与百世之下，何往而不得哉！夫神，心之所存，理之发也。心存则神存，神存故动而天，随天则一而无不同，无不同故彼此齐而离合亡矣。其不同者，雕刿卓鸷，人各其私，如面不一，或势或利，或名或技，拘而从之。方其从也，联席而寝，并匏而饮，口面与与，腹脏騑騑，转项背而秦越分矣，矧去万里而犹望有同哉？今二三子惟求之于心，切而弗懈，诚之以天，弗妄以人，则二三子与我、与先生皆将神契矣。神契则常而不变，二三子将何所不师先生而友予哉！况先生尚留数月，二三子勉以亲之，毋徒戚戚！"

赠石门子

石门子弃其官而归，访南洲子于西皋之山而问政，南洲子与之论学。期月，偕来访石龙子于紫霄之上，石龙子亦与之论学，又期月而后返。或信焉，或疑焉。既逾年，复来，与石龙子曰："吾于二子之言莫逆矣，反而内观我之心，然犹有未安者，何也？"石龙子蹙然起曰："是儿矣。子知择志者乎？夫人之心有所之，则必有所倚，有所倚则必有所丧。之于富贵则于富贵丧之矣，之于功名则于功名丧之矣，之于风操则于风操丧之矣，之于狗马鞠博缋宝则为狗马鞠博缋宝丧之矣，之于声色货术、辞伎智力则为声色货术、辞伎智力丧之矣。丧而不返，是为天戮。无之则一纯，一纯则神凝而静，静而明，益明则益静，是为至德。至德毗天，是为圣人。然择之之要在乎慎初，初为萌始，萌必有根，根拔萌灭，是为太虚。太虚同同，是为至德之府，其府渊渊，万美粹焉。古之君子所以过人者，盖精诸此而已矣。故曰：‘先立乎其大者，而小者不能夺也。’吾子盍反择之，且吾子之志亦有歧乎？歧则不一，不一则多，多则蓬蓬，吾子之心能自安乎？请自今安之，则吾子之道进矣。”石门子唯唯而笑，遂缚两屦而去。

赠王生胤东

世之士日趋势利，日流浮薄，所谓文章、所谓风节、所谓政事、所谓功名，类不出此，名似而实非，貌然而心否，故风益颓，俗益变，世益偷，政益乖，民日哗。虽有君子不容独立，至教不可以孚，至亲不可以缔，至恩不可以格，何哉？时不贵道，人鲜识鉴。巧言足以乱德，机变足以溷真，诡遇获禽，非道干誉，士生见之，自少至老而习之，皆自为得，故惟诱是甘，又何事笃志于道为哉！

王生胤东年少工古文词，一日见予，以言规之，即愓然有省。复以书抵予，自述平日有志于道，欲请终身之教。予喜生之有志，能自拔于流俗，故以俗之所以弊者告之。蕲生必笃志于道，必以忠信谦虚为本，必以圣贤之所成者成其身，不徒文词之工、轩冕之贵而已，必挽其风、必变其俗，使吾乡为他日之邹鲁，以为斯世率，庶生之无负乎！

志 说

士非明志不可以自立，非定志不可以致远。志者，心之趋也。趋之不明则昧而昏，明之不定则惑而馁。既明而定，必如水之赴海，千回万折，不海不已也；必如兽之走圹，饥渴蹄躛，不圹不息也，故谓之有志。志之存，不以庙朝廷陛而尊，不以绳枢瓮牖而损，不以斧锧鼎镬而泯，不以夷狄患难而摧。举一世非之而不沮，举一世誉之而不劝。盖身得显晦，此心不可以显晦；名得荣辱，此志不可以荣辱也。是故君子之学，溥而不穷，健而不倦，戒惧于不睹不闻，致谨于视听言动，与生俱生、与死俱死，贯金石不渝，通天地不窒，志明而定也，此君子之道所以贵也。

不然，毫发之差，名虽是而实亡矣，器虽存而用非矣。谓之君子之道，不亦远乎？此世之士每怀盖代自负天下之望，或变磷于得丧，或溃倒于利害，垄断发冢，用之不足以尊主，行之不足以庇民，沦纲斁法，播恶于众，以为斯道之贼，岂非此志之不明不定也？所以讲道者易，任道者难；求道者众，得道者鲜矣。道之不明，世以贸贸，生民而久，不蒙至治之泽也。

南冈子有志圣人之学，友予于京师，别十余载，会于留都，既而予抱病归卧于东海之滨也。南冈子行部过其庐，与之语，更仆惕然不舍，遂命书诸箧，作《志说》以谂之。

治河理漕议

予尝陈理漕治河之策，圣明已俞而行之。既而二三公各以意见求胜，当事者观势为趋向，遂止不行。至今五六年间，漕河日塞、黄河益患。夫漕河之塞已甚，但黄河源流盛大，一时不见淤塞之迹，人皆玩之，以为无事；殊不知彭城皆山，吕梁、三洪实皆山峡，形势易阻，兼之黄河多泥，为塞尤易，日塞日高，一旦黄河不流，则漕河自清河口至济宁几千余里皆为平陆。当此之时，将为开浚，则为费无纪、民力实有不堪；将欲坐视，国赋命脉系于漕舟，一岁不至，京师告急。为今计之，将何卒善？

夫物必有本，害必有端。今但知黄河为患而不知其所以患，漕河为利而不知其所以利，虽有神禹，亦无如之何。且黄河为患不甚于三代之前而甚于秦汉之后，何哉？盖三代行井田之制，井田之间必有沟洫，沟洫之水必引源泉以足之，故泾、渭、涞、沮、伊、洛、瀍、涧、衡、漳、恒、卫、澧、汭、荥、桓、汾、沈，皆分于雍、豫、梁、冀平野沟洫之间，则水之入河者少，水小则河势自弱，故黄河冲决之患不在三代之前。自商鞅开阡陌、李悝尽地力，井田既废则沟洫俱废，故泾、渭、伊、洛诸水皆归于河，水之入河者众，水众则河势自盛，故黄河冲决之患特甚于秦汉之后。况自秦汉已来，通渠开漕皆在河南高原之上，以致黄河不复由河间地中之故道，遂失禹迹润下之性。犹以盘盂盛水置诸几案，几案略摇则水溢，堂陛乃其所也。然又不求其故，惟筑堤防以捍之，是故堤防稍决，则瞬息之顷、数千里之内，室庐漂荡，黔黎皆为鱼鳖。且堤坊之费岁无休息，生灵垫溺，百年凡几，自秦汉讫今，为害可胜言哉！

今欲息数千年之巨患，以成当今之急务，则莫若师沟洫之意，求分水之端于雍、豫、梁、冀之间，因地势高下之可见、沟渠陂沼旧迹之或存，即其源泉，略加疏引。堤防之工，使之各归其处，则黄河之势自弱。然后导之北流，复禹旧迹，使行地中，以顺其性，则冲决之患自销，生民之害可除。且今天下之土，北方肥厚实过江南，惟水失潴蓄、土皆枯燥，故生植稀疏，反有不及。昔唐虞三代之时，江南诸路皆未入版图，军国常赋之需、稻粱重穋之产，皆北方自足。若使水利复兴则生植必多，财赋之充又奚假于江南哉？且今北方盗贼纵横，亦由无水之故，使沟洫足以限隔，则驱逐必难。一举而数利并兴，亦何惮而不为也？人皆未之思耳！

今日漕河，源出山东，山东之水已足漕用，但失潴蓄之方。故潦则漂荡以伤农，旱则枯涸以病漕，何哉？盖巨野为东国之浸，乃汶济钟聚之区，亦山东诸泉潴蓄之所。今之漕河，因元之旧，置诸济宁高原之上，南北分下，常如高屋建瓴，只赖诸闸节缩，仅足浮舟。设或一旦少有风尘，诸闸不守，则漕河已绝，为虑可胜言哉！

今欲为国家经久无穷之计，及舒目前漕河淤塞之急，惟有蓄水一策，庶几为力易成、缓急足济！且南旺、昭阳、安山诸湖，皆居漕河之上，旧称水柜。今堤防俱废，或开浚非宜，反为黄河所塞，积水甚少。宁阳为诸泉出没之所，实漕河之源，今不为之陂障潴蓄，但以其流导归一沟，至于分水，入于漕河，南北奔流，日夕不息，故沟水仅见一线，陂障常忧枯竭。失今不图，一日漕河尽塞，虽加畚锸亿万、金粟山委，将何措手而可以飞舟京师？莫若及今预将南旺、昭阳、安山诸湖堤防修筑完固，及择宁阳至漕河之间可为陂障之所，高为堤防，使山东诸泉之水尽归于湖，乃于湖堤筑闸泄其余水、入于分水沟中，俾入漕河，则陂障常溢而漕河不忧其竭矣。又求巨野旧迹，究其当时积水之故，必有堤防之所，因其旧迹，为之疏筑，迁其居民，使居原野之上，则巨野可复。或又忧其不足，则西南诸泉亦可导入，因其涵浸之盛，分流南北。测其地形高下，略为闸座，为之节缩，以为漕河经久之计。此实国家万年之福，不但足救淤塞而已，又可以省每岁闸座、堤防、夫役之费，则诸州民力之舒亦有不可胜言者矣。

赠周仲玉守巨津

周君仲玉为天台令三年，升巨津守。

或曰：仲玉之为天台也，廉以律己、简以济事、爱以惠民，可谓能其官矣。能其官则应跻近地、陟华阶，今巨津为滇南僻壤、滇南为中州远地，岂所以处仲玉哉？处非其地，是谓无劝。仲玉其无愠乎？仲玉其可行乎？

予曰：论则公矣，非所以知仲玉也。夫仲玉之所学者，尽乎己而已，尽乎己则无与于人，亦无与于天。盖赏罚而予夺之者，人也；得丧而穷通之者，天也。己尽则赏之不足为荣，罚之不足为辱，得之不足为得，丧之不足为丧，人孰得而予夺之？天孰得而穷通之哉？故曰：君子穷居不损，大行不加，不以富贵而淫，不以夷狄而变，不以患难而改，所谓无入而不自得者也。仲玉之志在此矣，则巨津何以谓僻？滇南何以谓远？或者之言，果知仲玉哉？虽然，君子行藏视乎时，审己去就视乎力。苟时可行，吾何为而不行？苟力可任，吾何为而不任？仲玉之出处在此矣。或者之言，果知仲玉哉？予书此以赠，仲玉其勉之！

题华山对雨图

“华山对雨”者，太守顾公谪湘南时事也。古鄞陈鲁南图以诗之，以写其幽思羁旅之悦。公以贤才忠智忤权奄，辱而不雪，远而见疏，此鲁南所为悲也。虽然，畎亩铸舜者也，羑里铸文王者也。及凡今古仁贤，何往不有铸之者？公又何伤而不知天以之铸公耶？公铸之于彼乃今用之于此，天其有私乎？私吾台者，非私吾台也，将试之以及天下也。吾于此卜诸，则荒陬远壤、阴霾风雨，其既铸公矣！

题文征明诗墨

余每读文征明文辞而观其书与画，为之怃然，曰：“美哉，征明止技耶！”余曩闻征明之先君子守温州，卒，吏甿为赙数百金，征明谢不一顾，若恐污其身以垢其先人者。噫，世有志节如征明者，顾甘心斯技而已也！古盖有不得于此而托于彼以匿焉者，征明岂若人之俦欤？吾又不得而知也。此卷征明之诗书，寄太守东桥以遗其婿俞商用。余故赘于此，俾藏之以俟征明见而考焉。

题霍山代卷后

太宰白岩公在奉常，往旅中岳，公祖少司空为给事中，时亦尝有事于此。旧碑残泐，公复修之，士林称异，谓公后先职望光映兹山，非偶然者。绾独不然，昔孔子作《春秋》，讥世卿；孟子论故国，以世臣为重。孔子讥者，谓不足以继述；孟子重者，谓典型之有存也。司空以端修重雅表于先朝，今公又以清温之德为国重臣。盖可贵固有在此而不在彼者，独兹一事乎哉！

钟石山房诗引

横林大溪之上有石突起若钟，费子结屋石颠。大溪曲屈，三面抱石而流，又外环灵山、鹅湖、芙蓉、五峰之奇。费子读书其间，于是铿鍧之音日警于耳，崒屼之容日壮于目，泓澄之色日涤于心，费子乃起圣智与游。于是精会神融，千古莫遁。费子遂悠然而得、颓然而化，蹩尔乃出《复观上国擅词林》，将之白下，众目异之，皆为之歌。予听而善之，乃鸣缶击筑，使反和之。众皆欢曰："是不可无纪。"故书之歌端，俾刻于石。

题陆文学自制志铭后

古之隐者有数隐焉：或隐于耕，伊尹是也；或隐于役，傅说是也；或隐于渔，太公是也；或隐于朝，东方朔是也；或隐于卜，严君平是也；或隐于市，梅福是也；或隐于山，四皓是也；或隐于商，胶鬲是也；或隐于园，东陵侯是也；或隐于家，万石君是也；或隐于野，安南翁是也；或隐于舟，松江渔父是也。皆隐也，而为隐不同：或抱志以俟时，或超俗以葆神，或全身以远害，或因事以示教，或诡身以明术，或敦行以裕后，或泯名以求安。其隐虽同，其道不同也；不同其道，其人亦不同矣。

今云江南贫士者，盖隐者流也。为何隐乎？读其自为墓志，尝有官矣，辞而居里，尝有禄矣，散而居贫，其吏隐乎！今平世也，贫士何思而何避哉！且自志文曰“居富乡，保无祸，可也”，迩闻其乡，尝有苛政，小大无不遭。贫士何以得免？贫士其监兹乎！其更有思乎！贫士必有见，故超然远于俗。庸缀末简，俟论世者考之。

久庵先生文选卷六

◎序

送方石先生应召序

今天子欲致唐虞之治，臣工诣阙言理，谓得人为制治之本、国学为育才之地，其责莫先于祭酒。于是辅臣内议、群臣廷议，咸以方石先生为宜。盖先生尝以南雍祭酒谢归十载，今进少宗伯、主北雍事。天子实致尊贤之诚，诏使数至，先生数辞，皆不允。先生遂幡然将赴阙。

或谓：先生养志泉石、绝念富贵，今日之出，无乃挠素心乎？绾曰：不然。君子寓世，蓄机韬光，孰不欲泽被天下？惟患时之不偶，不自媒求售以枉其道。今当侧席求贤之日，责任既重，礼意既周，己无自媒，时无枘凿，有何不可？尚为逡巡之计，以失天下之望而孤天子之心哉？且古之君子如伊尹、太公、公孙龙、百奚、孔明之流，虽王霸之术不同，未有不待求而往，亦未有求而不往者。今先生之行真能以道自任、惟义是归，将不以此为先生足，又进之以宰天下，内赞以致化外，施以成治，使奸谗欺愉不得而肆，贤达中正具在布列；遐夷荒服不得而扰，灾淫水旱无自而妖。所谓礼、义、廉、耻以兴而四维卒固，为国家立不朽之规模、开万世之太平，又孰非先生之素心而云有“挠”哉？若夫圭爵牙纛之为荣，固不足为先生之有无，亦非所以论先生也。

燕市悲歌序

《燕市悲歌》者，都人送东雁先生诗也。云“悲”者，抒其怀而致其感也。先生少任侠，慕荆卿、班超之为人，欲立地作奇男子。走场屋不利。岁贡礼部，入廷试第一，应受教职。先生曰：“我岂能为是官耶？”乃艺辟雍以俟，既二雍各论方居之。先生南人，当入南雍，又曰：“我岂不可在辇毂下也？”遂不去。竟用是困，群公贵人皆知其名，但无肯援之者，先生亦无憾之。

东山刘公以党锢为逆瑾所逐，众愕，莫敢近。先生为经纪归装，送之数程。及逮系入狱，往来狱中，伺其食卧。至戍西夏，欲与俱去，念亲老而止。又欲持刃于隘，俟瑾杀之。凡在都下落落七年，敛死者与危难无依而急之者，不知其几。辞受之际，虽亲，一毛不妄。呜呼，若先生者，可谓倜傥丈夫、崛强尘埃者矣！是故《悲歌》之所作欤！

虽然，物各有用，鼎不以支车，柱不以摘齿，岂终无用哉？若先生，于时终不遇者，则皆天也。天有不遇，圣贤亦何能哉！自今已往，天者，时者，予亦知之。盖将与一二同志裂冠断带，望雁山而托迹，先生其为我驱虎豹、置樵爨哉！

送叶一之序

盗起四方，蜀先最甚。州邑之能完好犹足理者无几。凡仕皆不愿趋，以为大戚。吾乡叶君一之举进士，选重庆推官。重庆，蜀郡也，当水陆之冲，尤人所不愿。一之受之慨然，众皆羡其难，乡人仕于朝者乃征予言壮其行。

予曰：君子之仕，将行其志也。趋而就之，讵有所择？舍而去之，讵有所避？虽之穷荒绝岛，蛇虺为邻，亦将以行吾志也，况重庆在辐员之内乎！夫民之情，好生而恶死，乐安而惧危，天下古今同也。惟上之人能有以生之安之，则民孰不乐其生、求其安，而忍为盗哉？况盗即民也。苟谓之为赤子，将何盗之不为民也？苟谓之为豺狼，将何民之不为盗也？今为民上者，挟欺诈以乖民之信、骋严酷以挠民之良，使之皆嚣然丧其乐生求安之心，是皆驱之以为盗。及盗之兴也，则为之悉营伍、修弓矢、利戈戟，竭府库之有，啖之使战，穷其力而盗日转炽，然犹不之思也。为之怯者曰："盗皆貔虎，吾何力之能为？"为之悍者曰："盗皆狗鼠，吾祛之易耳！"呜呼，盗果不可息哉？旷日以岁，有识忧之于心，在位未萌于虑。

予故言之为一之赠，又以告夫司民寄者。庶几重庆之有瘳，以蕲天下之皆瘳乎！

交游赠言序

施聘之出一卷视石龙子，皆与游吴人诗，请予序。石龙子受而弗谢，客在坐者哑然笑曰："子忘其戒耶？犹为多言之好乎？吾为子弗暇矣。"

石龙子曰：君子之言，各致其情耳。苟非其情，虽王公弗能强。岂不见夫婴儿者乎？失其母，见妇人者辄啼而就之。麋鹿牢于圈槛，望莽苍为之跳跃。抑予岂有婴儿、麋鹿之情而未遂乎？予尝往来吴中，见湖山清越、萧爽夷旷，思借余皇寻甫里旧迹，招志和、季鹰之鬼，起之千载，相与讴吟于云岚烟水间，以与世不相识。顾缚一官，凡情俗态，如蒙溷垢而未去。翻思吴游之乐，如层霄碧落之不可至，奈何予言之靳哉！

施君谓然也，请书以期。

别甘泉子序

予欲学以全夫性之道，知寡闻不足与乎大明。欲其友三年而不得，求其师六年而不遇，自谓终焉弃德者矣。反而视之，其身常如槁，其意常若失，得一官若负秽。

或有告之曰："越有阳明子来矣，子何不知亲耶？"乃亟趋其馆而见之，阳明子坐与我语，归而犹梦之，恍若阳明子临之，而不敢萌一毛于私。于是乃源源而见之，遂不知有我之百骸九窍矣。阳明子曰："有南海甘泉子者在，予友也。子岂欲见之乎？"翼日，偶于阳明子之馆见之，其容简，其心一，其示我之言蓄而尽。入其馆，遂拜之。于是二子之庭，日必有予迹矣。阳明子曰："吾将与二三子启雪窦、帚西湖以居诸。"甘泉子曰："吾其拂衡岳、拓西云行，与我三人游之。"又相谓予曰："子其揭天台、掀雁荡以候夫我二人者。”予曰：“我知终身从二子游，二子有欲，我何弗勤。且我结两草亭，各标其号以为二子有焉，何如？”无几，甘泉子将帝之命，欲之于安南之国。予则忧之，曰：“聚散其自此乎？子其舍我矣？”或问曰：“何忧也？子过矣。天地之道，理以同聚，物以异散，今子三人理则同矣，物则类矣，浮游之间，何往而不与聚，而子犹疑其散耶？”曰：“吾欲之甚而易之惑也。夫自世丧道，世之君子白玉于外而中碈也，其不可与道也久矣。而吾忽得二子者，不啻景星快见而凤凰乐睹之，今离索于此，此吾之所以为忧也，是何过哉！”

子行矣，遂书其言，投诸其笥，以蕲子之不我违也。

送王纯甫序

王纯甫将之应天教，过石龙子，言曰：“向吾与子友，朝夕相观以心，虽不言可也，今吾将别去，子亦俟时而遁，宜有以赠我哉！”石龙子诺而问曰：“今有人外刻行，工辞博记，志专为圣人，务先知诵古言，求探幽赜，不逃只字，自谓已造乎事理之至而足乎性命之真。考其居则笥焉而弗化，其弊也支离，而身不与者众矣。可以谓之善学乎？”曰：“不可。”曰：“恶可哉？”曰：“敬斯可矣。”曰：“今有人知敬为要而守惟玄灵之府，持之不暴，悔之不遗，藏能反其本矣。求其志则凉乎弗类，其弊也禅，而内外两离矣。可以谓之善学乎？”曰：“不可。”曰：“又恶可哉？”纯甫曰：“子奚谓可？”曰：“察斯可矣。”纯甫曰：“然吾尝闻诸阳明先生矣。”石龙子曰：“虽然，子亦闻内外之辩乎？以瓦抠者巧，以钩抠者惮，以黄金抠者惛。为其重内而轻外也而巧生焉，为其重外而轻内也而惮与惛生焉，夫技一也。余子所大惧也，而愿与子察之。察之以不倦，其庶几乎！”今纯甫笃志圣贤，舍荣盛而就寂寞，而余犹以此进之，何居？

送王崇贤序

王崇贤复为霍山令，过余而论政。余曰：“其学乎？”遂论学。余曰:“其政乎？”崇贤曰:“政既谓之学，学又谓之政，吾何居哉？”余曰：“学亦道也，政亦道也，求诸道而已矣。道者，天地之所自道也。斯道也，鱼得之而泳于渊，鸟得之而飞于天，日月得之而后明，江河得之而后流，尧、舜得之以治其天下，文、孔得之以教于世，颜渊得之而不违若愚，宜僚得之而弄丸，彭祖得之而寿，释得之而释，老得之而老，杨、墨得之而杨、墨，以及师旷之音，轮扁之斫轮，庖丁之解牛，何入而不得之哉！得之有偏全，用之有大小，故曰：道有不同，君子知其不同而不强其同，但求以自得而已。”

崇贤曰:“噫，吾乃今知所以治邑矣！子又有说乎？”余曰:“向子举进士，吾不为之贺而为之吊。及子为新淦黜，于时吾则不为之吊而为之贺。今子获公论，复其业，吾则为之吊贺之间，子知之乎？子知之，吾请与子论道矣。夫道非茫茫，求之则得，是故得道者无所不可，况一邑哉？吾子其勉之！”

送吴禹城序

或有问于石龙子曰："今之从政者何如？"石龙子曰："民输沟壑，桀滑是滋，吾不知其为政也。"曰："若是，其可悲乎？"遂问曰："疲民何以拯之？"曰："实有志者能拯之。"曰："奚居其实？"曰："心在于兹而不自知其在者，能实之。子不见夫慈母之于子乎？心诚爱之，无所不至，而常不自知其为爱。今有爱民之心如慈母，而民犹不得乳哺昫濡以生者，吾未之见也。"

又问曰："奸民何以治之？"曰："无心善恶者能治之。"曰："无心何以治之？"曰："民之善恶诚伪溷，顷刻耳目而可尽之乎？惟诚心于爱民者，斯无心于善恶，而民之善恶不能隐。子不见夫树者乎？树者但欲其树之成，日望其荣茂，恐恐然惧剪伐以伤之，然后见蠹理者而去之，则去者无不当而存者无不遂矣。"

又有问曰："吴昧斋守昭为禹城令，何如？"曰："莫宜焉。"曰："何以言之？""吾与昧斋居乡，见昧斋登科二十余载，乡之少长无贤不肖皆曰昧斋老成人，无异语。老成人多真心恻怛，吾是以知之。"

昧斋行，过余言别，遂书以进之。

实翁先生寿序

友人驾部员外郎徐君曰仁驰价以书来，曰："外舅吏部尚书致仕实翁王公今年寿七十，九月晦日生辰也，将与子弟赋行苇、歌菉竹、献卮酒。吾子为通家，何以相我一言乎？"乃拜而言曰：

公蚤以文章第状元，出入青闼，为讲官，位卿长，获天子眷宠，为士雅望，此固可为公荣，未足为公之至也。公门墙清夷，子孙罗立，闾里嘻响，宾祭以无乏，此固可为公乐，未足为公之至也。公历事三朝，卒以明哲自全，优游垄亩，放浪湖山，以与烟霞麋鹿乐其余，此固可为公贺，未足为公之至也。抑公行年古稀，而上有太母九十六年，耳聪目明，筋力如少壮，慈闲正则，得以尽公孝养之心；而下有令子得圣人之学于无传，方将龙蛇其身，求天地之化、鬼神之妙以为道，以待百世有征；曰仁则公之婿，亦以其学为时伟人。以此为公之至，古今可多有乎？譬诸熊蹯与鲥炙共食，食者美之，每虑不可兼，或有得者未足以为难。然脍龙脯凤灵糈为饭，饮以甘露，则有非人所可得者，可不为难哉！于是益信此为公之至也。矧公遭危疑，处权奸，怀之以恩而弗居，撼之以威而不动，人或忌而毁之，在朝则引身以求退，在野则忘之而无辩，巍然高山，渊然巨浸，旷然绝谷，品汇万有，靡不自兹出，非公其谁欤！噫，公实为天所笃！故优德而完福也如是。

绾先选部，公同年而好。公子守仁，绾则从而赖其成，即所谓得圣人之学者。于是以为公寿。

心贺序

柯丈尹阳江，封太傅张世杰墓于赤坎，祠而考之。白沙先生与其徒为赓歌，命曰《心贺》。曰“此风何可长，此恨何由申”，其伤夷狄之变乎？又曰“临事诚已疏，哀歌竟云云”，惜其时尚可为乎？

宋亡，其臣文信国、陆丞相与太傅呼创残，掬锱遗，触险巇，播长涛，当蛟虎之吻，载踣载奋，厘社稷之难，其为忠也至矣！然尊孺子、奉妇人，制命奸臣，自搤其吭，掣忠良之肘，不正名揭义，求宗英深图远举，坐失事机，其为智也何如！自伯颜入国，郡路奔降，无一策以收之，童子知其不兢，潜栖如靡缗、如婴臼可也。虑不出此，卒沉溟澥，悲哉！矧元既得志，胡官吏师暴其民，颠倒先王之礼物，赃淫不戒，兵疲海上，令毁冠裳，阖户悲号，非其时也。迟之元主既薨，伯颜已死，匹夫假赵孤尝响应。况天下信之，如三君子扶帝胄、伸大义以出也？虽然，决肝胆、竭贞臣之节，其心落落，要与秋霜烈日争辉洁，掀宇宙、泣鬼神，以视虏庭北面，谁可少哉！此所以深慨于昔者，而重贺之于今也。

柯丈，名昌，字廷言。

秋泉生诗卷序

秋泉生画山水写真，少谷郑子见而爱之，赠以诗。秋泉生箧不示人，必俟知少谷者，使歌而和之。卷成，请余叙。

忆余尝与少谷冲雪登紫霄、步危岑，提壶啸歌；望沧溟、傲睨天地，不知有人世。又忆尝与南洲应子同少谷坐雁山、观瀑布，霏微下浥，须发皆湿，时闻雷霆于绝壁澄潭间。且少谷又尝与孙太初乘月泛洞庭，浩歌《渔父》，若神仙中人。秋泉生皆能画之否耶？秋泉生笑而不对。余乃为之叙。

东冈诗集序

诗关人品，察其志之所安以求其性情，人莫能遁之矣。故曰："诵其诗，读其书，不知其人可乎？"余尝读《衡门》而知隐居者之无求也，读《伐檀》而知有志者之不苟食也，读《七月》而知有位者之尽其职也，读《陟岵》而知孝子之思也，读《黍离》而知忠臣之情也，读《伐木》而知朋友之笃也，读《抑戒》而知君子之进德也。即此以求后世之诗，然后优劣可辨也。

东冈公以长厚之德、博达之思，出而为诗，简质精婉，穆有余韵，岂兰苕翡翠、嘲风弄月之可同论哉！公平生自得甚多，此特云其诗耳！某人欲刻于武林，故赘此以俟读公诗者谓何如。

送黄诚甫序

士有旷千古以为志、超一世以自立者，其自视常歉然未足。才效一官不以自负，行比一国不以自多，德合一君不以自荣，道征当世不以自高，惟日求其志、必要其成。不以王公将相而加，不以蓬蒿陋巷而损，不以刀锯鼎镬而泯，不以患难毁辱而摧，举世非之而不沮，举世誉之而不劝，盖身可显晦而此心不可以显晦，名可荣辱而此道不可以荣辱也。

黄君诚甫与予励志以期自立者，非一日矣。岁癸未之冬，予复同官金陵，方晨夕聚首，以讲圣贤之学。乃今年夏六月，天子命守吉安，士夫皆为国家贺得其人也。予谓：吉安大郡，民人文物之盛足展布有为，以君之才之学行其所志，诚不以显晦、荣辱累其心，则所以治于一方者可以措之天下，施于一世者可以垂之百世，亦何但获二千石之良而已哉！若夫操无定立之志，而欲应非常之用，求易盈不足恃之实，以徼阿比不虞之名，虽小试有所不堪，何足论于古？又何足以为国家贺哉？

君行，吾台皆素重君，以予辱与之友，故俾书以赠之，且勖其志焉。

送祝太守序

嘉靖四年某月，以南京工部郎中祝君为思南守，吾浙之士咸往贺之。或以思南为西南远地，多居深山滨溪谷，夷獠杂处。或部以酋长，土风所习，人情殊绝，不可责之华法久矣。为之守者，若非贿交则诸酋不亲，既涉私滥则终无可治，不治废职，黜罚随之。故人皆以远为惮，吏部亦以远为轻，惟其轻之而人益惮，为其惮之而人益怠，怠而不治，此华夷之所以未一，声教之所以不广，四方之所以多忧，边陲之所以未宁也。今欲治之，非得其人不能；欲得其人，非重其地不可。

夫边郡在古及国初未尝为轻，而轻之乃近日习俗之弊，非制度之正。昔文翁治蜀而蜀化，卫飒守桂阳而桂阳变，韩愈谪潮州而潮遂右文，李广、冯唐皆治边郡而虏人不敢侵犯，岂非政由人立、地因人重哉？但在司国计者，权其轻重何如耳。

今以君守思南，其亦知所重乎！君往而用其忠信长厚之心，行廉慎贞恪之道，不以人之中外异其施、地之远近易其守，将见思南之治独甲上郡，边徼之习于此变矣。君之功名亦于此不可涯矣。尚何以远为惮哉？众皆酌君而别，予遂书为赠。

赠陆原静序

夫世所谓豪杰之士者，道淑于真见，行高于独成。其于人也，可以从、可以无从，从之为苟同；可以违、可以无违，违之为立异。盖所归者道焉耳！夫奚求其他？此君子所以见道而成行也。陆君原静其庶几乎！

阳明先生如景星凤凰，夫人能知之也，乃为当路所忌，言官承风旨，交论其江西军功为冒，又以其学术为伪，异说喧腾，人莫敢论。君独抗章上言，自引为门人而弗辞。人或尤之，曰："吾求天下之理安而已。毁誉得丧，吾安能知？"

至吾皇上典礼之说，如日月行天，夫人能知之也。而当路力主异议，欲考孝宗，人争附之。虽平素号为君子，皆歉然风靡，道路以目，莫之敢异。君乃本公羊氏说上言，欲考武宗，既而悔曰："吾过矣，吾过矣！"欲请改之，寻以艰去。迄释服来京，适修《明伦大典》书成，君耻其言扬于册而弗韪也，乃上章自讼。人或尤之，曰："吾求天下之理安而已，毁誉得丧，吾安能知？"若君者，真可谓违众独立、有过能改、归于道而不流于俗，非豪杰之士能与此乎？

夫自世教弗明，人以诵说为学，而弗知因心推孝、即性求理，狃世儒之蔽陋、失变通之时宜，迷缪乎心，非一日矣。且人之秉彝，极天罔坠，悔悟之机，自君启之，天下之失其性者，孰不戚戚然而曰"吾过矣，吾过矣"？於乎！童而习焉，长而信之，非信之罪也，习也。始而非，今而觉，觉而悔，悔而改，盛得也。此君子所以见道为有功矣。

岁六月，吏部以君补南刑曹副郎，将行，过予言别。书以赠之，且将白君义于人人云。

赠俞锦衣序

锦衣指挥俞君文靖将总居庸，都督桂公请言为赠。

余闻守边之道有经纬，有奇正，有权衡，盖墩堡城关为经，探候冲掩为纬，足食练兵为正，致精发锐为奇，信赏必罚为衡，明赏明罚为权。知此道者，则经纬相生，奇正变化，权衡相倚，如山岳、如雷霆、如渊泉、如飘风、如日月、如甘雨、如神怪、如符契，人固莫测其端，我则坦坦施施，然此乃常情常理，人皆易见而易能，然又有不见而不能者也。今之守边者异乎尔，废墩堡而事城关，失探候而思冲掩，耗食惫兵以冀精锐，失权衡以称赏罚，此所以边鄙日促，边事日隳，苟且支持，惟赖国家威福以侥幸其安耳！夫墩堡者乃城关之藩篱、耕牧之巢穴，探候者乃墩堡之耳目、冲掩之机牙，兵食由此而生，精锐由此而出，赏罚权衡所以济此而有成者也。况居庸逼近畿辅，为东三边内辖，内之则易忽，近之则易危，岂不为边镇之至重哉！

文靖行矣，予不他及，特以边备为言，盖举重以相告也。

赠韩庶子谪官序

士必有超世之志而后可以立乎世，无超世之志则将汩没于污俗之中，而无以自拔于势利之表。虽尧言舜趋以终日，周冠孔裳以终身，适以滋色庄而长欺伪，貌君子而行盗跖，身庙堂而心市井，其何以异于世之众人而可立乎世哉？是故君子必贵乎有志，而尤贵于自立也。若夫操无定立之志，以冀阿比之誉，持不足恃之实，以矫不虞之名，可以为自立乎哉？

予求友四方，恨不见其人也久矣。迩者圣明更化，考旧章首，以翰林为意，命慎择庶官，欲更置其人以备公辅。其时与选者仅十人，而苑洛韩君汝哲以提学副使入为右春坊右庶子兼翰林院修撰。予虽不类，亦获厕名其间，与君出入班行，同游馆阁、同侍讲筵，日与论议，知君真乃其人也。方慰得其友，思将定终身之交，凡数阅月，君典试顺天。同事有趋当路者，与君不合，摘其程文，指有讥切，且当路素惮君忠直，又欲别有所构，因搜序文小疵，阴用伤挤，遂黜君为南京太仆丞。君行，人无不为国惜之，而恨谗人之罔极也。君若不为意者。初君为吏部员外郎，尝以耿介自持，被谗谪官。久之，起为浙江佥事，又以贞谅守职，被谗免为民。今者又以谗谪，则三黜矣。昔者柳下惠为士师尝三黜，人谓其可去，曰："直道而事人，焉往而不三黜？"略无芥蒂，所守益确。

由此观之，信乎为士者不可以不自立也。夫人不自立，则一黜已不可堪，而况三黜乎？三黜而世不能浼者，由其自立之真也。欲以自立，非有超世之志，则亦世之人而已矣。夫为世之人而溷以世俗之毁誉，其不缁垢而磨磷者鲜矣。此所以士贵乎自立，而尤贵乎有志也。韩君可谓真有志之士也乎！同选诸君咸赋诗以道其行，予故序其端云。

送黄寅卿归罗浮序

南京户部主事罗浮黄君寅卿上疏乞老，朝廷嘉其恬退，进户部外员郎，遂其请。凡知君者皆惜之，以为不当去。君乃喟然曰："世之谓仕者，我知之矣。势利为志，得失为患，观望轩轾谓之能，依违两可谓之贤，违心拂性而不顾，挠官害政而不虑，群趋哄集以相誉，朋附比周以交援。我实病之而不能，此我之当去也。"

或曰："君素贫，其禄尚薄，且无为橐，何以去为？"君又喟然曰："世之谓富者，我亦知之矣。奉身岂能逾分，裕后故知有命，金帛盈庭将以厚祸，田连阡陌徒以贻累，高栋飞甍特快目前，粉白黛绿乃自速亡。我实觉之而非愿，此我之当去也。罗浮之阴有先人之庐，可以栖止，薄田躬耕，足以给食，子孙读书，乐将卒岁，我何求哉！"

予闻而贤之，乃为《罗山之歌》以贻之。歌曰：罗山高兮色苍苍，罗山幽兮云茫茫。山人出兮久荒凉，山人归兮鹤飞翔。陂可田兮溪可梁，樵足炊兮采足尝。山中之乐兮乐未央，去何拘兮来何妨。回视朝市兮尘彷徨，美夫人兮在羲黄。

赠邹谦之序

斯道恒赖人以传，自邹鲁辍响，至有宋诸儒始讲明之。然求其直探洙泗之奥者，殆亦鲜见矣。厥后之儒者，又或求之而外，或求之而内，或语之而杂，或高远而虚，或卑近而陋，或至合圭撮而违寻丈。至于今功利之习日炽矣！夫功利既炽，则人心溺陷，遂使斯世之民沦于污浊、堕于涂炭，而卒莫之救焉。非大人君子身任千古之责者，其孰与起之？

时我阳明先生奋兴于东南，寻洙泗之遗，阐良知之旨，喟而曰：“知行不可以两离，体用当归于一致。何世之儒者纷纷淆乱，莫之能一也。岂非余之责乎？”不知者或非之，而先生勿恤也。于是流俗之迷、方往之势始如醉梦忽觉、狂澜乍回，而斯道于兹乎明矣！此其功非所谓不在孟氏下者耶？不幸说未大行，哲人逝殂，故昧者无从是正，又复嚣嚣而未已。

邹君谦之尝从游于先生之门，深有得于先生之教者，于是直任斯道之传，毅然于群疑众讪之中孳孳，毙而后已。如车两轮，翱翔于大行之坂；如黄鹄大翮，鼓清风而上之。先生之学大明于斯世，而学者翕然从之，多谦之卫道功也。使其得志于时，出其所得于先生者以翼圣明之治，则斯世之民将转功利为道德，人心以正，世风以淳，又何污浊涂炭之足虞哉？惜乎，托之空言而未睹厥实效。余又为谦之慨也。

谦之少以高科为侍从，被谪州佐，淹恤久之，稍迁为郎署官。今以考满行，向用骎骎矣，诸友人请言为赠。余忝昔共学，今又有寮寀之雅，故书此以介其行。嗟乎，谦之行矣！先师有言曰：“道之将行也与，命也；道之将废也与，命也。”于谦之何有哉！

贺畦乐翁受封序

畦乐翁者，江右泰和人也，慷慨介洁，耻随俗作业，慕苏云卿、安南公之为人。有园数畦，翁率妇子，手自锄植，岁时酿酒，酒熟摘蔬，招田翁野叟共之，因以“畦乐”自号。

其子食禄有官，将迎养。翁曰：“古人任壮逸老，吾垂老，安能受食槽枥间也？”某遂无以强之。今年，某以考绩获封翁夫妇如其官。某喜，请予文为贺。有客在坐，哑然笑曰：“子不见夫乌鸢乎？得腐肉以为珍，食之于原上，见凤鸟凌云汉而过，恐其下攫，则呀口张翼，睨若拒之，殊不知凤鸟漠然而弗知也。夫千金卿相，世固以为重；圭璋组绶，人固以为华。然在至人畸士视之，则不啻飘尘土苴之无有。今某既将以其羁络加翁之身，而子又欲以乌鸢之语浼之，吾恐翁将破青天、绝烟雾而不顾也。”予无以辞，乃缀其语以俟翁之发笑云。

久庵先生文选卷七

◎序

送张佥事之广西序

国家初制，因郡县以置诸藩，因诸藩而置外台，诸藩以统郡县，外台以察庶官。制虽仍于后世，意实师于前古，可谓简而有条、详而不烦者矣。其后又有巡按、巡抚之设，则外台非监司矣。既而抚按收有司之权，则抚按非监司矣。既而清戎权监及诸有事者亦收抚按之权，则监司反多于有司，而有司之职日废矣。识治者每思有以易之而不能，故常冀藩台之得人，庶知所自理，幸获救于什一也。

广西乃古桂林象郡，以地则远在南鄙，以人则夷夏杂居，视诸藩为有间，故仕者每以为难，而人亦以之为陋，遂弛其心而不理。其为贪墨者，既狃于苞苴而不尽其心；其为廉洁者，亦惟远嫌自全而不欲尽其心。此所以远藩日多事，而视诸藩为尤甚也。

张君冲霄以进士为南兵部武库主事，予时获署部篆，见其简静详慎则已目之。未几，为职方郎中，举事咸有绪。今复进为广西佥事，其为外台得人，可知矣。故详国家之制，又及时弊之当知者为告，君行其必得所以尽心，将挽其什一以为天下望焉。

赠孙纯伯守邵武序

孙君纯伯将之邵武，过余问为牧。余曰："君今之问，将牧之事乎？抑牧之道乎？"或曰："今日之事，征科词讼、送迎奔趋毕矣；今日之道，巧名善避、观时揣合足矣。固哉，子之迂也！又将何事何道乎？"

余曰："不然。人事以养生为大，使之安居而乐业，耕田而树畜，斯吾事也，以此存心，为牧之事有加于此乎？人道以忠恕为本，民之苦乐即吾苦乐，民之痒痾即吾痒痾，斯吾道也。以此存心，为牧之道有先于此乎？夫事即道也，道即事也，尽牧之事即所以尽牧之道。虽然，道内也，事外也，未有道不明于己而能尽其事于人者。今欲明其道，将何可乎？君亦记昔日之居乡乎？见为吾民牧者，如此而遂吾安居，如此而遂吾乐业，如此而遂吾耕田，如此而遂吾树畜，如此而士得其心，如此而民得其欢；如彼而士以为憾，如彼而民以为怨，如彼而扰之使无以安，如彼而贼之使无以生。由此观之，日反诸己，为牧之道尽矣。矧君仁恕存心为日久矣！兹行也，吾知其必尽为牧之道乎！尽为牧之道，尚患爵赏之不加、功业之不光、声华之不流乎？"

君蹶然作曰："有是哉，求尽吾道而已！"乃书以贻之。

近言序

意以命言，言以达意。意者，本也；言者，支也。夫曰文，乃言意之纪也。故意真而言则，言则而文明，故文乃道之载也。君子以通天地、修人纪、协鬼神，文可易为哉！古之人非有意于文，意至而文成，如阴阳之必化，如日月之必明，如雨露之必滋，有不知其然而然者，此六经四子所谓文也。下此，虽闾巷妇女、田野鄙夫之言，亦可诵而感，可传而法，其意真也。

今日为文，皆以模拟为工。或曰先秦，或曰六朝，惟欲形似，不求本真。譬之剧戏，饰冠带，幻男女，易老幼、奸丑邪正，悲欢万变，皆非己有，而真意益荒。由文以究其心，由心以征其事，所以叛道、害政、祸天下，有不可胜言者矣。

东桥顾公悼之有作，为《近言》十三篇，要皆写其胸臆之真，就其所至而发。盖积意以宜言，体物以达政，其乃取法于经，驰骤于史，庶几不叛乎道。昔唐之文承八代之衰，得韩退之而变之，其文遂昌。宋之文因五季之弊，得欧阳永叔而返之，其文繇兴。今世以文校士，为害既极于此，得公之言为轨范，则公乃今之韩、欧，非耶？予故著之，以俟知言者之取也。

祈雪集序

天人之道，常相流通；鬼神之情，岂终茫昧？后世拘儒曲士，不通道要，懈于自修，乃谓天人相远，鬼神可欺。殊不知一气之运，无往不周，一念之诚，有感必应，苍苍之高乃吾四体之充，冥冥之灵即吾方寸之精。是故大人存诚，不愧屋漏，天地合德，鬼神为徒，岂其妄哉！

岁维辛卯，南畿之境，自秋徂冬，骄阳不伏，雨雪愆期，宿麦告枯，来稼可虞，下民惶惶。在位群公咸忧，各致虔忱，于腊月二日祈诸神祠，是日迄宵，晴光朗然，五鼓将作，玄云忽兴，将晓而雨，雨止而霰。质明再祈，拜谒未毕，大雪纷集，漫空洒迥，千里一色，瀌瀌奕奕，万壑同瑶，竟日浃旬，遂成三白，于是阳瘴宣疏，螟螣灭没。既而云散平原，晴光澈宇，土脉流脂，绿滋盎发。始信天人之道有如桴鼓，鬼神之理如揭日月。舆情大慰，益知群公积诚行己之有素也，不然，何以能尔？乃相与赋诗，咏厥嘉瑞，庚载盈帙。以绾尝与执事，命缀其末，故述天人往来、鬼神感应之机以终之。

贺戴封君夫妇朋寿序

古鄞封君戴先生寿八十有一，配杜氏寿八十。今年八月三日封君生辰，十一月七日杜氏生辰。仲子鲸适以南京刑部郎中擢江西佥事，将归，持觞酒以献，请予言为寿。

予闻三五流精，人物受生，乖和参错，每不克齐。或寿跖而夭颜，或贵桓而贱冉，或富恶来而贫伯夷，或胤张汤而绝邓攸。譬犹山林之殖草木、川泽之毓禽虫，蕃滋零落，惟气所遭，而莫知其致。虽然，此皆未定者尔。若夫栽者必培，倾者必覆，天地若操其机，鬼神默要其契，福履常绥于有德，寿考不降于淫人。譬犹黄流玉瓒之相求，薰莸冰炭之不入，抑皆适然之数乎！

封君之先本吾邑南塘，南塘乃诗礼旧族，渊源之来深矣。封君早以瑰才琦行困于场屋，晚以岁贡，历仕学谕，膺受褒锡。其嗣五人，训以义方，四以科第跻膴仕，一以韦布淑其身。而杜氏又以真德懿范为之相，以故耄耋齐龄，兰玉并茁，会五福而攸同，骈百禄而未艾。夫岂偶得而幸至哉？或曰：是足征茫昧而定天道矣！故书以为寿。

寿丘母序

嘉靖十一年十二月二十六日，崇安丘母黄年七十，其子太学生乾元谒予，请为寿。

或曰："夫人之寿有以天者，有以人者。完、厚、和、久，获之天矣；静、惠、慈、顺，获之人矣。今丘母其天也？其人也？"丘生曰："先君屏山，为人性刚负气，居家严厉。母潜慧温恭，寡笑与言，敬事如宾。及殁，严饬门内，衣簪弗华，动止无容，非其静乎？宗族贫乏，竭所有以周之；乡闾札瘥，为药饵以济之；贫而死者，为棺衾以敛之；行人渴暑，为茗浆以啜之，非其惠乎？训子严敬，虽小过必诫；逮下宽恕，虽大咎不呵。长女早寡，二孤幼弱，为之抚育，使抵成立，为之室家；某兄弟教育既长，遣入乡校，毫家事弗使经心，非其慈乎？治家俭约，视义为用，先君家赖以裕，以至宾祭巨细、百需内外，无一不经区画，咸得其宜，俾无怨叹，非其顺乎？"

或曰："若然，则丘母之寿盖获诸人矣。何哉？静则神凝，惠则人附，慈则恩笃，顺则德萃。夫德成于己，天应于人，是故神凝则完，人附则厚，恩笃则和，德萃则久，然则获于人者，岂非所以获于天乎？将由古稀而耄耋，由耄耋而期颐，膺尔五福，以荷百禄，享于无疆，其未艾乎！"

丘生拜手而作，曰："此乾元之愿也。尚惟诵之，归为母寿。"

阳明先生存稿序

古人之文，实理而已。理散两间，韫诸人心，无迹可见，必俟言行而彰。言行，人之枢机，君子慎之而实理形焉。古者左史记言，右史记事，此其载籍之初文之权舆乎？故文之为用，以之撰天地而天地为昭，以之体万物而万物为备，以之明人纪而人纪为明，以之阐鬼神而鬼神为显，以之理庶民而庶民为从，以之考三王而三王为归，以之俟后圣而后圣为存，所以经纬天地、肇率人纪、纲维万物、探索阴阳、统贯古今、变通幽明而不可废者也。

阳明先生夙负豪杰之资，始随世俗学文，出入世儒老释之间；中更窜谪流离之变，乃笃志为学；久之，深有省于《孟子》“良知”之说，《大学》“亲民”之旨，反身而求于道，充乎其自得也。故其发于言行也，日见其宏廓深潜，中和信直，无少偏戾。故其见于文也，亦日见其浩博渊邃，清明精切，皆足以达其志而无遗。或告之君父，或质之朋友，或迪之门生，或施之政事，或试之军旅，以至登临之地、燕处之时，虽一謦一欬之微，亦无往而非实理之形。由此不息，造其精以极于诚，是故其用之也，天地可以经纬，人纪可以肇率，万物可以纲维，阴阳可以探索，古今可以统贯，幽明可以变通。

惜乎！天不慭遗，不获尽见行事，大被斯世。其仅存者，唯《文录》《传习录》《居夷集》而已，其余或散亡及传写讹错。抚卷泫然，岂胜斯文之慨！乃与欧阳崇一、钱洪甫、黄正之率一二子侄，检粹而编订之，曰《阳明先生存稿》。洪甫携之吴中，与黄勉之重为厘类，曰《文录》、曰《别录》，刻梓以行，庶传之四方，垂之来世，使有志之士知所用心，则先生之学之道为不亡矣。

送孙一鹤兵备叙泸序

嘉靖甲午孟春，以吾祠部员外郎孙君一鹤为四川佥事，兵备叙泸。将行，阖寮诸君以余有一日之雅，请所为赠。

余曰："守道不如守官"，古之遗言也。柳子厚以为非圣人之言，其然乎？盖世不明道，道不易明，乃曰"不如守官"，以官犹可指而力也。官与道有二哉？夫天下之治在乎官，官尽其心则天下治矣。夫所谓尽其心者，岂求于人情之外哉？今士习日颓，人怀利其身图，苛刻躐名以为贤，苞苴自便以为得，滔滔皆是，而犹可望其尽心哉？叙泸，蜀之南鄙，山谷丛深，在彼为远，杂以蛮部，界于诸番，其间虽山水襟带而民俗犹夷，自昔致治以为难。故今于郡县、卫所之上，复思统率，此兵备之所由设也。虽然，忠信之孚，蛮貊足行，天吏之诚，随地有宜，官以行道，道以备官，尽道所以尽官，守官所以守道，是故时虽有古今而人情无古今之异，地虽有夷夏而人情无夷夏之殊。我以夷狄处之，彼亦以夷狄自处；我以赤子视之，彼亦以赤子自视。苟得其情，则夷狄皆可为编氓，况在编氓有不化而善良者乎？苟失其情，则编氓皆将为夷狄，况在夷狄犹可望其循服者乎？夫得其情者，非啖之以膏肉，锡之以爵服；失其情者，非置之于鼎镬，加之以斧锧。缪其生聚之愿，乖其好恶之理，则人情为不服，况凌暴峻削尤甚于斧锧鼎镬者哉？此所以致治不易，官为难尽，而道为难明。故曰"守官不如守道"，所以深惩其弊也。

君本东鲁旧族，高祖恕尝为祠部郎中，伯祖洪亦以祠部郎中累陟中丞，并著芳誉于当时。君承家学，尤为闳雅，而加之以敦慎。

兹行也必能深求其弊，尽心斯民，实体斯道而无愧于其官矣。予于是不能不深望焉。诸君皆以为然，乃书以赠。

山西按事奏议序

少保宗伯桂洲夏公昔为兵科给事中，上疏论郯潞平贼功罪及处置之宜，上深然之，即命公往按其事。绾时领南礼曹，携家濒行，虑涉冻河，不遑周询，后有所闻，皆原同异之言，卒莫定其是非。迄今七载，获公寮末，谈议之余，偶出《山西按事奏议》，读之，然后知公用意之到、任事之勤，陟降原巘而得川谷之宜，相度深阻而明险易之实，矜测不辜而无非道之于，安定反侧而成汔可之德，改牧张官而悉弘远之规，设逻为关而尽意外之备，授里分田而众遂安堵之愿，哀茕悯凶而人获涸辙之救。以视世之左道偾事、诬上失物，不可一日语矣。则又知公今日遭遇之隆、受知之深，皆由于此，岂偶然哉！

绾每读前史，深慨功业建立之难，必君臣同德，交孚如鱼水，庶几足论。不然，或有愿治之君而无敷治之臣，或有弘济之臣而无可为之君，或私心期比、遇不以道、上下乖睽、功业不称而卒遗千古之憾，此所以为难也。虽然，此皆天也，岂人力之能齐哉？

夫治乱相寻而不可易者，运也；穷通感召而有时者，命也。依道周旋、以听运命而行藏者，君子也；舍道趋利、不顾运命而苟合者，小人也。是故君子涉世，虽贵于遇主而每慎于交际，必如伊、傅一德相孚、和美相济而后可。不然，则如孔孟历聘列国、厄穷遯世，宁终身而不遇。苟不顾此，则如苏、张揣摩行说、妾妇窃宠，竟以祸世，流毒无穷而为世罪人，何足算哉！

盖公以宏才巨识，筹划国经，嘉谟屡中，显比明主，以有今日，诚旷世之仅见也。由此奋庸而熙帝载，将来功业，其可量乎？绾始惑同异，未获真知，今幸读公全疏，有窥颠末，宁弗喜谈乐道，为之序哉？

赠雷必进序

雷必进举进士，有知其贤者，荐入翰林，及留京选，皆不果。既而授兴化推官，同志之士咸惜之。必进弗以为意，乃过予言曰："崇卑内外，皆可置之，但得先生一言，为终身之规，足矣。"

予曰：仕止无二理，人己同一道。穷之所养乃达之所施，成己之仁即成物之智，故君子笃志惟求诸己，穷通贵贱无入于怀，成败利钝尤牵于虑。遇不为泰，万钟九鼎无所加；退不为屈，箪食瓢饮无所损。身虽有时而可用，道则无时而可贬；位虽有时而可夺，道则无时而可辱。是以积实于中，物无不动；存诚既久，人将自格。变化推移，惟我作程；风靡草偃，由我作则。用之则为云为霖，溥万方、润焦枯而不自以为德；不用则为岳为渊，敛神功、屯膏泽而不自以为塞。所以君子勉笃其志，求尽其道，而不以穷通贵贱有间也。夫穷通，命也；贵贱，时也；成败利钝，运也。虽使圣人处之，亦何能强命与时，以矫易其成败利钝哉？兹道也，予与必进讲之素矣。兴化，为闽文邦，昔多君子。必进往矣，必当有遇，必将心识诚孚以成其治，则必进之志于此行矣。

同志皆跃然，曰：“诚哉，斯道之不可忽，崇卑内外之不足论也！”且予始祖莆人，宗族尚多在莆，莆为兴化属邑，故予于必进之行，又不能以无情，不但斯道为望而已也！

贺费钟石六十寿序

嘉靖壬寅春三月十有六日，乃少司马兼学士钟石费公六秩生辰也，吾浙方伯詹燕峰、欧阳约庵、大参高玉华、宪副张蒙溪皆公乡人，书抵予，请为文为公寿。予曩属公知，尝置盍簪之末，兹欲以规为颂，将为庆。

夫国之永者，以有贤也。古称有国之盛，不以封疆为广，不以山溪为险，不以兵革为强，不以金帛珠玉为富，不以土木崇高雕镂为美，不以丝竹金石昌大嚣庶为乐。称君以用贤为德，称臣以进贤为忠，称治以多贤为至，多贤而寿，斯寿国之征也。今公以南京少宰进少司马兼学士，可谓得贤矣。得贤而寿，将以寿国，顾不为国庆乎？虽然，昔卫武公年九十有五犹命于国，曰“无谓我老耄而舍我，凡在朝自卿至师长士，必朝夕恪恭交戒我”，故有旅贲之规、倚几之谏、官师之典、亵御之箴、瞽史之道、工师之诵，以时训御而又有《抑戒》之诗，常用自儆，故卫国永宁而表曰“睿圣”。今公年跻耳顺，精力未衰，方能经营百事，视武公则非老耄，岂不以武公之心为心？赞大司马择将治戎以固本，又将由此入相圣天子，择贤图治，审思陂复、苞桑之戒，以固宗社万年之基，俾宇内凡有血气含生之属皆获遂其乐生之心，如予衰拙亦获遂安枕待尽于山林，则公将由此跻耄耋至期颐，犹武公之居周，为国元老，以永国命。以此为庆，乃先庆国而后庆公，故曰“以规为颂”，而质诸燕峰诸公，用以公寿。

赠王克之擢岳州贰守序

王侯克之治台五载，绩成奏于朝，天官书最，乃擢贰守岳州。将辞台而往岳，吾邑尹林君与其僚宗君、毕君请予言为赠。或谓予曰：“侯之治台也，公恕明慎，精勤练达，政通民悦，百废具举，凡职之所当为者，无不尽心焉。如督海储而宿弊清，榷盐税而民称便，御海寇而经略有方，勘灾海甸而幽苦毕达，署下邑而嚣良有辨，修试院而规画得宜，筑曹渡而工役速成，声誉益著，上下贤之，兹擢也允宜哉！侯其以治台者治岳，岳之人岂异于台之人，则岳之政即台之政矣！”

予曰：“不然。古之君子修于身以施于人者，思天下一夫不被其泽，若己推而纳之沟中，岂徒一方而已哉？矧今天子宵旰忧民，简贤图治，侯以故家之遗，负俊朗之才，怀遏恶扬善以扶君子、抑小人，其志伟矣！固宜进之于朝上，赞大臣元老以行其心，以施其道，则利泽之被于天下，岂一方所能尽哉？且岳之为郡，甸服南楚，俯洞庭、吞云梦、枕衡岳，洪波巨浸，磅礴无际，今古以为雄。昔范文正因滕子京守巴陵，为作《岳阳楼记》，尝以江湖廊庙系思，而发先忧后乐之情，耿耿天地而不可磨，今昔人情，岂相远哉！予抱病山谷，忧怀种种，每思一临洞庭，登岳阳之楼，倚槛纵目，怅望浩渺，追昔贤遐踵，吊千古幽魂，而不可得。今侯之往，其必有以悉予之感，而慰予湖山之外者矣。”予辱与侯相知，故因林君之请，托以斯言云。

送谢子应午序

谢子应午节推吾台仅两月，檄至，移真定别驾，若骤陟矣，而人犹谓左迁也。谢子初为省署郎，以其才力之优选为台御史，既又以其文学之富推为畿内提学，以其讽议之善、闻望之隆选为青宫司直，会有忌之者，故左迁云。夫节推官七品，今移为别驾五品，以秩则是可谓陟矣，而人犹以左迁惜之，何哉？盖以谢子之才、之学、之识，而复重之以闻望，谓宜肃霜台而振风纪，宜总文衡而育英才，宜居青宫而任辅养，由此而进为卿、为相、为天子股肱，夫谁曰不可？而顾调为外官，故虽陟佐名郡，而人犹以左迁惜之也。

予曰：“嘻，夫人固知谢子矣，而犹未深知也！夫天之于人，欲降大任于其身，必先屈抑之。使其劳筋苦骨、空乏饥寒、困穷拂郁、有志莫遂，乃徐以大任畀之，然后其人嗜欲不萌，功利潜灭，纷华无入，烜赫不动，始能忍人之所不能忍，安人之所不能安，为人之所不能为，定国是，别淑慝，抑浮伪，进淳诚，长君子，黜小人，抚安斯世，为群贤之首出、民物之攸归，要皆屈抑者为之也。今概以左迁为谢子惜，夫岂知天者哉？虽然，知天者君子之学也，知人者当路之责也。世无君子乎！惟可知而不知，故古今豪杰有志于世而不遇者盖亦多矣，矧惟谢子哉！谢子年懋，时犹可待，吾将观谢子之大任，其为功业盖逖矣、其未艾也。”适吾邑文学梁子、文子、林子请予言为谢子赠，故书此以赠。

赠周太守考绩序

吾郡伯阳山周公治台二年，将考绩，吾邑尹林君人纪请予言以赠。

或问考绩之说。予曰：课治论功，上之天子，以行劝惩而已。昔者舜咨九官十二牧，各量其能，各命以职，立考绩法，“三载考绩，三考，黜陟幽明”。及观所考之绩，不过因时宜之当然，顺典则之固有，揆以道法，无求备、无苛责，故当时禹、皋诸人亦无非道拂人、无事兴事。而为绩者，有洪水垫溺之害则有平水土之绩，有黎民阻饥则有播种百谷之绩，有五品不逊、有三礼未秩则有敷教秩礼之绩，有胄子未教、声律未和则有司教典乐之绩，有民用未备、有寇贼奸宄则有共百工、明五刑之绩，有谗说殄行、震惊朕师则有出纳惟允之绩，有草木之繁、兽蹄鸟迹之交则有烈山泽、驱虎豹、放蛇龙之绩，有方岳牧民之任、之忧则有食时之重、惇仁绝恶、柔远能迩之绩。凡所以亮天工若帝采，以助成雍熙泰和之治。古之道盖如是也。后世学术靡闻，功利习炽，上无所揆、下无所法，人各骋私，匪骛于贪墨则溺于功名。贪墨者无论也，溺功名者假功名以为身图，或树勋伐于当时，或沽声誉于他日，暨其宦成名立，厥或资之，以为富贵之囮。迨夫考绩，不观所由，不察所安，乃概论之以为绩。即有朴茂之政，顾忽之，谓为庸常，故有漫视其职之当为，及鄙之以为不足，为非道拂人、无事兴事，纷更无已。古道日衰，虽有君子，不得行其志。

吾阳山周公，廉介律己，慈裕抚下，开曹渡之水利，惩嚣讼之稔恶，革库藏之宿弊，及凡有为，要皆时宜之当然、典则之固有者也。近者飓风洪水，乃吾郡百余年未见之灾，公则奔走下邑，食不暇咽，勤问勤赈，埋其胔骼，哺其残孳，亟疏飞檄以请宽恤，视平水土、烈山泽、敷教养、除奸宄、正谗殄之为绩者，何如也？予以此质林君，请书以赠公考绩。

长湖章氏家谱序

家之有谱，犹国之有史，郡邑之有志也。史以记政令、著人材，志以道民风、本土俗，谱以详统系、别亲疏，其归在于昭其得失贤否，用存劝惩、寓鉴戒而已。谱法原于王者之赐姓，已复因姓以为氏，是故封为诸侯则有姓，列为世大夫则有氏，此古先之遗典也。

嗣是则有宗法，盖起于成周之世。今以其法考之，有百世不迁之宗，有五世则迁之宗。百世不迁谓之大宗，自别姓之祖以至于百世之远，虽族属有分散迁徙，必皆宗而祀之，不敢易也。五世则迁谓之小宗，自高祖至于玄孙，服尽则迁者也，其法以族得民，列于乡闾，比党而联属，达于天下。

迨夫宗法废而谱牒兴矣，在汉则有官谱，南北朝有氏族，至唐柳玭、颜壤，宋欧、苏氏始具谱法家规，则犹宗法之遗意也。月吉，宗老属族人于大宗之祠，以读法申教诫，书其得失贤否，用存劝惩、寓鉴戒，其为功，与国史、郡邑之志等是。故君子之于谱牒，恒尽心焉。

吾郡别驾朱君，本姓章氏，予观其家谱，读徐丰城、吴康斋及君所自著诸序，而得其为谱之法。溯长湖由于上村，而序系详矣；别南楼之冒方岳洲，而宗支明矣；详其丧、祭、冠、婚、岁、会之礼，以及其先德、铭、表、记、序诸文，而得失贤否昭矣，劝惩鉴戒寓矣。予故曰："家之有谱，犹国之有史、郡邑之有志也。"其为教均，其为法善，得氏族宗法之遗制，予于是得君治家之政矣。君兹方以教家之法施之吾郡，则政平俗美可几也。继始自今，凡为章氏之后人也，能由予之说以求君立谱之意，随其出处语默，皆足以为教，是亦君陈之所为政矣。《易》曰"同人，先号咷而后笑"，此之谓也。

书以序章氏之谱而归之。

任氏族谱序

任君谨斋属章子大器修其族之谱成，予观焉，曰："二子其知谱哉！"古者重谱，所以合族齐民而求治，故《周礼》九两之法，"五曰宗，以族得民"，其所谓"得"者岂宾兴三物，六德、六行、六艺皆于此得之乎？垂于后世，历代重之，至晋及隋唐，官有簿状，家有谱系。官为置局，在朝有郎令之史，州县有中正之官，官之选举必由簿状，家之婚姻必由谱系。凡用郎令、中正，必用博通古今、知谱事之儒，使供其职。凡百官族姓之有家状者则上之官，为考定详实，藏于秘阁，副在左户。若私书有滥则纠之以官籍，官籍不及则稽之以私书，以此绳天下，使贵有常尊、贱有等威，所以人尚谱系之学、家藏谱系之书。自五季以来，取士不问家世，婚姻不问阀阅，故其书散佚而其学不传，然不知谱之关系于治大矣哉！

今谨斋以大器修谱，溯其源流，核其事实，不滥不溢，可据而信，可传而训，故曰："二子知谱哉！"其溯而上，宋淳化间有讳誉者，自湖州霅川迁吾邑南之横山居焉，今二十世矣，而誉实横山始祖也。旧谱又修誉之祖在霅川者为始祖，今则删去之。及凡时俗夸炫之情皆删去之，一以实为据。夫谱溯其源流而得其祖则宗在其中矣，合其亲疏而一其殊则族在其中矣，核其事实而无谬妄则贵贱之等在其中矣，上可庶几成周之法，下可庶几隋唐之制，其曰"二子知谱"，于此犹可征矣。谨斋介大器请序，予于是书为《横山任氏谱序》。

久庵先生文选卷八

◎记

少谷亭记

石龙子结茅紫霄之明年，少谷子自闽来访，相与论圣人之学，以及天地万物之奥极于无穷。少谷子俯而津津，仰而喟曰：“吾逐迹泉石之奇，寓情风尘之表，以求吾志，吾已谓吾至矣。今绎子之言，吾肠胃得无秽乎？膏肓得无病乎？旨其涤脏洗髓以与子游，子能为我居乎？”于是芝谷主人者跃然起曰：“吾事也。”即日伐石构亭于丛荫崟岈之间，以居之。

亭成，少谷子登而坐，援琴而歌，歌曰：“山之阻兮石嶙嶙，山之幽兮涧沄沄。携手于行兮搴萝荪，永言无竟兮共夫君。”石龙子怃然曰：“自吾抱兹志于此，求共业于天下，惟王、湛二子，岂意乃今复有少谷子乎！”少谷子犹系四方之役，杖策欲行，曰：“余友有江浪山人者，语之必来，其揭斯亭以候之。子尚邀二三子，余漉精苓通，旦暮且至，期与吾子老焉。”遂勒兹言于石。

回风亭记

太守建康公治台之暇，作亭于后山之麓，杵垣锄圃，种树莳竹，适燕闲也。时维岁徂，晋安郑继之、仙居应元忠及余来谒，登之而饮酒半，有觞而起曰:“壮哉，亭乎！玄阴既极，其将回景风之和乎！”

于是各执觶而言曰：“冱而和者公之惠也，公之惠者公之德也，请名之曰‘回风’。夫曰‘回’者，以言前此未始回，而回之自公始也。台之为州也，居山海之隩，自三国以前，陆无隧、川无梁，草木茂密，虺蜮禽兽居之，是为太仆。寖及宋元，名节风兴，蔚然为冠裳礼乐之墟，无若有倡之者。方今文化大被，而嚣浮刻核、虫毒孤谲之民反尔者，夫岂山川之故、斯民之辜哉？厥有由矣。自公之来也，燔之、剔之、长之、蓄之而后颓弊之风将复返而淳焉，善人舒舒，憸夫惴惴，曰:‘吾恐民也，吾隐忧民也，何幸乃有今哉！吾僇民也，吾堕民也，吾芒芒民也，何幸乃有今哉！’”

公退然遽曰：“岂遂至此哉！愿因吾子之言黾黾矣。”遂命镌诸石，以事之终焉。

游永康山水记

从剡入永康，与石门子游寿岩。行见五峰相亚，意即寿岩。石门子曰:“否。此俗呼为翁婆岩者，请为易之。其崭然而出者曰天柱，其覆而左者曰石钟，其踞而右者曰维摩台，又左曰石甑，又右曰蟾蜍。”行度一舍，沿溪折入，见大石插空，崵屼不可仰视，群木森茂，杂然其间。又行，从木杪见楼阁在石壁中，梯石而升，弛担而休，倚槛见东南一峰突起，曰鸡鸣。少进，一峰竦出而俯，曰覆釜。覆釜之西，一峰尤杰，曰桃花。北一峰稍低，水时时下滴，曰瀑布。瀑布左连大石壁，下梯石望之，高阔数百丈，若晴霞烂然，曰固厚。壁下上皆洞，其一即所居楼阁，谓之寿岩。时日欲晡，谷中有云气笼木，蓊然苍碧，日穿木叶，入照洞中，光景甚佳。西上涂垩仅存烟痕荏苒，皆宋元人书游观诗及岁月姓名。“陈龙川、朱晦翁、吕子约尝同游”，乃龙川亲书。其上又有“兜率台”三字，亦云晦翁亲书。石门子设酒茗阁上，饭罢西行。又一洞，中置观音像，旁设大士像十八，洞口有四楹，楹间有粉壁，屡经涂治，新故数层，见题诗画竹，皆剥落不全，惟胡彦恭诗及“铁木普化耳会兵识”字无恙，洞广而邃可居。又西有石峡，飞泉直下，上有龙穴，祈祷辄应。同游林典卿、周凤鸣、应抑之、周德纯罗坐其中，周晋明、周仲器后至，遂与论学，皆欢然有省。石门子欲即此建丽泽祠。日落，归僧庐宿焉。

明日去方岩，出山口，见一峰昂首北立，曰天马。下有村坞，石穴中有居民，垣竹茨牖，俨若太古。踰涧南行，溪石窈窕，上有一屏，名青玉。循青玉右行，至一冈坐，望方岩如方城。向夕余霞隐映，路从削壁升石阶八九转，未至。见崖端中开一门，既登，如行雉堞楼橹间，忽而青山蜿蜒，中藏寺宇如平野，不知为方岩绝顶。寺后有石洞可坐，又阴崖巅绝有小石洞，世传有胡侍郎尝读书其中。日已暮，乃下，复至寿岩，留连不去，拥蒲燃灯又十余宿。霜风益急，木叶尽赤，诸友渐去，应天监、赵孟立、徐子实相继复来，论各有得。山中小生程梓、周玲、孙桐皆奋有志。

他日去石鼓寮，程舜夫载酒于路，邀坐其叔父池亭。天欲暮，促行四五里至山口，风雨至，崖松黝黑，白烟横飞，窅然不知所入。遂过灵岩洞，在山上，南北通明，可容千余人。由洞后石岭登入，黄叶萧萧，客皆凄然，倦即洞中草铺，烧地炉环坐，夜久乃卧。明日天晴，出洞，南仰视洞上，苍峰矗立，藤蔓下垂，掩映屋瓦，丹碧可爱。稍西一门，下出崖半，栈石为道，曰飞桥。下望陂田，自成村落。东行有井，深可百丈，僧云昔有龙飞去。复山后岭下，沿溪望，北山崖石数处，松林郁郁，皆可游，不暇顾。

再至石鼓寮，翠壁参差，入谷中小洞邃寂，即晦翁欲屋吕东莱读书处也。西南见瀑布下注，其下有潭，泓深澄黛，斑鱼数尾，游扬自得，闻人声即逝。石门、舜夫、凤鸣列坐石上，皆喜，呼童携酒，共酌久之，不忍去。

既出，佥谓当纪，以俟来者。

书园记

书园，颍川王侯先公自老遗侯藏修处也。其地夷旷无山，溪缭垣以为谷，筑堤以为麓，凿沟以为溪，引水而潴，小者为池，大者为陂，分土画壤以为丘畦，循垣种柳以为林樾，横木作桥，插竹成蹊，以限方隅、通来往。于是畜鱼于池，植莲于陂，莳蔬于畦，艺菊于径，而桃杏李枣柏竹之属，凡可资盘飧、供宾友、适游燕者，无所不备。乃结屋于中，置几案，列图书、蒲团、木榻以收其有。暇则开门徙倚，北瞻燕恒，西望衡霍，东眺蓬瀛，南俯江淮，不出衽席，皆与冥会其间。古今之兴衰，圣贤豪杰之代谢，以及逍遥辽邈之情，四时朝暮，烟云物态，悲欢感慨，无不系之。

既而侯学成而仕，一再转而倅吾郡，沉毅老成，为上下所重。余又尝读其先公遗诫，则知兹园之助于人也，岂少哉？侯欲记以示其子孙，余则记，俾履兹园者常知所有事也。

游石佛记

石佛在雁荡之阴，路从南阁入，行至溪口，见大石累累，高度百余丈，横亘溪上，若无路以入。天雨雪，同行皆有倦色，余独兴未已，犹憩道边石上。遥望大石下洞中白水流出，遂起，揭跣沿流步入。视洞中嵘峒深寂，斗折蛇行，其中若榅、若防、若闸、若堰、若门、若坻，水分流其间，间汇为潭，泓凝澄碧，或溢而流，或高而堕，或曲而奔，潨然、悠然、窈然，不知其去。行且半里，复见天宇，两山夹涧水中流，山上怪石，耸出云表，不暇览记。又行四五里，仰视巨石两两，高数百丈，上覆复合，中空一线仅尺许。入可数百步，如丹阙开阖于层霄缥缈间，曰显圣门。瀑水自门内绝壁高涧泻下，平布门下流去。门右西上有洞，深阔数十丈，扪崖而登，石髓下滴，凝为三像，是石佛之所由名也。由此左折上见石碣，宋永嘉令葛逢与僧某人同游所记。于此缚松梯，牵挽可上。北望石峡涧水所从出，峡中稍进可至，常云，俗呼为百嶂尖。有石浴桶、天桥、飞湫之奇，出则有湖。南版藏之胜皆在数里之间，不可殚也。

游散水岩记

人皆知龙湫之胜，而不知有散水岩。游散水岩自荡阴章氏之居行二十里余，崖谷壁立，拔地数千尺。悬瀑自崖端垂下，直捣澄潭，若白虹横空、匹练孤悬，照耀于丹屏翠壑、乔松古柏间，观者莫不心骇神眩。余从瀑下援葛上崖半，坐洞穴中视瀑水，如明珠缬箔当户，窥见旭日曈昽，祥烟缭绕，妙不可言。又从崖半行，过东南隅，有石天窗俨似楼阁栏槛，上有梁石，横若楣宇，凭槛而眺，奇岚迭障，皆可揽有。故记以补雁山之遗。

道姑庵记

尝闻南溪道姑庵之胜，而未始游。一日，山人章氏过余，偶坐语及。辍餔隐几，听之终日，翛然若可飞步而至，遂将终身。

曰：其地四崖陡立，高数百丈，庵在大石洞中。洞适当谷之穷，嶮岈幽邃，玲珑寥廓，可坐千余人。东西各有石廊数千余步属于洞，若廨宇榈楹。夹廊巨木万余挺，森茂蓊密，苍然黝碧，黄熊、紫猿与猩猩之属，白日跳梁啼啸于交柯积荫间，见人视不去。左右水声瀌瀌，自悬崖堕涧中，至者皆惨栗股战不敢入，必多人榜戟，然后从廊下树阴行。道姑不知何许人，尝于此修炼，仙成而去，遗迹尚存。姑记以俟他日游焉。

竹山记

尚书刑部郎胡君秀夫一日过予，语曰："汤溪，山邑也。吾居又汤溪之僻也，环吾居皆山也，而竹山最高，为众山之尊。吾庐适与之对，旦暮启户，若揖让焉。吾翁因之以自号，子固知吾翁者，盍记之？”

予闻竹以比节者也，山以居仁者也，翁皆欲有之乎？翁少而奋励，克艰世故，不诱于利，不汩于俗，卓然自立，以视于竹，不有可乎？翁终岁爱默，静含天倪，益全厥德，颓乎委顺，以视于山，不有可乎？《传》曰“如竹箭之有筠，贯四时不改柯叶”，《语》曰“仁者乐山”，又曰“仁者静”，君子之道固与之俱化矣。则夫自一家以至于一乡，敬翁之德、仰翁之行，视之若模范、凭之若蓍龟，岂不犹望苍翠于云表、对巑岏于长空乎？由是观之，则翁之为竹山，竹山之为翁，皆不得而知也。乃为之歌曰：山之岑兮竹幽幽，山之间兮云悠悠，嗟山之人兮复何求？乃载歌曰：山之阻兮云遥遥，怀古人兮徒烦劳，美夫人兮心忉忉。秀夫曰：“吾翁志也。”遂书以记之。

学易轩记

予官南台，卜居龙广山之麓，结庐以玩《易》，乃名为“学易”。予弱冠读《易》，求通辞义，探颐虽深，精蕴未得，每切高坚莫及之叹。既而渐更世故，三十而后仕，仕三载而隐，隐十余载而复仕。今年未五十，衰病日侵，自计平生多历困蹇，备尝险阻，于《易》之道，或潜思于横逆，或研志于悔吝，或精诚于饥寒，或穷虑于疾疢，惩忿窒欲，动心忍性，无所不至，乃今始知古人作《易》之志。故曰:“《易》之兴也，其于中古乎！”“作《易》者，其有忧患乎！”

《履》以和行，《谦》以制礼，《复》以自知，《恒》以一德，《损》

以远害，《益》以兴利，《困》以寡怨，《井》以辩义，《巽》以行权，何莫而非处忧患之道乎？非实践不足以明行，故取诸《履》；非谦不足以察礼，故取诸《谦》；非知微不足以进善，故取诸《复》；非常久不足以一德，故取诸《恒》；非损已不足以去害，故取诸《损》；非益善不足以盛德，故取诸《益》；非安困不足以达道，故取诸《困》；非凝定不足以辩义，故取诸《井》；非巽顺不足以适权，故取诸《巽》：盖时之所遭与事之所遇不同，故有九者之名。其为惩忿窒欲、动心忍性，则一而已。故文王小心翼翼，望道未见；周公夜以继日，坐以待旦；孔子发愤忘食，乐以忘忧，不知老之将至，岂非学《易》之要乎？故曰："君子于此洗心，退藏于密"，"斋戒以神明其德也。"欲学《易》者，舍此何以哉？故识之，蕲毕吾生，朝或有闻，夕死何憾焉！

南台经历司壁记

国初置御史台，设御史大夫、中丞及经历、诸御史等官，以持风纪，以定邦是。又五改为今都察院，改大夫、中丞为都御史，改经历、诸御史为属。都御史掌院，则总治其纲；诸御史列道，则分治其职。其为风纪之重也，人皆知之。然而典司章奏、承综上下四方内外事及凡差委刑狱之系于院中者，所以酌量当否、筹运机宜，则皆经历之责，人犹未知其重也。若经历得人，则一院之事治；不得其人，则一院之事废而不治。是则经历之官虽卑，系于风纪之重而关于国体生民之休戚者实不少矣。故《宪纲》所载，其选用之格同于御史，须用公明廉重、老成练达之人，不许以新进初仕及杂行充用。凡有不公不法及旷职废事、贪淫暴横者，许与堂上官御史互相纠劾，其不轻而重也昭然矣。

夫何法久而弛，官久而旷，又或用非其人，不思责任之重，依违窳怠，漫不可否。猾胥贱隶，得倚为奸，舞文弄法，靡所不至，积秽藏蠹，难以枚举。都御史体当尊重而数迁，体尊则不下亲，迁数则不暇问，于是踣弊不振有如此者，非一日矣。殊非风纪所宜。

予不才，病废山谷，缪为当道论荐，来补兹司。睹兹废坠，夙夜兢兢，惧弗克举，爰考职业之概，书之于壁，以俟后之观者庶几有感，补予不逮。以不负朝廷建官之意，则予之责可逭矣。

忠诚堂记

绾治礼官私署，方作退思之堂，而朋党之议兴，将有去志。上不旋踵而悟，疏再上，上若曰："绾素秉忠诚，其安心于位。"命下而堂亦适成，故以"忠诚"揭之。盖将彰圣德于无穷，垂训饬于不朽，非徒欲自励已也。

夫忠者，人心之尽；诚者，人道之至。尽忠则无私，尽诚则无伪，人臣之道，其有遗乎？顾臣即无愧于此乎？今之为臣者，非不知勖此之为贵也，但势利之溺深，学术之迷久，高者志功名，卑者务利禄。功名之不已，故希誉色庄之日隆；利禄之不已，故苞苴私营之日盛。二者不已，故爱君忧国之意荒，不知爱君忧国而为臣，必知夙夜无寅恭之思，在公多瘝旷之职，私意横流，天理灭矣。所谓忠与诚者何有乎？国亦何赖而高爵厚禄之也？今也有人心乎君？心乎国？然而处积衰之极，当中兴之艰，其将若何而卒善乎？惟誓死以甘心，历万变而不回，其庶乎忠诚之无愧，而仰答德意之万一。敬书诸石，以俟来者共焉。

修南京礼曹私署记

艺祖开基金陵，既设百官公署于都城，又置九卿私署于诸署之侧，名曰品官样房，独礼曹不存。柳树湾故有官宇，岁久而圮，惟门基可认，意即礼曹私署，不可知也。工曹尝即其地置二署，余皆沦于民居。迩岁礼曹始货二署西北闲地，将复之，犹以栋宇未备、莽卤湫隘，不堪止息，每假人居室。予承乏礼侍，适缺尚书，久视部篆，乃以堂皂之积几三百金贸地货材，为尚书私署。又以其余合俸入共一百七十金，于其地增葺以为侍郎私署，共三十楹。其后之堂曰“忠诚”，取诏语以表之。其前之堂曰“寅清”，取《书》语以著之，所以昭上德、勖臣职也。其居之轩曰“三友”，有松、有竹、有梅，欲与之励岁寒也。竹间之亭曰“洗俗”，居之，尘虑可祛也。“三友”之北有轩曰“春意”，桃杏环植也。“忠诚”之北，其堂曰“拱北”，宫阙陵寝在望也。凡在缭垣，皆植松竹，或他卉，盖使居者兼吏隐，弗忘山林，庶几进退之道不昧云。

空明小隐记

空明小隐者，余弟宗博藏修之所也。吾邑北山有洞曰“小有空明洞天”，在紫霄之下、杜村之上，石壁拔地数千余尺，洞在壁间，磴道而入，飞跨木杪，仅如一线，鸣瀑悬其左，澄潭映其下。近视则灵岩两山拱列如门墙，杜村平畴铺展如庭院；远视则吾邑诸山翠峦丹巇，与海上之晴岚雪浪，常若揖让而环顾者，其中则澄江九曲，晶渺如练，洄沿旋折，犹兰亭曲水，可坐玩而流畅也。宗博结屋洞上绝壑，时往来洞中，若可忘世而超然也，且宗博善书，能为歌诗。余故友郑继之过而止宿，题曰“空明小隐”。宗博遂以“空明”自号，为卷付其子承道持至京师，请予记之。

余别故山久矣，念行道无期，方怀远去，展卷思山中风景，如在目前，但恨未能插翼而飞。宗博当洒扫苍藓，拂拭烟霞，以俟余归而共老焉。乃为记。

天真书院田记

书院之兴，始必由人。仕或于斯，游或于斯，生或于斯，或功德被于斯，必其人表，表有足重者，思之不见，而后立书院以祀之。树之风声，聚四方有志以讲其道、崇其化。

浙江之上、龙山之麓，有曰天真书院者，立祀阳明先生者也。盖先生尝游于斯，既没，故于斯创书院以讲先生之学，夫人皆知之，奚俟予言？先是正德己卯，宁濠之变，起事江右，将窥神器，四方岌岌，日危于死。浙为江右下游，通衢八道，财赋称甲。濠意欲先得之，故阴置内使腹心毕真镇浙，计为之应。因先生据其上游，奋身独当之，濠既速败，浙赖以宁，卒免锋刃荼毒之苦，皆先生之功。则今日书院之创，非徒讲学，又以明先生之功也。

书院始于先生门人行人薛侃、进士钱德洪、王畿，合同志之资为之。继而门人佥事王臣、主事薛侨有事于浙，又增治之，始买田七十亩，欲备蒸尝葺理。既而诸生廪饩不给。会监察侍御张子按浙，暇日跻书院而叹曰："先生之功，存于社稷，人固知之；先生之功，覆于兹土，人犹未尽知也。恶可忽哉！"乃属提学佥事徐子，命绍兴推官陈让以会稽废寺田八十五亩为庄，属之书院。张子谓不足，乃出法台赎金三百两，属杭州推官罗某及钱塘知县王鈛，买宋人所谓龟畴籍田七十亩以益之，于是需足人聚，风声益树，而道化行矣。宋因书院而为学校，今于学校之外复多书院，盖怠常励新之意欤！

予尝登兹，坐幽岩，步危磴，俯江流之洄折，引沧渤之溟濛，北揽西湖，南望禹穴，云树苍茫，晴岚窅霭，于是怆然而悲，悄然而感，恍见先生之如在而能不忘也。乃知学校之设既远，远则常，常则玩，玩则怠，怠则学之道其废乎！书院之作既近，近则新，新则惕，惕则励，励则学之道其修乎！

张子兹举也，为益于浙多矣。且张子按浙，清扬浊激，善劝恶惩，允得其体。徐子督学，正己率物，先本后末，亦允其体。矧兹又立政立教之先务者哉！张子，名景，河南汝宁人。徐子，名阶，直隶上海人。主书院举人刘候请记之，乃为记。

少白堂记

少白堂者，吾弟空明山人营以隐居之堂也。山人素居在邑，今营隐居在三童岙。其岙四面峰峦秀矗，若王公拥盖大士，持宝幡、列骑从、御龙象旁趋而环顾之者。二溪回合，中夹一山，盘礴正踞。山人作堂拓基，掘地得井，埋石曰"黄家井"。山人亦黄姓，若预有以待者，亦异哉！三童之岙在邑之西，山人之堂适岙之中，西方之山金属，故郑子继之为名其堂曰“少白”，取“让太白”之义也。

堂成于嘉靖丁酉之岁，新秋既霁，予与叶子敬之来游，山人款之于堂，遍之亭馆，宿之楼上，信信不去。竹阴松下，溪湄石畔，或坐或卧，或语或歌，无不恬然而适，悠然而得，与奇胜以相忘也。予忽忆昔年初冬薄暮，偶至一山，山僧开堂，松竹掩苒而萧疏，排檐拂槛，寒风飕飒，落叶堕石上作金铁声，烧地炉拥坐，佛灯明灭，心地湛然，至今念之愈切愈不记，竟不知为何地、何山，恍然以为梦中，往来数岁，犹不明为真梦而真见也？今得山人之堂而见之，庶几其非梦欤！遂书为《少白堂记》。

梅池记

严君德钦，楚产也，居江汉之滨，有园而浸在焉。环浸植梅，人曰“梅海”。君结屋读书其上，因以“梅池”自号。君学成而仕，节推槜李，士民咸宜之。召入，将显擢，有谗者，不果，出于四明别驾。以公事上天台，探雁荡，过我山中，出肺肝与语，又出所为诗视予。听而读之，知有志世用，咀茹艰难，蓄而得之，且为诗尝窥李、杜门墙而自成者。与之提壶啸歌，不知夜漏下而晨鸡唱也。明日君以“梅池”属予记之。

未几，闻君又将徙官而他。予曰：“噫，命也，君何尤哉！昔者陆务观观梅花，仰观霜月，横听牧笛，欲招茅丘之鬼与齐死生于度外。且君夙有梅池之养，得之真者励其操，得之芳者发其藻，得之渊者致其深，得之凝者成其定，于时兴，于时感，亟而贞观，非一日矣。况区区得失之在人者，视死生为尤轻，不啻如飘风浮云之往来，于君何与哉！”于是作《梅池记》。

游雁山记

嘉靖壬寅季秋，山阴王汝中、槜李沈静夫、余姚杨汝鸣访予澄江之浒，临海冯子通先在馆，与入北山，启石龙书院居焉，与论绝学未明之旨数晨夕。王、沈欲游雁山，予婿王正亿、儿承式、承忠隶而从之。

二十有八日，发黄岩，冲雨，夜至岭店驿宿。

明日，雨不止，午后雨歇，登驿边小山，望石门潭甚近，亟往观之。潭上诸流方盛，澄浸增碧，下流湍泛晶渺。日欲落未落，四山暮色苍然，忽有水禽飞鸣下上，白烟而戢。归岭店驿，太平尹曾明卿来会，遂同宿。

明日十月之朔，晨炊后至石梁洞，趺坐小酌，前面石梁，傍窥老僧岩，外见云山缭绕。松翠、枫丹相掩映，如坐虚庭对檐阿，皆不忍去。出度谢公岭，抵灵峰，欲观罗汉洞，闯峆岈，攀石梯八九转至洞中，如在群玉重楼之上，不知下有人世也。下观照胆潭，手探风洞，亦皆奇。由峰左沿溪入，观碧霄峰，峰下有洞，可坐数百人，尝有道人结庵，今已废。出遇叶敬之来会，过净明，循石壁下行数百步，寻昔人所谓石峡，如行巷中，仰见青天，如曲池绿水者出。过灵岩，日已坠，黄岩尹林肇修令人具饭寺中，众皆倦，入见天柱、展旗诸峰罗列左右，屏霞一障，中薄霄汉，有骇而忘倦者即欲登览，以有虎狼止之，乃就寺。饭罢，入东舍宿，大风自西北至，声振崖谷。夜半枕上又闻猿声，凄不可堪。

明日，登嶂右观龙鼻水，下入安禅谷，坐望出日。王、沈、杨又欲登展旗峰，半观天聪洞。予以朱时言来会，故先下。时言盛称小龙湫之妙，众欣然，手缘溪石跨水，穿双鸾、玉女、卓笔、独秀诸峰而入小龙湫。其谷如剖瓮侧立，高涧走瓮口，直下数百尺，如溃澜喷雪，堕于幽庭清池之中，清悄寒湿，不可久居。出，度马鞍岭，观云锦溪，沿溪约行十余里，阔几十丈，皆全石以为底，两岸皆全石如列墙，方而且平，巧匠凿之亦不是过，水流石上，虽无风亦常起文，如织縠、如鱼鳞，睨若云锦，故名。至雁荡书院，谒所祀宋王梅溪、胡侍郎、元李五峰、明章恭毅、谢逸老、谢文肃诸先正。出，至大龙湫，时言设饭讵那庵，雨后荡水大下，风起谷中，瀑之变态益奇，乍缓乍急，或奔崩如雷，或飞洒如雨，或如烟霞飘扬，迷漫满谷。共登盘谷奇观之亭，或坐或立，衣袂皆湿，寒气逼人不可当，予久不饮酒，亦满引数酌，及下而饮，又复引数酌。夜过能仁寺宿，列卓铺、烧地炉围坐，再论绝学，深辩儒释老精微不同之旨，皆深省。至夜半而寝。

明日，欲归。闻乐清尹王卿赞欲来会，候不至而行，至灵岩道遇余姚杨二坛追入山，欲同游，从者促不可留，惟杨汝鸣留陪。夜至盘山，宿于旅舍。

明日，至予东盘山，宿于楼上。因忆予往年屡游雁山。弘治间，与临海高南郭、天台夏赤城、予弟宗博同游。正德间，又与晋安郑继之、仙居应元忠、临海赵弘道、弟宗博、荡阴章鸣仲同游，居久粮绝，有乞僧麋摘山花故事。今南郭、赤城、继之、弘道皆不可作，而元忠、宗博、鸣仲亦不同游。噫，山溪不改，岁月如流，而游人凋谢如此，良可慨也！故记之。

洗心亭记

王子汝中免官归越，作肥遯之园于谢公桥之东。王子先人之庐在谢公桥之西，园视庐，一水隔之，故幽，王子于园之中凿池半亩，作亭于池中，池周于亭则栽莲养鱼，园周于池则树柳植竹、莳花种蔬。王子日涉于园坐亭中，于是名其亭曰“洗心”。“洗心”云者，盖取《易·大传》“圣人以此洗心，退藏于密”之旨。夫王子所欲学者圣人之学也，所欲会于兹亭者圣人之徒也。圣人之学莫先于志，为志之要莫先于道。志其道，而云“洗”者何也？禅学之弊当洗也，习闻之溺当洗也，流俗之污、名利之私不与也。洗斯二者则流俗、名利无所潜，而圣人之道在是矣。圣人之道在是，而“退藏于密”益昭昭矣。盖圣人之道云者，精一而执中也；精一执中云者，中节而无过不及也。禅之云者，不起意而不思也。其弊正相反也。吾固知王子能于此洗之矣，洗之以求圣人之道，则亭中之所见、天地之生藏、阴阳之荣悴、四时之变态，何往而非斯道之交易流行也！吾于是作《洗心亭记》。王子欲我图，又为之图云。

思古堂记

黄子山栖之堂，名曰“思古”。客有过予者问曰：“思古者何？”黄子喟然曰：“吾尝自奋，不食不寝，思通昼夜，少焉假寐，忽见一人，牛首草衣，道合乾坤，德合元气，俯仰高卑，洞八象赜，惟艮其止，万世范围。又忽见二人，垂衣与裳，执中授受，安恭允塞。又忽见一人，颀长黯黑，小心翼翼，穆穆无已，羑里演《易》，艮背不获，缉熙敬止。又忽见一人，赤舄几几，仰思前古，继日以夜，三王四事，艰惟时宜，以谒忠圣。又忽见一人，额尧项皋，良恭俭让，温而有厉，威而不猛，恭而能安，集圣大成，万世斯赖。黄子乃恍然而觉，凄然而悲曰：'吾畴昔之所见者，得非伏羲、尧、舜氏乎，得非文王、周公、若孔子乎！吾生今也，去之数千载矣。今之见者，其真耶？其梦耶？见之者其道耶？其德耶？《礼》不云乎，至德为道本；《易》不云乎，显道神德行。乃吾今知古矣。'黄子于是寝、于是兴、于是言、于是语，庶几夙夜尚不愧吾生，夫乃思古之谓乎！吾以名吾堂。"客怃然曰："我既已知之矣。"客退，黄子遂述为记。

家经阁记

黄子修四子、五经于山阁，谓其阁曰"家经"。客有疑而问者曰："四子、五经，天下古今之典。子以为家，何也？"黄子乃作而对曰："《大学》道圣学之方，圣方非我之家物乎？《中庸》道圣道之要，道要非我之家物乎？《论语》尽圣人之道，尽道非我之家物乎？《孟子》明圣人之用，明用非我之家物乎？《易》道三才之德，三才非我之家物乎？《书》道群圣政事，政事非我之家物乎？《诗》道古人性情，性情非我之家物乎？《礼》道君子节文，节文非我之家物乎？《春秋》道帝王赏罚，赏罚非我之家物乎？"客又有笑而问者曰：“人皆以珠玉金帛为家物，子以四子、五经为家物。异哉，子之为家物也！”黄子乃矍然退检其家而谓之曰：“吾之家惟此为宝，他非所宝也。岂不见昔者河汾王子乎？修续经于家，门人谓其家六经毕备。吾虽无似，实修其物于家，敢不以斯为己任，而谓之为家物乎？谓之家物，卒吾之岁，惟日孳孳，毙而后已。俾吾子若孙无忘吾家物。”二客遂不疑不笑，故书以记之云。

久庵先生文选卷九

◎书

上李西涯先生论时务书

绾闻士有为知己死者，夫苟可以死也，其未至于死者，敢不尽其心以为报乎？公固以天下士待绾矣，绾可不以天下士为公报哉？今公之事有大于天下者乎？大于天下而不尽其心，奚所尽其心也？曩者先帝弃天下，公与二三人臣皆受托孤之命，翼今上嗣登大宝，远近闻者莫不举手相贺，谓有老成忠壮如公者为国股肱，必能推素所蓄积，引君当道，蚤更新化，以慰天下。人神胥望，山川改容以俟者，几两载于兹。今乃宜闻不闻，人将疑其失望，且云：“朝廷上下有不同量。”诸公皆去，公独欲去未可而在。始则甚惑，惟惧公一日亦去，则国无人。既而思之，知公前日之志在于终济天下，不有其名者也；群公之志在于速靖一时，急就其名者也。盖公能用其愚，群公不能用其愚；公能用其忠，群公不能用其忠。此群公所以一奋而辄去，公所以从容而有待者在此矣。古之大臣固不以吾君为不能而必去，亦不以吾道为必行而必留，一日业乎其官，则一日立乎其位，仕止久速，各随其时，故身无牵制而心常奋然以有为。

否则山林丘壑，何往而不息哉？

居今之世，志之非难，行之为难。绾尝念当今之故，参已然之迹，中夜以思，矍然而起，为之痛哭流涕者几，诚恐太平无事之兆端不如此。不知公为善后之术，将何道以先之？绾闻唐虞之际亦多事矣，惟其君臣能知制乱之道，通其变于未穷，卒底至治。《易》曰："穷则变，变则通，通则久。"不尔，则如晋之张华，专恃维持，谨守故常，延以岁月，天下大乱，身卒不免，为可哀也。惟公明审二者而早图之。今千疮百孔，苴漏补弊，要非一端所能尽。绾则敢摭其要者言之。

其一曰：古之大臣知治乱之机在于一人，一人之机本诸一心，故必先勉其君以为学。夫学所以去人欲，全天理。不学则人欲之萌如奔流，谁得制之？此桀、纣、胡亥、杨广之徒终蹈灭亡而不悟者也。今上厥初嗣服，小人得以他技易其聪明，他道启其非心，岂非不学故也？不先虑此，徒以危言激之，遂欲于君侧取十数奸宠而杀之，为计不已疏乎？自昔君子欲去君侧小人，反为天下之祸者何限？今欲少遏其横，尚不可得，况得杀乎？孔子曰："君子信而后谏，不信为谤己。"群公不此之思，何其昧耶？为今之计，只宜于群小方萌之初，但知邪正之辩而不立邪正之名，率诸元老往召其侪，谕以先帝之意，曰："若皆先帝所选养、青宫之素倖，不患富贵之不极，惟患有富贵而不能保。今上春秋方富，行义未彰，大臣未和，百官未辑，四夷未抚，庶民未孚，得则治，不则乱，特毫发耳！先帝临崩，目不能瞑，惓惓惟二三老臣是托，若岂不闻乎！今水旱频仍，灾变屡出，民穷财竭，怨咨载路，盗贼方炽，边报复急，若常密迩，何不一言于上以有盈成之业，而若亦得以保其富贵，顾犹蒙蔽之乎？万一事机有失，虽欲一饭苟活不可得，况富贵乎？”如此词恳义正，虽未能改其恶，亦可小沮其心而无他。于是专劝主上以讲学，择经德明备之士，朝夕启沃，弗使间断，则天理可明、人欲可消。彼辈虽奸，将无隙之可投。君德既正，然后图而去之未晚也。且周之成王乃中才之主，幼而践祚，太公为太师，召公为太保，周公为太傅，及左右近昵咸选正人，开其聪明，养其德性，所以卒致成周之治，岂偶然哉！

其二曰：自古帝王皆先修其内政，而后及其外政。夫闺门无法，王化无本，天下何恃而治？周道之盛，今古罕比，然必《关雎》《麟趾》之化行，而后《江汉》《汝濆》之俗变。周公六典所以致成周之盛者，乃以宫正、宫伯至阍寺、嫔御皆属天官冢宰，其旨微矣。及其衰也，皆由于闺门。《诗》曰：“赫赫宗周，褒姒灭之。”此不修文王之道而废周公之法故也。今天子新立，中宫初册，奈何以五六刑余外持人主之命，内挟母后之权，威摄中外，势倾上下，一时皆为蒙蔽，不敢指摘其奸。是以宫庭虽无丑议，家法必致难守，安得不为虑哉？自今修之，犹未为晚。举祖宗之旧章，求前代之覆辙，或论于经筵劝讲之际，或奏于皇后、皇太后之前，庶交相警戒，早为持守。失此不救，人主之血气浸盛，情欲之爱日益深，声色之悦日益盛。内庭近而易亲，恩常掩于义；外庭远而易疏，义不能不胜乎恩。比其已极，虽百伊、周，不可救矣。

其三曰：椒房之戚实关衽席之恩，此人情之易厚。苟非明哲之君、至德之后，孰不有所私？金帛之赐，足极其富；爵命之加，足极其贵；富贵之极而不骄者，鲜矣。况常人之心知求而不知足，知贪而不知止，如汉之吕、王，晋之杨、贾，唐之武、杨，擅权专政，致危神器，覆宗赤族，皆其验也。故古者帝王婚姻不以微贱上匹至尊，必择先德之旧，家法有承，赖其阴佑，以培基本，绵无疆之统。今之外戚，贵极人臣，富可敌国，贪犹无厌，有识为之寒心。近虽稍收敛，然无藉之徒尚盈门下，抑之则怨，纵之则无所不为，且多知禁密之情。国家无事则已，苟有毫发，其常怀怏怏之心，将一日萌动，挟其膏粱愚暗之人，肆为非礼，深可虑也。反覆其故，始之不由德族，继之宠遇太隆，以至此耳！迩闻今上择配揽户之家，何不以此为监耶？未几，果闻造屋，闻置庄，每用几千万银，例照皇亲，略无撙节，爵命之加，无异前事，而前日之贪横将必不远，与之同矣。此皆祖宗已来外戚所未有者。今事已遂，将何咎哉！汉窦氏初宠于文帝，周勃、灌婴请置师傅教之，由是长君、少君终身退让，保其富贵。王氏之盛，梅福亦尝与成帝言之，成帝不用，卒致篡窃。今之外戚既无先德之可承，又无家法之可守，惟当早选师傅以教之，或别置尊官于宗人府，兼摄外戚，别其贤否，论其爵赏，察其奸凶，制之以法，使无所纵。不惟外戚之家可保富贵，而母后之德亦于此有助矣。

其四曰：古设阉宦，专便阃内役使，他无所为。刑余之辈，必鲜忠良，小用犹为不可，况可以揽天下之权哉？汉宣帝以霍光专政为戒，故轻宰相之权，而恭、显遂得肆志，至于元帝而天下荡然。盖权在宰相，虽专恣，犹得斥其非而去之；在阉宦，蟠据在中，人莫之测，或传内降，或托御笔，谏官不敢执，九卿不敢问，而令甲之行常为所播弄。夫前日阉宦皆祖宗旧人，纵有所为，犹知祖宗法度，自今已后，前日者皆老死，晚进少年皆代之，彼实不知祖宗法度，但知威福在己，悍然横行，无复如何，此尤可忧也。贞观之制，内侍不立三品，只供内庭除扫，不任以事。本朝太监不过五品，亦不许任事，视贞观最为良法。奈何至今玉带蟒衣，俨若侯王，天下操柄，尽归掌握。今欲正之，固难一朝而变。议者谓莫若章奏之进，所奏之司以封目先投内阁，内阁计所奏请，至尊于退朝后，亲御便殿，更番上直侍列计处。若遇安危所系，刑赏黜陟之大，虽内阁亦不得专，必召进九卿科道，集议可否，务合天下之公。众论既翕，然后决自上裁行之。唐太宗每与大臣议事，必令谏官、宪臣、史官预闻之，有不当，谏官得诤之，宪臣得弹之，史官得书之。有劝宋仁宗事当从中出者，仁宗谓曰："事正不欲中出，付之公议，使宰相行之，有过失，台谏得言，改之易耳！"人主尚尔，况阉宦乎？

其五曰：朝廷之有言官，犹人之有耳目。必耳司听、目司视而人之用完，人无视听则不得谓之人矣。朝廷而无耳目，可谓之朝廷乎？晋侯问于叔向："国家之患，孰为大？"对曰："大臣持禄而不极谏，小臣畏罪而不敢言，下情不能上通，此患之大者也。"故明主知此，必虚己以纳其言，优容以作其气，罢黜以激其不谏，重赏以旌其能言。言有不合，纵加薄责，旋即超升，犹虑其不言。未闻转喉触讳，动则祸随，内外遮逻，骨鲠一空，朝野相视，咋舌噤口，不敢论天下之事，岂有指鹿为马之心将复萌乎？夫言官所系，不止通否塞，亦将以折奸人之萌，救内重之弊。若反为奸人所折，内重之势自此固矣。杨玚曰："纠弹之司若遭恐胁，御史台可废也。"抑不见盗将有意主人之家物，必先毒其吠犬，吠犬既死，不为之防，盗必大至。故主人方一吠犬之死，即为意外之忧，急求数吠犬以继之，使盗知主人已觉而不来，此良策也。今之所忧，有异此乎？况言路风采消委已甚，苟非豪杰，焉能有振？当择素通古今、贯达义理、忘身徇国、不顾己私者，使居其职，专责以言，养其锋锐，犹可及也。若或不然，徒以备位，欲正君而不知正君之术，欲弹劾而不知弹劾之方，欲议礼制而不知典章之源，欲论机务而不知成败之几，其好名喜夸者或激剥以成祸患，其巽懦不振者惟循默以待升迁。或伺死虎以系之，或窥腐鼠以攫之，甚或排正人以报私怨，或引非类以布私恩，夫岂不为奸人之资，重为天下患哉？夫言不言，不足论，惟言无不济天下，斯为难也。

其六曰：祖宗立法皆试之于民，虽有缺遗，天下久已安之，且四方异土，风俗殊尚，故治各有宜。若强其所不宜，使同异之，斯乱之兆也。近者，有司每以意见逞能，非由讲习思虑之精，妄将旧制彼此移易，日变月改，徒见耳目之纷更，而不知何者为适从，以致奸民因之而愈谬，奸吏乘之以为虐。《春秋》书鲁作丘甲，用田赋，重其更端之始，为民患也。此乃往事，犹未为甚。今宦竖窃权于内，必将施暴于外，流毒初出，如川方兴，不至引用非人、大为纷更，不足以行其志。若不申明旧典，定为中制，责成有司谨守固持以遏其机，纷纷变乱，为生人之害，其有穷乎？自昔败亡，鲜不由子孙变其祖宗之制。唐玄宗无太宗之哲，而不守贞观之旧，卒致天宝之乱；宋神宗无太祖之明，而轻变开宝之章，终兆南渡之祸。夫创业之君所与共事之臣皆身历艰难，虑患之深，立法之密，有非后世所及，后世虽有才智，终不若其更涉之多。天下至大，庶事至夥，苟非历试其艰、深明其故，谁得轻变之哉？是故不知立法之意，未有不乱法者也；知立法之意，至不得已而后变之，斯为善守法矣。

其七曰：君之为君者，以有民也。得其民，得天下矣；失其民，失天下矣。民未有失，天命未改，虽有智者不能谋之，勇者不能夺之。若使饥寒切民之身，仰不足以事其父母，俯不足以畜其妻子，则人心离散，非君有矣。民既不为君有，君何藉以有邦哉？西汉倾危之势不绝如线，光武乃以一旅中兴，盖人未厌文、景之德，王莽不得以革天下之心，邦本固也。东汉之衰，虽有先主、孔明之贤，猛将如云，谋臣如雨，卒之不能复有汉鼎，盖人厌桓、灵之德，曹操、孙权又得以革天下之心，是邦本不固也。《周礼·大司徒》：“以保息六养万民，曰慈幼，曰养老，曰赈穷，曰恤贫，曰宽疾，曰安富。”所以致其蕃息，结其欢心，沦入骨髓，故民常戴其君，君常得以有其民也。今海内旱潦常半，官疲于征敛，民困于追求，鬻妻卖子，流散四出，虽有年谷之登，常不免饥寒之苦。赋役日急一日，前日之所谓富民今已退为穷民，前日之所谓穷民今已委于沟壑。庙堂不知省，守令不知恤，皆谓祖宗积累之深有足恃者，漫不为虑。马周曰：“当修之于可修之时，不可悔之于既失之后。”真至论也！

其八曰：义者，天理之公；利者，人欲之私。王者，所以建立邦本，垂裕无穷者，义也；伯者，所以陷溺人心，贻毒后世者，利也。推其至中国之所以异于夷狄，人类所以别于禽兽，皆由此也。若徇人欲而忘天理，则孟子所谓“不夺不厌”，虽有天下，其能一朝居乎？盖自孟子以往，真儒间出，义利之说渐晦于世。虽有老师宿儒，尚或以义为利、以利为义，所以传之于人、谋之天下国家，皆不免功利之末，流之于今，遂无可辩。以垄断罔利、盗名欺世为能事，以刻核攻讦、浚髓剥肤为有才，以奔趋进取为当然，以学古求道为迂诞，持论以矫激两可为能言，临事以逐谬诡免为得策，隐忍苟容则为有德，缔交阿党则为善宦。荣华莫大于恋禄，羞辱莫先于去位，贿赂公行于上下，浮薄尤工于学校，争讼大半于齐民。有司不省治本，特以簿书钱谷为大务；胥吏罔知国法，特以渔猎克剥为生理。交征于利，相习成风，人心秽浊，恬不知怪，何以异于秦、隋、五季之乱也！失今不救，求利之害，其有穷乎？惟在上者身先仁义以绝求利之心，公行赏罚以正趋利之俗，使天下晓然皆知：明扬宠拔必徇公守义之士，放逐废弃必谋身务利之徒。如立表示人，人知定向，交修于仁义之中，以振拔乎功利之外，则风俗丕变，而治效可求矣。

其九曰：天下之所赖以存者纲纪，纲纪之大有三：明用舍、公赏罚、敦伦理。持此三者，断而行之，所以齐人道、调万化者也。今贤者未必用，用者未必贤；暴官污吏未必去，清德懿行未必彰。赏之不足以为劝，罚之不足以为惩。人之犯法，视为泛常，漫不知畏，仿效成风，愈罚愈犯，以至父子相贼则怀忿而仇怨，妇姑不悦则反唇而相讥，诸父昆弟告讦肆行，男女内外黩乱无纪。夫常制于妻，妻或杀其夫；小儿嬉戏，骂其父母。都下之人，时常醉酒，诟及乘舆。强者欺弱，富者凌贫，刚拏力攫，恣所能为。官长视小民如猛兽，常怀抑伏；小民视官长如寇仇，每含愤怨。此皆危邦之陋，纲纪之失，莫甚于此。窃惟朝廷天下之首，纲纪所自出，若提其首，下无不从，所谓赏不必遍及于人而人自劝，罚不必遍加于人而人自惩。夫赏常行于君子，而罚必及于小人，此朝廷纲纪所以立也；赏常行于小人，而罚或及于君子，此朝廷纲纪所以废也。齐桓公始用管仲，九合诸侯，一匡天下；管仲死，信竖刁、易牙，遂至身死而不救。唐玄宗初任姚崇、宋璟，以致太平；末相李林甫，而海内大乱。则知君子、小人之用否，所以关系于纲纪者何如哉？

其十曰：国家太平既久，民生不经涂炭忧愁之苦，心思淫逸，劳之则怨，扰之则惊。幸者国家无事，无以启其非心，若使一旦少有惊变，勤之以馈饷，加之以饥馑，睊睊狼顾，偃蹇骄怒，各将逞其孽芽。或有一二奸雄伺候其侧，假托名义，指朝廷之过失，执生灵之词说，攘臂呼号，鼓舞而起；当此之时，我之将帅不足以应之，武备不足以制之，亦听其自为而已。近者，国门之外，盗贼时时窃发，聚众劫掠，白日杀人，有司皆以小事不闻，略不加意，及其猖獗之甚，偶得剿获，又以为功，尽行升赏。甲子之旱，仅两直隶、浙江、山东数处，饥殍盈道，流民充斥，焚室庐、杀妻子，群相抢掠，哓哓怨呼，有司往来旁观，莫可如何。尚赖天祚国家，二麦成熟，即时安集，不至大患。又有海寇漳州人者，不知姓名，驾大船数十艘，聚党几万人，僭拟旗号，出没温州、福建沿海境上，招诱奸民，不时劫掠。前年于温州，杀金乡卫指挥一人、军士数百人；又前年杀黄华巡检司巡检一人、弓兵数十人。有司皆以远方小事，匿而不闻，玩以为常，既不及时剿捕，又不加意防御，其势骎骎，岂终为海寇者乎？又近日苏州民施天常寇虐为非，蟠据崇明海上，亦因有司姑息玩愒所致。今虽偶尔捕获，然四海之广，踵之岂无其人？

元末，敝邑方国珍与蔡乱头以王伏之仇，逼逐入海，为乱之初，亦甚细微，遂不可制，终为张士诚、陈友谅之阶，岂非远方哉？凡事未有不起于微细，而生于所忽。星火不灭，终必燎原；蚁孔不塞，久且溃堤。《易》曰："臣弑其君，子弑其父，非一朝一夕之故，其所由来者渐矣。"《大畜》之六四曰："童牛之牿，元吉。"《姤》之初六曰："系于金柅，贞吉。有攸往，凶。羸豕孚蹢躅。"皆言绝恶者，当防之于几微也；羸豕之孚，诚在于蹢躅。又言止恶者，不可徒以一时偃伏而忽之。况今国家未能无故，诚恐胜、广、巢、角之徒或萌于草泽，而鉏耰棘梃之类或起而应之，可不虑哉！

其十一曰：群公卿者，皆前朝所任之旧臣，长养成就于数十年者也。不惟中国以之为表瞻，外夷亦以之为观望。犹山林之有虎豹，樵采为之不入；江河之有蛟龙，舟楫为之恐惧。如汲黯寝淮南之谋，干木息诸侯之兵；辽人惧司马之复相，金人问龟山之安在。则知不出樽俎而折冲于千里之外者，岂必在于荷戈持戟之列哉？故曰："正人在朝，群邪所忌；谋臣不用，敌国之福。"今以奸臣之言，一旦驱逐殆尽，诚骇视听，不能不长奸雄之志，以起外夷窥觊之心。其所关系，岂不大哉！古者卿大夫既老，月朔犹朝于君所，与闻政事；天子有事，持珍味问于其家，其重之如此。虽国家无事，尚不当轻去以起众疑，况今内本空虚、外变将摇，此正任用老成之际，不宜轻弃。况其中又有才德为天下望乎？惟能委曲调和于内，求其为众望所归者，复之可也。

其十二曰：有文事者必有武备，此圣人安不忘危之意也。国家以威武立国，置卫所错于郡邑，以待不虞，可谓有其备矣。奈何休息既久，上下苟安，军律不明，武备废弛，韬钤不识而谓之将，戈盾不分而谓之军。其袭职替官，虽有比试考校之法，但不过临时雇倩以应故事。大者以养勋阶，小者以守禄位，优游饱食，勇无足用，谋无足取。其平居无事，骄心惰气凝满眉目，使一旦有急，虽人与千金亦莫效用，如此养兵何益？西北防胡，最为要害，其兵常战，特为精强，非他处之比。近年以来，各差内臣镇守，使都御史、总兵皆处其下，反为所制，动辄拘忌。其怙势作威，规利自肥，多带私人，散处各边，或打揽粮草，或结放私债，粮不足则虚串以入纳，草不敷则分束以备数，债不完则扣粮以自偿。军能克捷，赏归其家；营田肥沃，僭为私庄；军丁力壮，择以耕田；老弱创残，留之守营。小大仿效，百蠹纷然，诸边几于不守。然夙沙卫以辱齐师，鱼朝恩之陷唐兵，岂尽如此！故连年边报失利。先帝在日，虽切留意，终无以祛病根。在京诸营者，天子自卫之兵，所以防肘腋、制外兵者也，尤当精练以待征调。今亦以内臣提督，号令不一，将无专心，教演不精，兵无素习，甚者疲癃残疾，半于其间，无所拣择。又以河南、山东、两直隶军赴京班上操，半年一换，新者未去，旧者已回，参错道路，因而为非，未见演习，益困兵力，况非盛时故事！宜悉罢之，选集精壮，或别置辅镇，以备辇毂之虞。夫兵者，非众多之为强，惟能择良将、校变通、明赏罚、蓄勇锐之为强。昔齐威王烹阿、封即墨，遂起兵击赵、魏、卫，三国兵尽走，齐国人人震惧，以致安强，赏罚明也。方今文恬武嬉之余，正将惰卒骄之日，虽曰治兵不专于严，然乌可使其褒而不振？故申严纪律，亦变通之所宜。先者穰苴斩庄贾，三军股栗，然后少施以恩，病者为之求行争奋；孔明必殉马谡，为法不可废；李光弼以严代郭汾阳，人谓之得体，孰谓姑息？养兵如今日，犹可望其效用于危急哉？窃谓镇守、提督之类不去，则帅权轻，帅权既轻，虽有良将，不能成功名，况授非其人，何以措手足而修武备哉？惟熟筹之于庙堂，求得人而任之，宽猛惟其所施，庶几可也！

其十三曰：保社稷，安天下，莫先于人才。人才之生，错而难见，故宜广取而不可限求。今用人虽有数路，惟进士则大用之，否则虽有豪杰亦无以自见。夫所以大用者，正以其才其德，岂徒以其能举子之文哉？今日举业所选之士，果皆足以当他日非常之用否也？士必素养，而后可以当大事。古之豪杰能立非常之功名者，皆其胸中先有一定之规模，然后仕而行之。如韩信一见汉高祖，即为画取天下之策如指掌，及为大将，出百战，灭项羽，无一不酬其言。范文正公为秀才时即以天下为己任，无一事不理会于心，至上执政一书，终身功业，其本末皆不出此。其所以精于心者，岂一日哉！今用人惟重于进士，使天下之士方当少壮，精力有余，正可以讲求修己治人之道，惟知进士之业为当务，乃一切从事于浮词浅说之间，疲神竭虑，劳劳卒岁，惟患其业之不专，不足应主司之求。及其用之，且限于簿书期会，行之不胜其掣肘，然又束以资格、考语之法。夫资格限年蹑级，考语万人同律，持铨衡者凭此以验贤否、论黜陟，虽有美才特志，困不自见，故士皆卑卑小节，怠而不修，至令议者乃有我朝人才独不及前代之叹，岂真有不及哉？取用之法使然也。苟能撤偏重之弊、去资格之拘、慎藻鉴之明、行不次之擢，使士之出者皆得以行其志，天下之大，岂无非常之才足为邦家之用而犹曰有不及哉？夫出类拔萃而能包括一世之用者，代不过数人，岂如群才之可多得！周止乱臣十人，唐虞之际尚止数人，故孔子尝并叹以为盛。今以海内之广，广询博访，但能得一二人，养之宽闲之地，作其精华果锐之气，则他日非常之用，自足应之不穷矣。

其十四曰：世道之衰由于学术之坏，学术之坏由于选举之非法。当今进士选于举人，举人选于学校，学校选于民间俊秀，读之以六经、《论》《孟》之书，明之以濂洛关闽之说，试之以经义论策之文，固非前代墨义、诗赋之比，宜其得人之盛，远超汉、唐、宋而过之，讵谓人物之下、器识之卑，反不能及，何哉？今徒取剽掠浮词之末而失其涵濡体验之本，不知圣人所以为经者，以心传心，将以明天理、辩义利于分毫而已。今之学者专为求利禄、取富贵之捷径，偶或一得，不啻筌蹄之已忘。虽其不忘，亦镂冰刻脂之工、俳优龌龊之语，名为正理，其实视墨义、诗赋，反不及之远矣。昔朱子尝叹当时科举文字之弊，今日之弊有甚于朱子所叹者，其忧又何如也？今天下之人但知其为利而不知其为害。大杨朱学为义而偏于为我，墨翟学为仁而流于兼爱，原其设心，岂遂至此？孟子尝推其祸，为“无父无君”以辟之。差之毫厘，谬以千里，矧以圣经为学，假之媒利，名似实非，昏蛊眩惑，皆为患得患失之鄙夫，其弊可胜言哉！三代之法，自乡党达于王朝，其所以居而教之无异道，取而官之无异路，故士各得以德行道义自奋，平居惟忧德业之不修，而不忧官爵之不至，此得人之所以盛也。两汉以来，虽不能及，乃有贤良、孝廉之选，故董仲舒、辕固之徒由此以进。及至隋唐，始专以文辞取士，不复有尚德之举。宋沿唐制，其盛时犹兼采时望而去取之。其后糊名之禁行，科举之法益坏，传习至今，士皆不必论其实行，进退之际惟取决于三日之虚文。虽行检若狗彘、屠沽、贩卖，皆不必择，以至诬经诡圣，能希主司之意，莫不中选；遵理道、拙华藻者，莫不屏弃。以一日之长，得登一第，清官显爵，擅之终身，无不如意。乃使习对偶为童子，皆斐然有卿相之想而不知惭。噫，使古之圣贤如孔子、颜子、孟子者，生于今日，其所自负如何？亦肯与今日之士同其用心，相逐得失于此哉？虽然，势极而反，亦理当然，使后代之论者谓选举之法始坏于某代某人、卒复于某代某人，顾不盛欤？若欲选举得人，莫先于正人心；欲正人心，莫先于明学术。必使一时学者皆遵小学、大学之方，以求圣贤之道，实有得于心，方令为举业，许以应试。取之之法，或如周之乡举里选，或如汉之特举实行，或如宋之兼采时望。然后试以经义论策，不必如今之对偶虚文。命题必明白正大，不困以所难，务择其真切者为上格。中不必多，亦不必限以名数，庶几所学皆实学、所得皆真才，不至如今日人才相去之独远也。

绾生长东南，幼而读书，有志天下之务，念父祖世受国恩，尤欲以身为报，乃蒙先朝曾收育于仕进之列。但以学之未成，屏伏闲旷，朝夕自治，以俟其充，不敢即叨升斗之禄。目今天下之势，迹虽未形，机则已露。辟之人身，外貌虽壮，衣冠虽好，五脏受伤，四肢百骸无有不病。以此忧念至深，夙夜食息，不敢或忘。故敢吐其一得之愚，以献自顶至踵之思。但知欲忠于国、愿报于公，不复有所避讳，亦不敢冀其言之皆是。在昔伊尹、周公摄位行政，人心贴然，流言相扇，雷风感变，此何道以致之？是其胸中至诚，所存者有以贯彻天人之际，岂区区智术所能然？视战国纵横诸人，其才知非不美，其谋策非不优，特所发非本心，诡伪迁就，求合人主一时之私，以遂其欲，终必至于灭六国、乱天下，此不诚然也？惟公推二公之心，积至诚之道，持守之坚，不以利害死生而得间。上有以格天心，中有以感君心，下有以孚民心，一转移间，使天下为康为宁、为福为寿，不使世有遗策、人有遗用，遗后世之憾，皆公平生所学所志，竭节尽忠、报君爱国，不可后者。惟望不以草野虑广为倨侮，刍荛放论为难听，曲加优容，不录其狂妄之罪，择其是者而纳之。是则先帝顾命之重幸甚，宗社神灵倚赖之深幸甚，天下苍生仰望之切幸甚！

再上西涯先生书

绾尝读公文章，知公乃今之欧阳子也。欧阳子之门有曾氏、苏氏，皆能明欧阳子之道，谓今之昌黎子，至今人皆信之无疑。今绾辱公门下，犹不敢以此称天下者，夫岂不能，正不欲以曾、苏自足，况公负天下之重，有不专于文章而止者，可徒以文章称之哉？故敢以今日事关安危为一书，献于左右。虽不如曾、苏称道欧阳子者，然所以图报不朽，欲为公虑完其身名者，实不敢谓后于曾、苏之用心也。

公果不以疏远视之，不惟救时弊于目前，固将兴王道于将来。但缓急先后，持之当循其序，行之当知其要。《易·蛊》之九二曰："干母之蛊，不可贞。"说者谓母为妇人，非刚明之资，当以柔巽辅导，从容将顺，使之身正治事。若伸己刚阳，邃然矫拂，则伤恩反大，安能有所入哉？比刚阳之臣事少主、处疑国，道当如此也。夫推大车者非一臂之力，支大厦者非一木之能，况济天下可以一人为哉？周公之辅成王，一饭三吐哺，一沐三握发，以急求天下之贤，惟恐不至，隳其辅理，以至成王有过之地。诸葛孔明之相后主，必引一时名流，以集众思、广忠益，虽闇弱如后主，终孔明之世而无败。此古之大臣所以能尽其心，不负付托者也。公苟先其急者，则耳目所不闻，思虑所不及，皆将骈集交至于公矣。奈何施设之不附，天下之犹难理哉！苟竭其心而不得，则江南山水之间皆公所以保全名节者也。天下后世，又何尤焉？公亦何施而不可哉？

干冒崇严，罪宜摈斥，不如是则无以明愿报之心，致爱国之诚。惟公矜其愚而亮之，幸甚。

久庵先生文选卷十

◎书

谢陈御史招应举书

绾无似，不敢妄有所干。执事不知其不可，欲等诸豪杰之流，壮其志以引其归，将与之应举而进之。此固君子大公之所用心，绾何幸有此遇哉！绾闻士不可以苟遇，亦不可以徒遇。既有知之之明，必有应之之实。心有所怀，敢不为知己者一言之？

绾田野鄙人，幸蒙朝廷以先祖有旦夕之劳，荫为国子生，以世其禄。自受恩以来，恒惴惴焉，惟恐负盛世之德，以陨前人之光。顾其力有不足者，潜深伏隩，行且念远去，以求不相闻于人。偶及相知劝勉，因复就举有司，竟于蒙昧，虽再失，不知其辱。一日读家藏书，得横渠张子曰："世禄之荣，王者所以录有功、尊有德，爱之厚之，示恩遇之不穷。为人后者，所宜乐职劝功，服勤任事，长廉远利，以述世风。近代公卿子孙，方且下比布衣，工声病，仇有司，不知求仕非义，反羞顺理为无能；不知荫袭为荣，反以虚名为善继。诚何心哉？"王荆公曰："凡士未官事科举者，为贫也；有官复事科举，侥幸利达，学者不由。昔周元公以荫补官，不失为亚圣；张敬夫、吕原明亦以荫补，不失为大贤。抑何屑屑于此哉！”绾尝反复思之，芒背骇愕，以见闻之晚而尝辛勤为举业为悔。今者既知，何可耻其过而作非，舍其同而求异？九品之官易得，一亩之宫可怀，果于此焉无似，虽贵极卿相，富之万金，诚亦无重乎人，而亦非身之荣。故今为绾也，量力而任之，度才而处之，宜行则行，宜止则止，其所不能与、非其分，不为也。盖有命焉，而绾之不与于科举也，诚命矣。

绾闻有贵贱之分，有圣贤之义。分之所在，虽圣贤不敢违；义之所在，虽天子不得沮。所以古之君子不应诸侯之求而从胥吏之呼，虞人不以旌招为荣而甘心于丧元。盖分与义使然也。非苟为异于人，正以择其是非之明，合乎大中至正之道也。人不此之思，反汲汲皇皇于非分之求，得则喜无以胜，不得则戚戚不能存旦夕。是皆中无所主，不深于斯道者也。

是故君子修道进德，行当极其大、念其重，苟非其时，穷且老而死无悔焉。顾某何如人，亦得以此为言者？惟执事爱才乐善，惓惓为世道计，将导之大且重者，不但以一第为宠而已也，故敢肆其说如此。伏惟矜其愚，遂其志，则所以进之者大矣。岂胜恐冒。不宣。

寄谢方石先生书

久违函丈，无所依归，兼以弱质，杂于末俗颓风，常以不能树立为忧。夫“各言尔志”，固圣人之训也。绾幼负不羁之气，中屹昌大之志，自习句读，凡于书册所载忠臣烈士杀身赴义之伟，未尝不神超骨耸，感激思奋，虽风沙万里，剖心斩首，宁不悔也。既更岁月，稍识道理之方，辄以圣贤为必可学而至。乃于所坐，置一木牌，书曰：“穷师孔孟，达法伊周。”其背又书曰：“勤敏自强，研精抑气。”朝夕观警。至今学不加进，行不加检，求之愈深，愈知其不易，且鄙拙之性不能谐俗以求欢悦。时或忧思太过，形枯神悴，辄成一疾，只得就闲习静以理血气。人事每多疏忽，故言出谤归，名至毁随。夫岂众人之过，亦皆愚陋所必致也！

夫君子小人异趣。小人所尚者利，小则蝇蚋奔趋，得残腥腐沥于盘盂间，以自甘饱；大则金多爵显，骋其私智以为功名，歌童舞女以恣佚欲。君子则高顾遐视，旷绝千古，得其志，行其道，虽贵之千乘，富之万金，不足为荣；不得其志，不行其道，虽箪瓢屡空，桑衣覆肘，犹自怡怿。此岂众人之能测哉？夫有夜光之珠，非隋侯不能收之；有荆山之璞，非卞氏不能别之。是以君子不求多誉，而惟知己之难遇也。

绾幸受知先生非一日矣，别逾两载，不复承教，私心忧惧，不能自安，故敢以书为请，惟望痛斯世之寂寥，闵斯人之难遇，不以天之厚我者终我而已。俯赐一言，引阘茸于尘埃之中，使上有以继绝学，下有以开来世。报德有日，斯文幸甚。

贽西涯先生书

绾闻天于斯人不苟生，故人不可以虚生。草木禽兽之生，亦人之生也。人得贱之者，草木禽兽弗灵，而人之灵能主之也。人而弗灵，则亦草木禽兽耳！故其灵者，天所厚也；天所以厚之者，固将有以责之也。古之君子诚知其责之重皆在于我，是以毕其力之所能为与其心之所能尽者，求塞夫天之所以厚我之意，以不负天之所以责我也。然天之所以责之者，岂徒以其位哉？

孔子之生，必责之以作六经、明斯道，孔子亦以作六经、明斯道为己任。孟子之生，必责之以正人心、息邪说，孟子亦以正人心、息邪说为己任。今也但观其责任之所在，则知夫天之所以生之意矣。窃怪夫世之人之不思也，未尝以此求之，而曰此必天之所自设也，非我之所能也；未尝以此学之，而曰此必圣贤之所为也，非我之所当也；未尝以此行之，而曰此必古之所有也，非今日之所宜也。呜呼，信斯言也，世道之衰、人才之弱，从可知矣！

绾不肖，不足以语此，但平生立志，不屑卑小，惟思圣人之道，载之方策，存之吾心，譬如源泉行地，凿井而有可求之理。将以此求之，亦不知天之所以生之、任之为何如。生不生，天也；任不任，人也。我但尽我所能而已，彼我又何暇论哉？夫百炼之刚，水可断蛟龙，陆可剸犀革，匣之不用，非我之罪。惟其所未至与所未为者，则固不敢以自诿也。

伏惟明公执事行全而才备，德盛而文博，幸沾其余，足以遂人之愿，故绾敢以此有望焉。昔者孔子之道大，其群弟子之游其门者，初未尝择其人品之高下学焉，皆能以成其性之近。故子贡谓："事仲尼，如饮江海，满腹而去，又安知江海之深？"绾窃仰观明公执事，今日之所谓"江海"也，绾屡欲一沾余润，犹恨未得群饮之路。兹敢以旧所为文一卷奉贽，文虽甚下，或者可为测蠡之一助。惟明公执事矜而教之，干冒崇严，不胜恐罪之至。

谢张东白先生书

昔朱子尝叹斯道之孤，以今视昔，则又孤之甚矣。幸者天启先生远承宗旨，尤以诱引后进为心。虽驽末如绾且收之门下，恳恳教以斯道，俾得窥堂序之宏、道路之坦，不敢自立常人之后。此心何心？伊尹所谓“予将以斯道觉斯民”，孔子所谓“诲人不倦”，孟子所谓“乐得英才教育之”者，皆此心也。绾何幸身获遭遇之哉！但当黾勉竭力，毙而后已，以图无负可也。虽然，子夏，孔门高弟，犹出见纷华盛丽而悦，入闻夫子之道而乐，二者交战于心，未能自决，况不肖如绾哉！绾即买舟东归，虽欲亲炙无由，迷途茫茫，良心几何？其不为纷华盛丽所悦者，又几何也？以此忧惧，至于涕洟，故不得不复有所请。

绾闻之：凿枘之伎至麄，轮扁乃有不传之妙；掇蜩之术至秒，伛偻乃有入神之巧。乌有六经、四子之大道，以大贤君子身心体验之艰难，可无独得之妙与其巧哉？夫巧与妙者，固不可以语人，亦非不可以语人，但不遇其人而不语耳。苟遇其人，因其可语而语之，心领神会之际，必有投机触类之灵跃然动于其中。人既受之，我实授之，斯道之传，斯民之幸也，我何吝哉！若因其久之不传，遂以斯世为无人，则斯道绝望，岂不重可痛哉！诚以道之不传，由于经之不明。今之人不可谓不学经也，究其所以，不过割裂文义，俳优其语言，以为场屋谋身之资，甚者假以为济恶文身之具，反俾六经、四子之道晦而不显，则六经、四子之道不亡于秦火而亡于今日矣。何则？昔人谓京房溺于名数，以为世岂复有《易》？孔、郑专于训诂，以为世岂复有《诗》《书》？董仲舒流于灾异，以为世岂复有《春秋》？大小戴氏之杂取泛记，以为世岂复有全《礼》？夫经之无，非真无经也。以其说之之偏，学之之缪，是以云尔，又岂有昏塞不救之甚如今日者哉？

绾小子，不度其力，妄意有所望者，盖以六经、四子之道为吾心旧物，旧物失而必求，此人之情也。今夫执萑挈瓶往丐水火于人，而人不之吝者，非其人之性好于施，以其有余故也。伏惟先生念其有余，怜其旧物，指以“当究”“当穷”之义，可灼然为终身用力之地者，俾书诸绅。

绾归山中，溪谷深静，有屋可蔽风雨，饥寒困厄量不足累其志。他无所营为，正可杜门兀坐以思先生之言，日肆其力，庶几濯去旧习，以来新见，大为修己经世之资。绾之幸何如！先生之为赐又何如哉？

谢林南川书

绾久闻执事得白沙之传，自髫龀已知趋向，踪迹东西，无由瞻晤，每怀缺然。去年视家尊来京师，知执事犹在太学博士之列，窃喜数年相闻不得相见，相望不得相即者，今必获所愿矣。岂意未完之躯易为疾病，缠绵舍馆，至昨方能出拜门下。辱不以不肖为不足与，又许之以有志，教之以圣贤所当务。如此高谊，皆今世所未闻，在古或有之者也。绾何幸获遇之哉！出而思之，数日戚然，愈不自安。盖执事所以待绾者非常人，而绾实以常人自处；执事所以望绾者千百，而绾实无一二焉。

昔夫子，圣人也，尚以“德之不修，学之不讲，闻义不能徙，不善不能改”为己忧。今绾视圣人，不啻下之万万，而又不忧，其所可忧反自怠自逸如此，不惟有负于知爱，而亦深有负于所生。况光阴迅速，将渐老而无成，可不惧哉！虽然，今欲学者，亦非有甚高难行之事，亦惟求尽其性分之良，以明圣人之道于千载之下，使之沛然复行于当时云耳！

绾有志，未度其力，惟执事不以其狂妄为嫌，有以与之。《诗》曰：“翩彼飞鸮，集于泮林。食我桑葚，怀我好音。”飞鸮尚然，况于人哉！苟得集执事之泮林，食执事之桑葚，必当怀执事以好音矣。

寄储柴墟先生书（二首）

近阅邸报，恭惟进位中丞，虽未足即尽大用，以为君子道长之贺，然大用阶梯、拔茅连茹之兆，自此占矣。夫位日益进则天下之责日益深，责日益深则所以自尽而副其望者日益难。以难副之望，居难济之时，虽以圣人处之，亦未见其有余。何则？君心之非未易格也，小人之私比未易去也。天下之事，如毛如猬，未易举也。伥然独立，将何可为？虽然，以众人居之，亦何难之有？但在执事，自有不得苟同于人，与之沉浮者，故以为难也。今欲为社稷长虑却顾，实未易。以一二计，莫若于无事之时，广求天下之才，如宋陈古灵之用意，收其名、定其价、荐之于朝、布满庶位，以待有用之日，使朝廷享荐贤之用，天下获荐贤之福，则执事所以塞天下之望，孰有大于此者？绾尝读古灵荐剡，其荐三十三人，当熙宁、元丰间，大儒大臣半在其中。品第措置，虽微不同，要可谓知人也矣。绾每为敛袵敬叹。

今绾方卑贱，实知不当以此为言，但漆室杞人之忧，自不能已于怀，敢僭及之，惟执事亮之。蒙欲绾近作观者，哀苦中久疏笔砚，偶有《寄西涯先生书》，敢录请教，不吝批示尤爱。

向奉书，惟恐狂妄获罪，今反与其说合于前贤，何幸如此！夫求才固在于诚好，然亦当知其区别，不然则将以野鸟为凤凰，燕石为白玉矣。古有所谓常士，有所谓国士、有所谓天下士，有所谓不世出士，概谓之士，则高明将日远而阘茸将日进矣。夫钩蚓为饵所以钓鳗鲋，而非所以钓吞舟之鱼；巨犗为饵所以钓如山之鳌，而非所以钓鳅鳝。今或有国士矣，有天下士矣，有不世出士矣，则将何以来之，又将何以用之？不然，此世之豪杰所以恒不遇，而天下恒不获其人也。

辱教蔡公介夫、王君伯安当亲炙者，绾久闻其人，及今益慕，俟释服，即当裹粮抠衣以趋之矣。谨复。

与张罗峰书（三首）

朝廷纲纪已振，天下已安，君子愿治之心遂矣。然而众人之情独若有所拂者，何居？盖往时内阁与中贵交通，天下利权尽归于此。虽上有英辟不能觉，下有豪杰不能救。今公贞洁辅佐，死生利害一无所动，苞苴请托一无所行，旧日交通污坏之习，一旦涤濯无遗，风清弊绝，政善民安，天下阴受其福而不知谁之所为，是公之功莫大于此也。然而公之忧亦莫大于此。盖人情乐于有所招权，乐于得所附丽，其所附丽不在内阁则在中贵。虽言官论列、抚巡举措，亦皆视之以为轩轾，故进取谋利之方无不雠。今公遽尔改其途辙，使内无所招，外无所入，犹孺子割其乳哺，岂得不内外侧目以窥之？且有昔日不骋之徒，又皆翘足以待，此公之忧所以莫大于此也。然所赖者，圣明一心相信之笃而已。

昔者唐尧之世，治逾百年，不意而有四凶在朝。故当时同声所贤者惟四凶之徒，元恺诸人一无所及，故尧乃别命方岳而举舜。尧既得舜而任之，舜乃首诛四凶，悉举元恺诸人为九官十二牧，以期共治。然四凶之党，岂能尽去！则于舜之新政必有所不便，其所深忌而欲排者，必元恺诸人。故舜曰："谗说殄行，震惊朕师。"乃命龙作纳言而戒以夙夜，出纳惟允，然后其治可行也。今天下之势有异于此者乎？《诗》云："迨天之未阴雨，彻彼桑土，绸缪牖户。今女下民，或敢侮予！"惟公鉴唐虞之成迹、念诗人之豫患。为今计者，其要莫先于进贤，进贤之急莫先于九卿，九卿得其人则百官之职必举。公可不劳以收其成功，他日之忧亦可于此免矣。于此不得其人，则百官之职皆废，公虽口劳，于上何益哉？他日之忧其得已乎？

绾钝劣不谐于俗，惟思一去为足，但念受国厚恩，又蒙公爱之深，思无以报，敢此喋喋。

阔别多年，幸承一会，言若太多，其实衷诚之积有不能已者，非此则无以明爱国爱公之至。知素如公，必有以深谅者。

窃谓先务之急只在进贤，进贤之基则在格心。然今日格心之难，又在于忠邪诚伪之难辨，人品高下之难明。何则？昔者圣明尝倚任杨石斋、杨邃庵二三公矣，而二三公者率莫能变。谓圣心弗疑，可乎？既而圣明翻悟，信任我公及见山诸公，以为千载奇逢；而诸公又不同忧合虑，以定中兴规模，以一天下之心，以成天下之治，各怀己见，互相同异，使人情至今不定。谓圣心弗疑，可乎？圣心既疑，此国是所以不定，众志所以不一，积习之所以难变，而治功之所以日远也。为今计者，欲使圣心灼知忠邪诚伪而无疑，人品高下而不惑，莫若先将历古圣贤豪杰、乡愿鄙夫、王霸功利立心之不同，成败治乱之相去，因事纳约，使知所辨，然后随事举论其人，以明进退黜陟之机，则将不劳而合矣。于此有合，何事不济？又何太平之不成也？失此不为，不惟中兴之效日远，而天下之乱必将自此基矣。何则？圣明英志，决非默默而已，其急功趋利之徒，必将有所开导迎合以遂其身。图兴一事则增一人，增一人则增一蠹，况今诸边之空虚如此，四方之民穷财竭如此，民风之弊坏如此，士习之积衰如此，其为可忧，殆有不可胜言者。于此日增一人，以为腹心之蠹，谓之治乎，乱乎？此绾之所以恋恋而未忍去，惓惓而不能已者，惟此而已！惟公精察而早图之，则宗社幸甚，而我公身名亦不朽矣。

绾数年但以门下相知之故，致疑于人，险巇历涉，不啻万端，未尝稍变其心以趋时好。今幸公三召进用，圣眷方隆，众皆称道颂美之不暇，而绾独以愚戆得罪，因来谗构，又致别有附托之疑。此实世道之数，吾人赋命之蹇，更复何云？虽然，绾之愚戆，诚何心哉？天地在上，鬼神在傍，及天下后世，必有知其心者。必谓绾之于公，始非私好而有所阿，终非私异而有所薄，实欲以天下苍生为己任，而必欲以古大臣之道责全于公也。盖以公遭际之时，实千古君臣之所难，不可失而有孤也，则知今日天下之爱公、敬公，孰有先于绾者哉？况君子所为，固众人之不识。众人之情，断非君子之所同。有言藉藉，亦无怪乎其然矣。久则公必当知之，不在今日之喋喋也。

盖绾平生所学所知，只欲求尽其分。今同僚之与，亦各尽其分而已，实非有所附托而然。且君臣朋友，大分一定，必无变迁。故交虽有时而可绝，国虽有时而可去，而此心之爱则无时而可已。故曰："不洁其名，不出恶声。"《诗》云："我心匪石，不可转也。我心匪席，不可卷也。"惟公其察之。如不蒙察，尚俟他日盖棺，必有他人能检点者，亦不在今日之喋喋也。

久庵先生文选卷十一

◎传

静学先生传

先生姓王氏，讳元彩，字叔英，号静学。黄岩人也。少孤，因母嫁陈氏，故或称陈元彩，实王氏也。居亭岭，今属太平县。洪武中，为仙居教谕，升汉阳知县，革除。初以荐为翰林修撰，与正学方公先后被召，或云正学荐之。尝上《资治八策》，曰务学问，曰谨好恶，曰辨邪正，曰纳谏诤，曰审才否，曰慎刑赏，曰明利害，曰定法制，皆当时急务。又曰："太祖皇帝除奸剔秽、抑锄强梗，若医之去疾、农之去草，然急于去疾或伤其体肤，严于去草或损于禾稼。体肤疾去，宜燮其血气；禾稼草去，宜培其根苗。"又论行限田法。如此者数千百言。初在汉阳时，闻正学先生被召，贻书曰："子房于高帝，察可行而言，故高帝用之，一时受其利，虽亲如樊、吕，信如陵、勃，任如萧何，不得间焉，此子房能用其才也。贾生于文帝，不察而易言，且言之太过，故绛、灌之属得以短之，此贾生不能用其才也。"皆规风正学甚至。识者以先生所见又逾于人矣。比入朝，与正学相期身致三代之治。

未几，太宗皇帝入继大统，先生与正学皆死之。时先生方募兵广德，将进，适尚书齐泰来奔，知事不可为，遂止，退馆于祠山道士，以死自誓。比死，作绝命辞，有曰："尝闻夷与齐，饿死首阳巅。周粟岂不佳？所见良独偏。"又书案曰："生既久矣，愧无补于当时；死亦徒然，庶无惭于后世。"以辞裹金，置道士所治棺中。夜起沐浴、冠带，经于庭之柏。月明犬吠，隶人启户视之，先生死矣。道士遂以其棺敛之，为葬于横山。

杨文贞公士奇过广德，题其墓曰："呜呼，修撰王公之墓！"道士姓盛，名希年，亦黄岩人，义士也。隶人上其状，与方先生死先后日耳！逻捕其家，妻金氏死于狱，二女死于井，殉先生云。

余闻诸父老云：杨文贞公布衣时，主塾汉阳村落中。先生行部过之，闻读书声，曰："兵革之后，久不闻此声矣。"异之，入视焉，文贞避去，见案上诗文一编，文贞作也。为题曰"此公，辅器也，何避？"为邀致荐之，尝读文贞他文，有曰："予素与先生相知。"审理之除，实其所荐。又文贞与人手简，曰："昨得王大尹文字读之，说理甚精，且有法度，愈读益有味，羁旅中何幸遇也！"王尹者，先生也。又《东里小传》曰："文贞少游湖湘，汉阳府学聘为训导，不就。"则父老所传及文与简所云，盖汉阳时事。府学之聘，亦先生荐之耳。至入朝，又荐之。又闻云：乡人张玑者，尝游先生之门，正统间岁贡入太学。文贞询其后，乡吏以玑见公，待之甚厚，后为定、涿二州同知。

初先生有幼子名某，谪戍大同。因玑语知，文贞以百金与乡人孟范，访得之。又以金若干遗州教谕某人，使教诲之，久而学不成，返诸文贞。又益金若干，再使教之，卒无成。文贞曰："奈何！"

抱之痛哭，乃复与金若干，遣之。遂不知所终。孟范后为治中云，亦云文贞荐之。呜呼，先生不负国，文贞亦不负先生矣！弟元默，变姓名，匿于京城商旅中，会乡有金宽者识之，告太宗，捕而斩之，剉其尸。今其后亦不闻有显者。先生所著有《静学集》传于世，其文章有原本，知时达势，用世传也。

论曰：先生与正学先生生当兴运，怀经纶之志，然卒皆不究厥志，殉义以死，悲夫！尝闻太孙聪明好古，笃信儒术，志欲以周官致治，竟失天下遁死，果天命然乎，抑人事也？余于是益感君臣相遇之难，又信祖法之未可以轻议也。读先生《贻正学书》，为之三复流涕者久之。呜呼，识虑远哉！

古迂先生传

古迂先生姓陈氏，讳壮，字直夫，越山阴人。祖珪，坐革除党人，戍交趾。父简，内徙京师，生先生。幼嗜书，家贫，尝借录于人，不专记诵而求实践。举进士，燕山岳公正一见而知非凡士，乃荐于大司马王公竑，将特用之，谢曰：“同年皆未选，独先美除，岂所安哉！”岳益重之。既擢南京御史，忧曰：“今政事日弊，御史之当务者何限？不知所务，何以为御史？”请改选，不获。编修章公懋、黄公仲昭、检讨庄公昶共论鳌山事，触讳调外任，先生历疏其忠，获改内职。又论荒政，及论陈文谥法未当，悉见施行。又进纲维治道六事，一曰勤圣学，二曰明赏罚，三曰变士风，四曰汰冗官，五曰重台谏之选，六曰均内外之任。不报。散赏江淮，还至仪真，闻父没官邸，泣血，步行数百里不息，有司强与之舆，不受。及归葬，庐于墓侧。既释服，创祠堂，讲宗法。藩臬及四方知名过者必造问，皆得益。至京，例留北道，以母老求南便养。金御史忠言事谪戍辽左，以妻子为托，先生受而周旋之，且教其子祺，卒成名士。御史谢文祥以论大臣失体谪官，给事中董旻、御史胡深以论铨法不公被杖，先生连上章论救之。又论南京兵部尚书李宾及成国公朱仪等不堪留守，及论庶官常禄不宜折豆，识者皆谓知体。居母丧，守礼庐墓，一如曩昔。起复补河南道御史，上遣中使汪直往江南取花木，先生论止之。未几，升江西佥事，首以劾赃息讼为事。寇聚岭北，督兵讨平之。广东布政使陈公选为管市泊宦者所诬，诏械京狱，幽闭舟中，至江西而疾革。先生往视之，守械者不可，先生剖门，舆至故人张公元祯家，共治药饵，既卒，以礼敛而归之，为缌服者三月。遂乞致仕，时年四十七。

生事萧然，闭户读书，不入公府。祠墓之外，不问他事。构亭清江之上，曰“鸥沙”，日坐其中，若将终身。尚书张公悦特荐于朝，先君时典选部，屡荐于冢宰，欲为宪使，不可。补福建佥事，上疏辞谢。而公檄及门，乃出。梳涤宿弊，禁止暴征，按指挥陈镐等七人赃罪，舆情甚快。会赦疏免屯税，民咸惠之。分巡漳南，遇旱，祷雨辄应，民拥谢之，先生曰：“天也，吾何与！”乞致仕，不报。升河南副使。唐王府诬奏民占钦赐庄田，遣大臣与中使勘其事。下先生讯详，曰：“若为钦赐，当有玺券；若无即民田也，恶可夺？”竟归诸民。王仇之，不顾。河南奏饥，孝庙特出宫羡金数万，遣大理丞吴公一贯往济，属先生讲民利害，别官淑慝，先及无告，招集流亡，给牛散种，缓刑弭盗，无不尽心，全活殆数百万。吴公上其功，孝庙劳以金帛。赵王薨，先生入临，至门，阍者奉币请服，曰："朝制，诸王无服。"临毕，长史请宴，曰："今非宴日。"世子降阶曳留，曰:"世子丧主，请无失礼。"既出，长史以世子馔币来馈，先生以礼责而归之。都御史林公俊荐以自代冢宰，倪公岳举为大理少卿，俱不报。尝署提学，帅先古道，考校有方，士习为变。累疏乞老，巡抚孙公需与巡按交章论留之。又请加褒职，俱不报。

先生无素积，俸余不及百金，悉均宗族。先生平生狷介特立，忠孝自尽，教子弟必先孝弟。为人交，久而益笃。信古好学，老而不倦。没二十年，浙江提学刘公瑞举祠乡贤。

绾久知先生于过庭，恨不及识面。故为论曰：世有色庄取仁，垄断希世，矫利于人，咸称为贤，以视孔子所谓幸而免者，相去几何？若先生正道直行，邦之有道无道，己之穷通得丧，始终一致，其处心可辨矣。然其清不为激，谅不为讦，斯为粹德君子，而世何难能也？

少谷子传

少谷子，闽人也，姓郑氏，讳善夫，字继之。少负才名，以乏师友，学凡五变而始志于道焉。就其所履而考之，所谓今之豪杰，非邪？盖少谷子初业举子，欲从今世就功名，既乃自悱曰："举业足以尽此生乎？"遂克意为诗文，将追先秦庄屈、唐杜诸人之作，研求而步骤之，既得之，又自悱曰："文辞足以尽此生乎？"遂慕东汉以来至于南宋高人逸士孤风远韵而追踪之，又自悱曰："风节足以尽此生乎？"遂慕西汉以来至于盛宋将相名公鸿勋盛烈而从事之，又自悱曰："功业足以尽此生乎？"遂慕尧舜以来至于孔孟修己经世之学而尚友之，曰：“道在是矣，吾将没身于是乎！”

昔者岁在壬申，予官后军，知未足于道，将隐故山求其志。少谷子时为户部主事，督税吴江之浒墅。予过而遇之，握手与语，竟日而别去，去犹眷眷不忘，曰：“吾亦自此遯矣，子不我弃，其将访子于天台、雁荡之间乎！子识之。”比予归六载，岁丁丑，而少谷子果来订前约焉。遂与入雁荡游，坐凌峰、步石梁、倚天柱、面龙湫，久之归紫霄，卧予所居谓之“石龙书院”者。时天晦大雪，浃旬不止，人踪尽灭，予昼伐松枝，夜烧榾柮，与少谷子对坐，剧谈尧舜以来所传之道，六经百家、礼乐刑政、天文地理、律历之源流及二氏之所以同异，极于天地之间，无一不之究。少谷子亦尽出其平日所著述者以质予。又贻书其友孙太初、高宗吕、傅汝舟诸子，使之逊志而同归。太初因是逃老而归儒，皆少谷子与予启之也。少谷子又自谓平生知己莫予若者，恨相遇之晚，意莫逆而不忍去。予兄芝谷主人因为少谷亭以居之。南洲应子亦来会，凡数月而后别。入郡城，时台守金陵顾公璘，名士也，特为作玉辉堂于巾子峰中，以延少谷子。少谷子时以起疾将趋朝，予乃与南洲子怂恿之行，送之过天台、渡钱塘而返。少谷子不欲亟行耳，又与予期，曰：“吾为父母赠典未获且行，行当不远，归再访子于兹山共老焉，何如？”予曰：“诺。”少谷子入朝为礼部主事，升员外郎，三载考绩，乃推封厥父母。时武皇自称威武大将军、镇国公，欲东幸泰山，遂从南狩，廷臣莫敢议者，少谷子特疏其非礼，并指斥权奸之逢迎及狩游意外之虞，词极剀切，率群僚奏上之。武皇怒命杖之阙下，一时或死、或窜、或削籍为民者，祸叵测，而少谷子亦濒于死者数矣。既而告归，果再来山中，又同入雁荡，登天台，卧于龙湫、华顶之间，会粮绝肴尽，相与掇山花、就斋粥以食，自谓洵乐矣。又各旬月而去。

既而武皇晏驾，今上入继大统。予与少谷子先后各被荐召，少谷子则贻书于予曰：“子亦可以出矣。今上冲年，百无玩好，一味恭默，诚尧舜之资也。诚得知学之臣，讲明古帝王执中之传，使圣德日新月盛，然后可以责成唐虞之治。予观四方所征召多是丘林冲养之人，但今日所阙又非寻常百执事而已，谓如先生者直宜处以论思之地，勿泥常格。更得一二元臣，鼓动其间。举朝皆相信附，使有道君子得安其位、行其志，积之岁年，不患先王至治不见于今日也。”予实不敢当其言。既而闻朱御史白浦之卒，则又为诗哭之，即继一诗，题曰《忧》，其诗曰：“柱下朱郎成永别，江东黄尉竟何求。”黄尉指予也，以白浦尝荐予，故于其卒而云云。其于斯世吾人之情之责，望何如哉，何如哉！

予起家为南京都察院经历，过越，闻少谷子亦升南京刑部郎中，甚喜，未几又改南京吏部郎中。书诒予，期将至越访阳明先生，先生闻之喜，乃留予候之，比月余不至。予乃之金陵而少谷子之讣至矣。予问故，讣者曰：“少谷子出，经武夷，陟绝巘，闯阴洞，不知其疲且袭寒岚，医误药焉，遂病革。比舆归，抵家二日耳而卒，卒年三十有九而已。岁癸未腊月晦前二日也。”伤矣，伤矣！发其藏，萧然无长物，敛而葬之者，皆福州太守汪君文盛、别驾陈君镧力也。

少谷子器度温厚刚果，超迈渊密，清介而不为激抗，贞信而不为谅执，天资近道矣。状貌潇洒清旷，碧须莲目，宛若神仙中人。至其自励实足，茹粗粝、耐烦劳、驰风尘，立功业者，又其取与可以谢万钟而不顾，挥千金而若芥。至与人交，小而一语诺之间，大而死生患难之际，未尝或爽，又每有千里命驾而不失鸡黍之期之风。

其处家，弟妹七人少孤，抚之成立，而竭力为之婚嫁。又以其田赡族之众母及姑妹之孀居者，又举母党之不能葬者二十二丧，皆人所难也。其官浒墅，宽商船之税而不亏国赋，治强猾之罪而惠于善良。礼部则每执典秩以赞其长，如论历元岁差之未定、日月薄蚀南北分秒之难齐，又皆凿凿有见，足发古人之秘，诚可谓超绝古往，出乎风气，而不可一世一方之士目之者。若使天假以年，充之学问，其于《中庸》之指、礼乐之文，骎骎进于圣门，有可观者矣。惜乎，寿不永龄，未见其止而止于斯已也！伤矣，伤矣！所著诗文有《少谷集》行于世，人至以郑诗、郑文称之，又有某集、某集者藏于家。

配袁氏，子男二，长曰鸣梧，次曰某，夭。女二，长曰某，适进士林应亮；次曰某，适某人。应亮以予与少谷子相知最深，请为传。呜呼！予乃传之。

论曰：古圣贤所以济非常之业、立万世之极者，固其天资之绝人，亦其有志，而又有师友之成、学问之功有以致之。然则天资也、立志也、师友也、学问也，可缺一哉？有如马迁、贾谊、陶潜、杜甫、李白、韩愈、柳宗元、欧阳修、苏轼，皆天资绝人，千古豪也，惜皆无志于道，又皆不遇师友之传，讲明圣人学问之功，故其所成仅止于事功、风节、词章而已。至如慧可、惠能、马道一、吕岩、张平叔、白长庚辈，皆生不逢时，厌世溷浊，逃于释老而已。他有有志者，又以天资限之，有所不及，所以斯道之未大光、至治之未大明也，岂非世运气数使然乎？今以少谷子之才、之美，而又有其志，顾蹉跎于世，五变始有所闻，而又遽止于斯焉，其为斯道斯世之慨之憾，又何如也！予是以沾巾焉。

萝石翁传

萝石翁者，不知何为人也。姓董氏，讳沄，字复宗，萝石其别号也。先汴人，始祖曰健，宋武功大夫，扈从南渡，家于澉浦。其后曰仲真者，迁海宁之钱山。澉浦世隶戎籍，兄源当往戍，萝石请代之，遂复家澉浦焉。

初学为诗不解，随俗营生业，遇时序之更、风物之变、古迹奇踪、幽岑远壑，及夫人情世态之可欢、可哀、可骇、可愕、可慨、可庆，一于诗寓之。家徒四壁，毫毛不入于心。时名能诗者吴下沈周、关西孙一元、闽中郑善夫皆与之游，往来赓倡。遇佳辰，携亲知，荡舟江湖，拖屐云山，凌危履险，吟啸忘归，放浪于形骸之外，自得也。凡所欲之，至冲风雪、穿虎豹亦孤往而不顾。吴越好事家往往悬榻俟之，因纪为《五馆记》。

平居乐义好施，兄贫捐己产，粥以给之。海宁卫指挥某人因贫不能赴京袭职，竭所有与之，以速其行。所知邬鲁者以田易值，易毕，鲁疾革，出券毁焉。卒，复经纪其葬。然不谓己贫也。每闻当世之贤人君子所在，不计寒暑远近，辄投贽纳交。见后生工一辞、励一行者，亟称屡叹之不能已。晚闻阳明先生讲良知之说于越，不远数百里往其门，数日作而曰："不尔，可称人乎？"遂幡然就子弟列，时年六十七矣。旧所与游，皆笑之，翁曰："从吾所好而已。"遂更号"从吾道人"。先生为之记云。

一日，读内典，遂究心释老，忽若有悟者，曰："今日客得归矣，尘缘梦幻耳！"于是援庐山故事，与海门僧法聚者，集诸缁俗，结社寺之丈室，日精宗理，又号"白塔山人"。澉浦废寺，有钟卧地，俗传其灵异，乃募赀树楼以登之，甫讫工而疾，不起，若有待于翁者。比属纩，视日早晚，曰：“期至矣，吾其归与！”口占一诗，曰：“我非污世中者俦，偶来七十七春秋。自知此去无污染，一道天泉月自流。”遂瞑。人皆异之。

其子举人谷以予与萝石尝有一日之雅，乃以九杞山人许台仲所为志寄王宗范，请予传之。

乃叙而论曰：人各有志，其品亦不同，至其事每不相与，然论世而考德者必归而一之始定。若萝石翁者，始嗜吟诗，垂老执弟子礼于阳明先生之门为儒学，既又逃释老去。吾诚不知其何志、何为、何品者也！吾疑之。虽然，就其所至而言，则萝石者实可谓超然斯世、锱铢不入、乐善无求者已。其贤于人也何如哉！

王翁传

王翁，良画者也，以轻墨浅彩作禽虫蓏果，花草间出，山石林薮，莽苍幽岑，或音或飏，或憩或嬉，或色或馨，往往极妙。尤妙寒塘野水、拍泳朝暮之态。又间作茅屋竹树，云气点逗，人物洒洒，益可玩。於乎，技耶臻斯也！予每见翁作，人甚珍，翁不惜，不问其值多少受之，否者亦受之，可与辄不吝，贫不顾，耽耽若有事，嗒焉似忘。挥而迅，注而留，众妙翕，而翁之精神犹尘表也。於乎，此翁所为妙也可观哉！故为传，示其子。翁讳乾，字一清，初号藏春，更号天峰。吾郡临海人。翁既死，尺幅人罕之。

论曰：昔庖丁解牛进惠文君以养生，予初不知其说。既而观王翁操觚染素，始信有之。天下事物多矣，天机之动渊微矣，故曰“百姓日用而不知”，独翁画哉？

久庵先生文选卷十二

◎行状

谢文肃公行状

先生姓谢氏，讳铎，字鸣治，别号方石，人称方石先生。幼警敏，即能为韵句。年十四，叔父逸老先生授以四子、《毛诗》，辄悟其大意。比冠，游邑庠，与绾先大父少司空公相友。大父树立坚持，罕所比，独先生与之砥砺，慨然以古人自期，时已称“黄谢”云。天顺己卯，发解浙省第二人。甲申，登进士第，与今少师长沙李公、大司马华容刘公同选入翰林为庶吉士。公益肆力学问，院长学士永新刘公、莆田柯公典教皆深器之。

成化乙酉，授编修，预修英庙实录，赐以银币，升俸从六品。癸巳，被旨校《通鉴纲目》，先生因指历代得失，为疏数千言以进，曰：“宋神宗好《通鉴》，理宗好《纲目》，然不能推之政治。”因论时政之失：“宜求贤讲学，见诸行事，不可如二君徒好其书。”识者益知其贤矣。甲午，被旨入读中秘书，条上西北备边事宜，略曰：“河曲一方，近失声援，夷狄伏为窟穴。夫大河为关辅之限，而授降东胜。又，大河之藩篱失，此则河不可守，况又失河而退守，其何能及？况延绥经榆林至宁夏，二千余里，列堡二十有三，而马步军仅二万三千有奇，且老羸半之，是以往岁寇掠，如入无人之境。东自孤山、柏林诸堡，中自平夷、怀远诸堡，西自靖边、清平诸堡，皆为虏冲。又西则宁塞诸处，直抵金汤川；又安边诸处，抵环庆；又花马池诸处，抵固原；以至土门、塞门、山城诸处，势相连络，莫非入寇之路。朝廷久为搜套之策，疑而未决。何也？及此无事之时，正宜蓄兵养锐，于大同、宁夏等地方以为东西之援，然后渐图复汉唐故疆与国初东胜之地。据三受降城以极形势之防，所谓守其不攻者，策之上也。”又曰："今用将帅，皆所谓晚唐债帅之流也。于是战没者士卒而名数不闻，克捷者士卒而赏归权势，克减之暴、办纳之艰，怨塞胸腹矣。况得而使之乎？臣切忧之！”其言剀切，皆凿凿可用者。乙未，秩满，升侍讲，入预经筵，反复推说于上前，皆人所难言。庚子，丁外艰，再罹内艰，守礼动如古。壬寅，终制，谓人曰："初心为禄仕以吾亲也，今无及矣。苟仕，非义不可。”以疾闻。明年癸卯，吏部趣之起复，遂坚以疾谢。杜门读书，不入城府，暇则侍逸老，登眺方岩、雁荡之上，有以自适，仕进之念泊如也。

孝皇初新庶政，于是廷臣交章论荐，会修宪庙实录，诏起之。大父与长沙公贻书劝驾，遂行入朝，供事兵馆。其书汪直、王越开边事最为直笔。庚戌，升南京国子祭酒，以廉节为教，士皆争相刮磨，一时请托之风顿革。又疏上国学事宜，曰择师儒、慎科贡、正祀典、广载籍、复会馔、均拨历。其论祀典，略曰："孔庙从祀之贤，万代瞻仰，教化之原也。龟山杨时，程门高弟，实衍延平之派；新经之辟，足卫吾道，而不预从祀。至于临川郡公吴澄，生长于宋而显仕于元。夫出处，圣贤大节；夷夏，古今大防。迹其所为，不及洛邑顽民矣。顾在从祀黜陟，不可不正。”一时韪之。先生以师道难尽，欲避去，疏请致仕，不许。明年辛亥，值仲子死，曰：“先祀无托矣，可再仕乎！”遂再致仕。诸生以状历部台，请留之，且疏留于朝。先生尝抑诸生之纳粟马者，至是举，则所抑者亦皆不肯舍先生，至拥之不得行。一时荐绅皆祖于郊外，荣其归焉。

家居近十载，读书求志，日不少懈，势利一毫不婴于其怀。天下之思其人、想其风采者，皆谓可望而不可即，而荐之者益力，不翅谢公东山焉。孝庙于是深知先生，欲大用之。戊午，会国子缺祭酒，吏部以先生名进，上特命升礼部右侍郎掌祭酒事，遣使就其家起之，异数也。先生两疏辞疾。长沙公在政府，因贻书谕上意。先生行未至钱塘，得疾径归，以状投绍兴府缴进，力求致仕，不许。又疏投台州府转奏，知府不敢上。给事中吴世忠、主事潘府言当速起，以尽正人之用。使者再至，有司劝驾益急，遂行。比至京，谓人曰：“吾以求退而得迁，非义所安也。”请以旧官供职，不许，久之始受命。其为教如在南雍。时会地震，诏诸司言事，因上章论“维持风教”四事，而论黜吴氏及纳粟马之害尤切。又连疏乞致仕，六馆师生上章乞留。廷臣吴世忠、张芝、吴蕣等荐之益力，旨不允。癸亥，上命会辑《通鉴纲目》，并续编为《纂要》上之，先生为润色官。论黜晋、隋、胡元之统说，皆正大有据。任职三载，念祖母赵氏守节未白，俟满考，请以本身诰命易祖母旌表。在例，死者不旌，上特破格行之，仍给诰命。既复疏，乞致仕。比半岁，疏凡五上，辞署印者至再四，上皆以温旨勉留。终不能夺，许养疾，命驿以归所司，俟疾愈以闻。

正德戊辰，吏部上先生名，会权奸用事，嫉之，遂令致仕。归六岁，终于正寝，享年七十有六，正德庚午二月二日也。有司以闻，诏赠礼部尚书，谕祭赐，谥文肃。命进士桂萼治其葬事，葬于其里旸奥大梦山之原。

惟先生性孤介，简朴无华，节操坚厉，慎取予，有防畛，晚始宽涵有内。居常坦坦，虽庸人、孺子得亲之。及遇事，则一定不可夺志。耻温饱，布素疏食，若将终身焉，尝曰："吾无他长，惟安分知止而已。"故其平生不吝义退，不荣幸进：其进也，反复辞免，至不得已而后就；其退也，量任揆己，决于去而不留此。其出处大节，本末甚明，夫岂偶中幸致者！比前时学士大夫务希世进取、巧跻捷攫，扬扬谓得计。由先生二三君子出，天下乃始贵名节、尚廉耻，其功甚大！呜呼，先生志不究、才不尽用、泽不加于民，惟流风悚动后世，岂不重志士之叹哉！

往时国学会膳不行，膳夫之输，常为祭酒私有，至先生独不然。籍贮之于公，不私铢两，时用以修废坠。如南雍，构二楼，庋书籍刻板。北雍，增号房，置官廨，修文庙，辟治庙前路衢，及奏均属官与诸生之贫者。又有余，则贮之以需，会膳之复行。诸生至馆，时赂遗教官，旧谓之班钱，一切禁止之。又捐己皁银以振教官之廉者。平生不与内侍往来，在纂局有内侍执权者，每设酒食恭敬先生，丐一言以赠，不与。至于见义必为之，先公有遗田若干亩，斥供先世祠墓。禄食稍赢，辄买田分给诸弟，置家塾，教族之子弟，资其贫葬。又买田分诸侄，又创方岩书院，筑牛桥闸，与赒亲故婚丧患难之不赡者。乡郡先哲行义、著述，靡不搜辑表阐之，或求其祠墓缮之，皆汲汲如不及。老居田里，有以自乐。每闻朝政改革，君子、小人进退，时事可忧，则又未尝不感慨深嗟而出涕也。于书无不读，其为文甚多，尤长于诗，精识绝人，论议归于一是。所著有《桃溪集》《续真西山读书记》《伊洛遗音》《伊洛渊源续录》《四子择言》《元史本末》《宰辅沿革》《国朝名臣事略》《尊乡录》《赤城志》，及《文集》《诗集》《论谏录》《缌山集》凡百余卷。

先生裔出晋康乐公，至宋经略使鞅始迁黄岩县学之西，元末高祖孝子温良者再迁桃溪，今隶太平县，曾祖原睦，皆不仕。祖性端，赠礼部右侍郎，妣赵氏，赠淑人，即节妇。考世衍，封编修，赠礼部右侍郎；妣高氏，赠淑人。从叔父省，宝庆太守，所谓逸老先生也；及其弟王城山人绩，皆以学行重于时。先生娶陈氏，继孔氏，皆赠淑人。子男三，兴仁、兴义皆夭，兴寅，侧室焦氏出。女二，长聘绾叔父侹，俱夭；次适金忻。孙男一，必祚，兴义遗腹子，以荫补国子生。曾孙男二，某、某。

绾窃惟早岁受业于先生，受知特深，且世契尤笃，非绾无以摭其详。故必祚以遗行见属，义有不得辞者，谨为状，以告立言君子，补国史之遗。庶先生大节，百世之后有考焉。谨状。

◎墓表

吕府君梅安人墓表

进士吕载道，布衣时与余游，尝念其祖廛隐翁与祖母梅安人潜德弗光，辄泣下。以墓上石属余，曰：“子为一言。”明年，载道举进士。余意足自显扬，可弗为也。未几，讣其死。余曰：“嗟乎，载道乎！天负之矣，吾人又忍负之也？”忆载道尝语余曰：“吾祖端朴，寡言笑，恂恂如乡人。然终日衣冠，非吊问不出户。居近县，平生不一迹其门，即邻人亦数月不之见。少失父，恨不及养，每语辄垂涕。二弟一妹，抚之成立，有遗产悉让与之，己一无所取。族有贫者，必赒恤之不忘。出遇持器堕碎于市，引归偿之。他行皆类此。御下有恩，善饮酒，多而不乱。喜歌诵古诗文，平生无饰行诈言，故人皆信之。有争者，视以为平焉。祖母梅安人克相之，性严有家法，然宗戚至家，必承府君意，至察其寒温饥渴，皆具得其情。又好施予，或不足于施，若有失者。子读书，常夜绩以伴之，比夜深读少溘，辄以桯木拍几警。吾父因以有立成吾家不坠先忠穆公之业。”

载道云：子男三，长曰贵成，进士，载道父，终宜黄令，考课为江西第一。次曰某。女一，适某人。孙男三，曰经，曰絪，曰纯。经即载道，有大志，将尚友古人，不幸死矣。孙女一，适举人王度。曾孙男若干，曰某，曰某。

翁别号诚斋，讳巨，字世鸿，宋丞相忠穆公颐浩十二世孙也。父、祖皆弗仕。梅安人世出黄坛，为乡旧族，合葬于临海县西磨头山之原，宜黄君祔焉。于是为表，以慰载道于冥冥。吕氏后人，其可忘耶？载道墓亦在其右。

◎志铭

薛助教墓志铭

国子助教薛君，志将以求道，行将以遂志，骎骎乎圣贤之域，年五十一而卒。其弟尚谦以状来请铭，曰："此吾兄平生，非子无以托。"

按状，君讳俊，字尚节，号靖轩，世为揭阳龙溪之薛垄人。高祖艮，曾祖田，父骥，俱有隐德。母曾氏。弟五人，曰杰，曰侃，曰僎，曰伟，曰侨。侃即尚谦，行人司行人。侨，进士。子三人，曰宗铠、曰宗铨、曰宗镗。宗铠与侨同科进士，贵溪知县。女三人，长适陈某，次适郑某，次幼。

君自少颖异端成，不事嬉游。五岁从师授书，入耳即成诵，又能尽诵诸童所授书。放塾归，有伐树横道者，众穿树隙而去，君独立俟道通而行。众奇之。君善问难，师或不能对，更数师，师皆无以教。闻乡人陈琨有理学，往从之，遭乡达韦公某于途，拱而俟。韦造馆贺其师曰："此子他日必大成。"年十九，补郡庠子弟。家贫，授徒为生，束修所入，悉归父母。凡游其门，皆循循雅饬。一日，其父谓曰："吾老且病，诸弟稚弱，万一不讳，将奈何？"公对曰："俊在，大人弗忧。"弘治甲子，领乡荐，报至，父卒。君居丧，哀毁尽礼。既释服，虽遇吉庆，不用声乐。事母益谨，教抚诸弟，爱而有法，终身不析居，一钱寸帛无所私。

正德戊辰，领乙榜，授连江训导，奉母以养，携二弟一侄，延师教之，禄薄不给，不以为歉。诸生有馈，辞受惟义，又察其贫者而周之，日夕亲为讲解。居七载，士习、民风皆变，虽僚寀亦为之化焉。提学杨公子器知之，以闽清、古田二邑僻陋鲜才，委君选其秀充学员，皆得人。又为之备其祭器，助其冠婚。及还，两邑生赆之，弗受。邑宰持金赠之，亦弗受。杨公益重之，待以宾礼。己亥，升玉山教谕。去之日，囊橐萧然。玉山士习尤弊，君至，人犹弗信，久而渐变，诸生中有萁豆相燃者，恐君知而改之，卒为友弟。学宇灾废，君白当道修治之，凡工役皆听君自处。于是祀宫、经阁、业舍、门庑，焕然一新而无甚费者。丙子，阳明先生过玉山，君遂执弟子礼，问行己之要。先生曰："自尚谦与予游，知子笃行久矣，试自言之。"君曰："俊未知学，但凡事依理而行，不敢出范围耳。"先生曰："依理而行，是理与心犹二也，当求无私行之，则一矣。"君乃有省，自是所学遂进。是岁，聘典湖南文衡。未几，升国子助教。时已病，闻母丧，荤浆不入口，奔至贵溪子宗铠官邸，卒。病且革，犹与宗铠讲学不倦，洎然而逝，实嘉靖甲申七月二十二日也。以明年二月二十六日，葬于本郡东厢九龙山之原焉。

於乎，君遂止于斯乎！昔孔门论弟子之入道者，而曰："柴也愚，参也鲁，师也辟，由也喭。"他日又曰："不得中行与之，必也狂狷乎！"盖圣人之学，以无私为本，至诚为极。愚、鲁、辟、喭与夫狂狷，虽或气质之偏，然皆非私心所为，研磨而至之，故皆可以入道。又曰："巧言令色，鲜矣仁。"又曰："居之似忠信，行之似廉洁。"如乡原者，德之贼也，恶可以言道哉？若君气质朴茂，孝友仁恕，久而弥笃，接物和煦，爱人犹己，人或有求，倾囊无吝，皆出性情之真而非色庄取仁者，矧笃志励行孳孳于道，非圣门之所取者耶？

奈何天夺之寿而未底大成。於乎，死矣，悲夫！侃、侨、宗铠，皆阳明先生门人，世家其学云，为之铭。铭曰：

志匪由命，行匪由天，不求斯道，非己之愆。其所未尽，俟后来者之进。

◎碣铭

张木庵墓碣铭

台南隐逸民木庵张先生者，讳尺，字守度。父讳玑，涿州同知，守官洁清，没至无以敛，世称为廉张。先生少孤，无田庐，族人使为行童。先生曰："我儒家子，啜水坐毙足矣，何事外道乎？"樵苏取给，抄录求直。浙布政使秦公敬者，涿州遇士也，闻之，招为掾，弗肯。遗之金，弗受。问所欲，曰："愿读书耳。"延与其子同学，后卒辞归。秦亦不能留也。先生念涿州垂没时，求一绵袄弗得，终身感痛，不衣绢帛。临老结数椽以居，鬻之以镌父墓碑。平生与物无求，与人交必有终。乡先正复轩、逸老、方石诸公，皆伟人也，洎余祖司空公，咸称其标节如古人云。郡守山阳叶公赉、姑苏顾公璘、吉水罗公侨，皆待以宾礼。顾公至榜列之，以风六邑之人。

先生年八十有七卒，无嗣。余时乞休山中，与季弟约率先生侄孙彬往敛之，而葬于百家山之麓、涿州公墓左。邑大夫晋安王君钦高先生风烈，请予表其墓，且以白金若干付乡人，盖亭树石焉。乃为之铭曰：

台之山兮秀以铦，台之人兮多介恬。孰厥考兮德以贤，嗟先生兮继贞廉。夜台寂寞兮泪以沾，清风悠兮白云潜。嗟矣先生兮在兹崦。

白云先生墓碣铭

文献之称，吾台旧矣。至国初，乡闾在在皆有人，廉介忠信，孝友姻睦，足为楷范。及成化、弘治间，遗老犹存。某为童稚，每于里闬得观瞻焉，虽一语一揖亦闻训诲，尚知向方。但敦朴之过，浮薄反为訾笑。自此人学流通，至今遗风荡然，莫或存者。於乎，悲哉！

白云先生，某外皇母从弟，某所谓“里闬得观瞻”者也。先生之先，闽柯山人，讳征明，为福州司户，石晋开运二年，弃官避乱，浮海至乐清大坞居焉，今隶太平。曾祖讳溥，祖讳某，父讳惟恢，皆以孝义重于乡。

先生少读书务践履，不事章句。孝弟姻睦之行，一无可愧，而尤严闺门之别。接人恭慎，虽迨臧获，亦无惰容。少膺家难，无娶，及长定婚盘峰江氏，父卒，众欲徇俗借婚，先生不可，迄三十二始娶焉。初寓武林，馆人女恃其姿，潜奔先生，即拂衣起去之。乐清蔡知县家，富于赀，初议以女妻伯兄，未问名；兄卒，欲以先生谐礼，谢不可。户充粮长，每至输户，家即饔飧，持以自随。尝以广盈二仓输米五十石，仓官既与之串，又误以串遗，即持还之。乡人、亲戚贫乏，辄赒之，死则为助殡葬，儿女孤贫，为之婚嫁。假贷不计其息，凶年则焚券以屇之，晚而家落亦不之倦，被强暴侵辱，不芥意。一日行海滨，遇醉人，欲负之水旁，观者不平，欲撾之，先生顾笑曰："此人变常矣，不宜与较。"至夜，其人呕血死。江氏先卒，墓上植松，数被恶邻伐之殆尽，或语邑大夫，欲绳以法，以诗谢曰："千载白云长自在，十年之计等浮沤。"将嫁女，买孥，询是良家子，即择配嫁之。其乡居民有先世佃仆，今以富强，故相凌犯，先生退然不与之较。先后郡邑大夫如袁公道、丁公隆、叶公贽、陈公相，特加礼重，叹曰："忍难忍事，顺不顺人，可谓群鸟之凤、众兽之麟。"袁公、丁公皆躬拜其门。袁公有诗，曰："茅屋山中老，和云日采薇。县官强一见，云气尚蒸衣。"先祖文毅公慎于许可，居选部时，尝以书遗，曰："执事肥遯山林，诵诗读书。凡所以修诸身、刑诸家、施诸乡邦者，无一不在规矩内。方诸古人，实为无愧。邻有君子，久不能知，近方得诸儿曹，又何以知天下之贤也！"每称诸缙绅，故文正李公以扇书诗寄，曰："京国由来不计春，采芝人远梦应频。天门拾得青鸾尾，寄与山斋扫白云。"平居手不释卷，虽隆寒盛暑，衣巾未尝去。偶夜半思所读书中意旨，辄起持书，坐逮晓，或有所得，以至忘食。人皆以先生言行无愧古人，故以"赵古人"称之。

平生寡疾，年九十，忽语其子曰："我死矣。昔我年三十时于黄堂祖源山中遇一老人，须眉皓白，执手语曰：'子有仙风道骨，惠子当知之旨，复期与会。'回首而老人不见，逾十年，果会，又期紫微山复会。我昨曾梦紫微山，得非数之终乎？"言毕而卒。

先生姓赵氏，讳元韶，字廷时，别号白云也。生于永乐甲辰八月十五日辰时，卒于正德癸酉六月十六日辰时。是年腊月初八日，与江氏合葬其里积谷山之原。子男二，长曰崇福，次曰崇祐，为四会县河泊。女三，长适钟庆遐，次适贺秉中，又次适林夔。孙男九，茂杰、茂极、茂概、茂榥、茂干、茂梁、茂栋、茂柄、茂术。於乎，悲哉！斯俗日下，斯人恶可复睹？斯风其孰振之哉？乃为铭曰：

白云英英海峤苍，白云悠悠天宇长。彼美人兮今何乡，思不见兮心悲凉。大坞积谷闻馨香，后百千载遗流光。闾阎醉梦觉彷徨，庶兹末俗回黄唐。

◎碑铭

东瀛王公神道碑铭

公讳启，字景昭，号学古，后更东瀛，姓王氏。始祖益自越钱清迁居黄岩柏山之桥头，遂世其居。曾祖玩初，布衣，有隐德。祖钦，举进士，未廷试，卒。祖妣章氏，旌节妇。父松，儒士，屡试不利。妣，郑氏。生母黄氏，初归，时双鲤跃于岸，众以为祥，后乃生公。祖、父二世皆以公贵，赠都察院右副都御史，章氏、郑氏、黄氏皆赠淑人。

公幼而颖异，书史过目不忘。年十六，家贫，无应门者，其父命执递铺役。公偶失误，时县令歙人郑公达怒将杖之，见其肌肤气貌不类凡儿，疑而问为谁家子。公以祖、父对。又问："尔何业？"公以读书对。郑公遂面试，乃亟叹赏，令罢递铺役，收而教之。比三年，领成化丙午乡举，登丁未进士。时犹未婚，告归娶，出授霍丘知县，勤政惠民，操慎不苟。有兄弟争财讼不息，公以宋人所著

《兄弟吟》令诵之，使朝夕相对立厅事，久之乃悔，让其所争而退，邑人皆感。公益敦教导，重农务，缓催科，锄强梗。霍民至今思之，于是名誉大起。

弘治间，先君居选部，荐之，召选南道监察御史。尽职敢言，尝言皇亲张鹤龄家孥生事，及言守备内官董让不法，人皆韪之。满考，升江西按察佥事，诘奸涤冤，既讼者服，未讼者畏。修白鹿洞、濂溪二书院及文丞相祠，毁东岳等淫祠四百余所。政暇则事读书，间有所见，辄随手笔记。

正德丁卯，考绩上京，还至河西务，舟覆，几殆。明年，升本司副使，拟改山东提学，不果。先是以他事触怒刘瑾，降广西容县知县。谢文肃公尝赠以诗，有"不挫心藏国士风"之句。瑾又行令广西巡按御史提问，罚米三百石，输之官。已复有他事，罚米二百石。久羁梧州，待命未报，会赦免。比瑾败，乃复为四川蓬州知州。镇抚两广都御史林公廷选以公志节论荐，升南雄府知府。履任半载，丁太淑人忧，途闻升贵州左参政。服满，升山西按察使。明年，升江西右布政使，奏罢宁濠私贡新茶、新笋数事。时濠威虐方炽，人皆称以为难。寻丁父忧，服满，升广西左布政使，以征蛮督饷有功，升俸一级。辛巳，升都察院右副都御史，巡抚云南。云南地杂华夷，公辑绥有方，人赖以安。嘉靖甲申，升刑部右侍郎，详慎刑辟。丁亥，以大狱免官归，未尝略有怨怼。日事田园，闭户著书，足迹不至公门，所著有《正蒙直解》《周易传疏》《周礼疏义》《大学稽古衍义》《赤诚会通记》《尊乡续录》《古文类选》《王氏家谱》《抚滇翊华录》《元鉴年统》《迩言》等书。公居闲凡八年，偶因丧子之戚得羸疾，疾革，犹衣巾坐正寝，湛然而逝，时嘉靖甲午十一月五日也。

公器貌魁伟，虬髯星目，心地坦夷，不矜小节，与人语真率无防畛，不肯随俗作好恶低昂以乱贤否是非。性好著述，然不甚刻意。平生无富贵相，饮食衣服粗粝如野人然。噫，古道日远，世变江河，而天下相趋于薄，求其能存先进之风，盖鲜矣。惟公志不囿于俗，行不逐于时，任其天真，而介特以自守，处庙堂而不知其荣，处山林而若将终身，其殆澹然无欲于世者，世果可多见耶？惜乎，才缊而不彰，道沮而未达，卒使没齿于里第，而斯世不蒙其泽，可慨也！

夫公配杨氏，赠淑人，早卒；侧室乔氏，俱有淑德。子男五，曰熏，县学生，蔚有时名，所著有《青林稿》；曰爵，国子生；曰鳌，县学生；俱杨氏出。曰炎及女俱庶李氏出。曰煜，庶周氏出。炎，夭。煜及女俱幼，鞠于乔氏。女聘予子承忠。孙男八，曰守堦，县学生，曰守祖，曰守坦，曰守聘，曰守增，曰守堡，曰守坤，曰守埙。孙女七。铭曰：

仕始克勤，允终惟惕。既历既谙，厥声斯奕。崇阶攸跻，贰卿爰趯。方期懋官，阿丞可陟。讵知来蹇，云草莫适。遯而不尤，是云忠悊。矢斯不朽，以俟考德。

◎祭文

祭张东白先生文

於乎！圣人之道莫备于经，经存，圣人之心存。今之家传人诵者，盖不过耳入口出，疣注其辞，媒猎利禄，阶梯富贵而已矣。孰能反之于心，以求圣贤之心哉？惟公以辨博宏雅之资而济以穷深博洽之功，兼收百家而精纯合会，归宿一心而大旨贯达。然公犹惧其未悉，顾乃隐处养亲，而得之逾茂。故其见于文章、征于议论，其积之充富，如春流盛涨而源脉方新；其出之平易，如长衢轻车而曲折雍容。世之学者，苟能得其绪余于毫发之间，则皆可以开心而明目。是故天下之闻其风而想见其隐括者，莫不渴其膏泽，而恐不屑于一出。然公乃激荐剡之交腾，感旌召之勤渠，三去三来，位乃屡转，而荐跻司文天阁储副三槐，然天下固由此而乐，公致君行道之足慰。公亦由此而自喜，舒展其宿昔之有待，孰谓具瞻之地既重而台衡之望可忌？始之以一人之私，而卒以众口之交，譬之嗾群犬以吠仁兽，营青蝇以玷白璧，此固群小自为无知，而公为何愧！虽然，道之难行，一至此矣，公胡为哉！公盖将于此反其道以独善，置用舍于度外，较出处于古人，以传圣经于后学。讵料时乎不祥，岁叶龙蛇，昊天不憖，哲人萎而痛莫遗哉！於乎，哀哉！世宁复有斯人也？此绅佩之士、岩薮之徒，知德而忧世者所为，失声而挥涕者也。而况于心之所瞻依，而受公之教之爱者乎？卒业无归，独立凄悲，缄词千里，泪与言滋。於乎哀哉！

告祖考文

绾不肖获沾余庆，幸以门荫，补国子生，今将随例赴部听选。以是月初九日戒行。思惟先训，惟忠惟孝，惟廉惟节，以为家法。然此一行一命之宠，或其有及，敢弗乾乾，以期无愧。盖出处惟义，利钝惟命，圣贤何心，顺受其正。绾曾矢志以学真儒，又敢弗敬？视此有亏，卓然千古，树我勋名，光扬前烈，无忝所生。

先灵在上，庶其鉴闻。相其祐之，以启后人。如有不然，神眷用隳。况我黄氏，世受国恩。宿志愿酬，实为罔极。致忠勿失，孝乃斯全。当兹远离，岂胜感激！谨告。

祭方石先生文

於乎！先生有德斯峻，有功斯硕，被人而人不知，覆世而世不识。辟彼高岳生云，而沛滋者弗思，而施者亦何伐也！盖世以进取，而先生林壑以自拔；世以嬠阿，而先生方介以自励；世以污浊，而先生玉雪以自洁。天日一心，始终大节。夫可死者身，而有不可死者，不得与身而俱没也。

猗惟小子，怀旧归恩，注踵贯发，丧不与敛，葬不与绋。方岩峨峨，桃溪濊濊。千古伤心，一恸奚怛。

祭湛太夫人文

於乎！圣学辍流，几二千祀。至宋诸子，决之而弗汧；我明白沙，放之而未涘。及夫人之子甘泉与阳明王子，乃穷厥源，将渍于海。虽绾不肖，亦与闻此。庚午冬杪，方会京旅。志之所役，郢人漫垩而不疑匠斧；言之所会，阖户斫轮而出无不轨。谈或对案以终宵，坐或联床而移晷。于时夫人在养，茶鼎盘飧，几烦手泽，劳而靡悔。於乎！实怀我心，而孰非夫人之德也欤！辛未之吉，为寿北堂。我入载拜，章服煌煌。方祈眉寿，载献我觥。孰知不究，遂至此凶也。

於乎！小子惟分通家，惟恩私淑，有痛切膺，有情不极。抱病深山，莫将刍束，洒涕长飙，云隔路遥。

奠西涯先生文

堂堂海宇，我明百年。优种培濡，是生多贤。为国蔡蓍，为时车船。有如我公，翩翩其间。爰壮帝猷，以光帝运。维公休休，善类攸宗。乃庸弼辅，视格弥存。既简而清，群牧无愆。先皇上升，虺蜮中蟠。震惊黔黎，颠倒衣冠。维公克恳，不色不言。辟握天瓢，聚薪不燔。潜消党祸，陈窦靡冤。卒俟昊旦，虺磔蜮歼。维旦未昼，四野犹氛。命将隶官，截其枭奔。公乃乞身，嬉笑东园。酒觞棋局，妙墨佳篇。香山洛社，世故方捐。佥曰仁寿，胡不万年？庶慭遗老，典刑是观。民之无禄，何辜苍天？公逝不返，谁惜百躬？伊惟小子，年殊位悬。公不鄙夷，世契加怜。待以国士，瓦砾玙璠。俯仰今昔，涕落迸泉。缄辞南国，痛孰我先！

奠朱白浦侍御文

於乎白浦！生不负其亲，用不负其君，行不负其友，食不负其民。盖不当求之今世，而当求之古人之中。今则已矣，天也何为？遂使慈母失其孝子，吾君失其社稷之臣，吾人失其笃志之友，吾民失其乳哺之母。斯世遂无斯人。於乎！痛哉！

奠郑继之文

於乎继之！才雄一世，行比古人。志耻小成，必求大道之方；学如弗及，将造自成之妙。匡翼吾人，共淑坠绪，为万世生民赖。讵意造物犹吝，止于斯邪？故其才之具，仅可见于摛文吟弄之末；行之立，仅可考于朋游伦埋之间。就其志其学之所至，则暗然日益未有施也。予无类，继之最独知予，两踵予山，冀竭所闻。予方自究自治之未暇，恶足以酬其万一？

於乎继之，今则已矣！予实不知相知相遇之难，而相驰相失之易也。夫继之之度之文，人皆知之。至继之之志与学，人或未知，而予独知之。磊落俊伟，求如继之，世几人哉？继之卒几一载，犹未表束刍，盖予逐迹尘埃，苟从世事，所以慎之，非予敢忘。继之有知，其鉴予诚。冥漠相观，弼予不逮，则继之可以未死。於乎！痛哉！

祭徐御史母文

於乎孺人！孰不为女？懿德鲜备。岂若孺人，淑慎柔嘉，姆教之式。孰不为妇？艰贞或渝。岂若孺人，鞠遗存孤，颠沛艰难，之死靡他。孰不为母？正则实难。岂若孺人，身为教范，蒙端长立，逐跻显庸。子道允成，母德斯彰，既崇绰褉，方懋金章，奈何数命，不与丰全？盖人不能有者，孺人能有之；人所常享者，孺人乃不永焉。岂在此者已厚，而在彼者独啬之乎？於乎天也，伤如之何！凡我同寅，悲曷已哉！

奠阳明先生文

於乎！斯道原于民彝，本诸物则，无人不全，无物不得，亘古长存，无时暂息。惟人有情，情有公私，故心有邪正而道有通塞。斯道既塞，此政教所以多讹，生人所以不蒙至治之泽也。惟我先生，负绝人之识，挺豪杰之资，哀斯世之溺，忧斯道之疵。指良知，以阐人心之要；揭亲民，以启大道之方。笃躬允蹈，信知行之合一；人十己千，并诚明而两至。续往圣不传之宗，救末代已迷之失。孝弟可通神明，忠诚实贯日月。试之武备，既足以勘乱；用之文事，必将以匡时。幸文明之协运，式浚哲之遭逢，何勤劳仅死于瘴岭，勋勚徒存于社稷？慨风云之难际，悼膏泽之未施。言之伤心，竟莫之究。悠悠苍天，卒无知哉！尚赖斯道之明，如日中天。勉之惟在于人，责之敢辞后死！冀竭吾才，庶几先生千古而如在也。於乎，哀哉！

奠侯郎中文

於乎！应乾而止斯也！盖天之生才甚难，而世之丧士何易？夫辨捷聪明，足效一官，以干一时。布国溢廷，岂曰无人？但求独立特见，不为形势所驱、流俗所移，可凭以定国是、变积习而辅我圣明励精之治，举世莫见其人。惟君出自关右，卓然豪杰。昔者执政怙权，动摇国是，入彀之士或太半焉，其或不入，惟朝邑韩子与君二人。凿凿铮铮，屹然若砥柱之障颓波，而人莫之撄。今韩子方在偃蹇，而君遽即世，使殉道自立之士皆伥顾而悲伤，憸壬朋比之徒反扬眉而吐气。於乎，何天之不祚斯世也！虽然，君不可作矣，然此心之公、是非之明，则有如青天白日，亘千古而不泯者，亦恶得与此身而俱亡？於乎，悲乎！

祭方思道文

於乎棠陵！孤踪远韵，奇怀逸思，今何之乎？豪才简节，清文妙句，今何为乎？穷两间，俯斯世，莫知其之，莫见其为。惟空山野水之滨、荒古幽怪之区，犹时闻其清啸悲吟，唏嘘欻忽而不可即也。於乎，悲哉！

久庵先生文选卷十三

◎奏疏

大礼第一疏

臣闻天人之理常相与流通，故和气致祥、乖气致异，不可诬也。今上天示戒，灾变屡出，不能悉举。切见江淮南北实国家重地，去年春夏不雨，秋冬洪水泛溢，百种无收，民不堪命；比来饿殍蔽野，父子相食，残秽之气，熏蒸天地。虽荷蒙陛下发帑赈济，亦莫之救，是何灾变一至于此也？询之父老，咸以为国家百数十年之内所未见者。臣日夜思，惟求所以致之之故，未得。窃意九重之上、宫庭内外，必有大不和之事干乎其间之所致也。

伏见陛下登御及今三年，初任大臣矣，今任之未必专；初听言官矣，今言之未必信。议者谓陛下不究厥德为深咎者，臣独以为不然。盖陛下有孝悌之情，而臣僚不能因之以扩充而反致乖戾；陛下有亲贤之美，而臣僚不能因之以将顺而反致攻击，何也？陛下以宪宗皇帝之孙、兴献帝之长子，遵太祖高皇帝“兄终弟及”之训，承武宗皇帝“禅授”之遗诏，入践天位。止宜称孝宗皇帝为伯考，称武宗为皇兄，以继其统；称兴献帝为皇考，以承其祀。仍援本朝奉慈殿之例，立庙大内，不干正统，至后亲尽如礼，而毁改藩封坟墓为陵，岁时就彼遣官致祭，庶几大统正而私恩尽，天理人情无不允协矣。彼时臣僚不暇深考，乃牵合宋濮王不同之故事，强陛下考孝宗而灭武宗兄弟相传之统，绝兴献帝父子罔极之恩，岂惟陛下之心不安，凡有人心者皆不安也！且武宗为孝宗之子，继孝宗之统一十六年于兹，今复以陛下为孝宗之子、继孝宗之统，则武宗不应有庙矣。由是使孝宗不得子武宗，乃所以绝孝宗也；由是使兴献帝不得子陛下，乃所以绝兴献帝也。昔鲁跻僖公，孔子书于《春秋》，以其失统绪相传之义，故讥以示戒。今以陛下考孝宗而不有武宗，其视《春秋》所讥，何如？夫前此，武宗君也，陛下臣也，今陛下孰传而孰授之？乃弗继其统哉？遂致陛下父子兄弟之间皆失其道，不几于三纲沦、九法斁哉？臣所谓"臣僚不能扩充陛下孝悌之心而反致乖戾"者，此也。夫君臣相与，犹一体也。大臣譬诸陛下之腹心也，言官譬诸陛下之耳目也。一体之中，息息相通，乃为无疾。稍有间隔则百病从生，病所从生而不急治之，可乎？臣窃谓廷臣典礼之议已违陛下之心，而言者不复深思政体之重，徒以其风闻之言上论大臣之得失，大臣又不暇深为社稷之计，即以其谬妄之说下诘言官之异同，遂致陛下一切猜疑，纪纲政事日见紊乱。今民庶、父子、兄弟少有乖隔，其家之替立待，况陛下君臣有此，其为可忧何已乎！臣所谓"臣僚不能将顺陛下亲贤之美而反致攻击"者，此也。虽然，二事之失若皆臣僚之罪，无可辞者，原其恪恭之心，初岂遽至是哉！夫以陛下之威，天威也，虽至愚亦知所避，而谓臣僚有不知哉？

伏望陛下弘天地之量，普日月之照，念灾变之由，思天人之理，图惟保邦致治之匪易，而不留愠怒之私，明敕礼官重定典礼之是，警戒群臣共修协恭之职，毋蹈前日党同伐异、风闻攻击之失。如此则上下内外无不同心一德，以之出令敷治，无不曲当。此所谓和衷之美，无穷之利。人心既和则天心自豫，群生皆遂。又何灾沴之不消，天变之不可回也？

大礼第二疏

臣迩者所上典礼之议，谅陛下必已垂览，有深悟而改图者。今未闻所处，深恐国家纲常之理不明，陛下君臣之情不协，有不容默者。臣谨按，《春秋》大义莫先于人伦，而君人之大莫先于统绪。故嗣君必即时定位，逾年改元，其义间不容发，舍此则为逆矣。故在陛下，当称孝宗皇帝为皇伯考，称兴献帝为皇考，称武宗皇帝为皇兄，以继其统，昭然不可少紊者。何也？陛下以宗藩入践天位，身为九庙宗祀之主，继其统则祀在其中，继其祀则统不可该。历考前代明王以弟继兄，未闻有继嗣之义。其间贤臣以礼事主，亦不闻有继统之非，为其所继者大也。

或者又云“陛下既考兴献帝为立庙，若别为宗，又以小宗合大宗为嫌”者，殊不知父子天性，不容自绝。况立庙大内止援奉慈殿之例，犹大夫、士之庶子别无兄弟，不得已承大宗之祀，其庶母祀于私室，何宗祀之不专而有小宗合大宗之嫌乎？借使兴献帝犹存，武宗崩则以叔继侄，古亦有之，亦将考孝宗而不继武宗之统乎？事理易见而论之未定，何也？孟轲曰：“民为贵，社稷次之，君为轻。”说者谓：“自尧、舜、禹、汤、文、武以往，无有知人君之职者，知之者惟孟轲耳！”正见立君为民，位乃天位，而非一家之私，故统绪之义所以为重，而《春秋》之旨所自严也。伏惟陛下深察潜祸之端，即从礼制之宜，蚤垂渊断，速慰天下之望。臣不胜激切，俟命待罪之至。

大礼第三疏

臣迩者伏惟继统之义不明、纲常之理未正，敢排俗论，不复顾其身之利害，曾为陛下陈之，及见礼部行下咨文、述圣谕，拟定典礼称号者。再三详玩，不过迁合以掩一时之非，甚非义理所安、足垂千古之典。

臣闻人生惟一本，而未闻有二本者。今陛下既以天理人心之至称皇考于献皇帝，则不当复称孝宗皇帝为皇考矣。诚如礼官之议，“以陛下称孝宗皇帝、慈寿皇太后为所后父母，称献皇帝、章圣皇太后为本生父母”，则是二本矣。人臣以二本事其君，其视君何如哉？按礼，于所后父母服三年名曰重，则于本生父母降而为期同伯叔父母名曰轻。既为伯叔父母，推尊之礼，宜无所施，今之推尊也至矣，而不复正以皇考之名，轻重何所别哉！于经传亦何据哉？或曰“今孝宗庙祀无主，不得已为此，故于礼有不暇论也”，殊不知天子宗庙虽有子孙，非为天子不得而祭，陛下继武宗为天子，则当承武宗为祭主。是故得为主，则九庙皆有主矣；不得为主，则九庙皆无主矣。何必独为孝宗虑，而不为武宗虑哉？

且陛下明为入继大统，而又曲改以为入继大宗，是何言哉？夫入继大统，三代所同，同归于礼，所谓名正言顺者。今而改之，则天子之职止一宗祀而已，又何大夫、士、庶人之别也？按宗法，别子为祖，继别为宗，盖继天子者世为天子，继诸侯者世为诸侯，其他子为别子，为祖者为始祖也，继别子后者方为宗。是故诸侯不敢祖天子，大夫不敢祖诸侯。天子无宗，诸侯亦无宗，有宗者乃大夫、士、庶人之事也。天子、诸侯皆止一人，所以治其宗而不与之同宗，故曰“君有合族之道，族人不得以其戚戚君位也”。《周礼·大宰》以九两系邦国之民伍，曰“宗以族得民”，乃知宗法之立所以为治天下之具，使人各知尊其祖、敬其宗、收其族而治之易矣。然在天子、诸侯之身，恶有所谓大宗、小宗者？犹得与大夫、士、庶人并论哉？盖天子、诸侯之位皆公器也，天子、诸侯之职皆为民也，故曰继统不曰继嗣，其为礼固异于大夫、士、庶人矣。《春秋·鲁文公二年》二月丁丑，书作“僖公主”，八月丁卯书“大事于太庙，跻僖公”。《礼记》记孔子之言曰：“臧文仲安知礼？夏父弗綦逆祀而弗止也。”又《左氏》述孔子之言曰：“臧文仲不知者三，纵逆祀其一也。”其意谓何？重继统也。苟不重继统，则僖公兄也、闵公弟也，天伦之序恶可以紊？夏父弗綦之跻、臧文仲之弗止，皆是矣。何以谓之不知礼？何以谓之逆祀？且作主亦常事耳？孔子何迭书屡言而深讥哉？夫孔子，万世仁义之宗，《春秋》乃其亲笔之经，《礼记》《左氏》所载又其自明本书之旨，与他传注臆度之说不同，犹不可信，又何信哉？况自唐虞三代以来，虽有官天下、家天下之不同，传贤传子及弟之或异，其为继统之意，则一也。

若必据继嗣，则周懿王不得上传于叔父，周孝王不当下传于族孙矣。向者孔子修定礼乐，考正千古之典，凡有不合于道必有论说，于此数端皆无所论，而独于“跻僖公”一事惓惓以为言者，其意亦可见矣。然必为继嗣之说者，皆衰世之事也。女后奸臣欲逞其私心，非此则无以援立暗弱而肆其权术，何哉？凡为君多在长嫡，长嫡子孙有及六七世已壮而有室，而支子之子孙尚在提抱而未及三世，此后世国统一绝，所以童昏相寻而天下之乱所从生也，此所以继统之说不可不明于天下万世也。宋杜太后有曰“国有长君，社稷之福”，可谓得其要矣。故我太祖高皇帝深惩继嗣之失，以为奸逆之基，故有“兄终弟及”之训，专重继统者也。“先于同父兄弟，若无同父则及同祖。”今礼官之言曰“必同产而后可”，故以陛下强为孝宗之子，假为武宗同产亲弟，然后可立。又曰“为孝宗立子，即所以为武宗立后”，有是事哉？今姑以士、庶人之礼论之，凡已娶无嗣为立后，谓之继祢，若继祖之宗绝即承其祀，故昭穆有序。今乃武宗无子而非孝宗无子，既欲重为继嗣，即当为武宗立而不当又为孝宗立，亦昭然矣。遍求经籍，揆之人情，皆为无稽。然而纷纷之说犹未已者。始则妄援定陶、濮王不同之故事，终则搜索《纲目·汉尊悼考》之小注以附会之。夫《纲目》乃朱熹未成之书，惟“凡例”其所自定，他皆令门人赵几道编纂，草稿未及删正而朱熹卒，今但以其所与赵几道诸书及“年谱”考之可见。况“追尊悼考”等书法皆掇《汉》《史》旧文，但除去“因园为寝”数字以没其实，而直曰“立寝庙”，岂朱熹特书而故欲诬之也！且以范祖禹之言误作范镇，尚未之考，则未经朱熹之笔又可知矣。又况汉昭帝无子，立昌邑王而废宣帝，乃昭帝侄孙继昌邑而立，当时不考史，皇孙则当谁考耶？然即园为寝与太庙无干，亦何小宗合大宗之嫌？必使为人子者恝然而薄、弗顾其父母，方为礼乎？且引程颐之言，又是为论濮王而发者，且朱熹尝深取孔光、盘庚兄弟及王之说。以古礼之坏自定陶王始，又以濮议不曾好读古礼，其言亦可证矣。如此不精、未定之说，岂可执之为断，而反弃孔子亲笔之经而弗顾哉？此皆臣之所未解者也，其何以厌天下之心，而免后世之讥哉？

又昨大臣席书、吴廷举等与群臣方献夫、张璁、桂萼、霍韬、黄宗明等亦尝反复论之，可见人心之同、义理之公，不可遏灭有如此者。故今日典礼之宜，据经详定，庶免两考之嫌，以成继统之大，申明祖训以为万世之法。臣不胜忠款之至。

谏止献帝入太庙疏

臣闻正统者，历代帝皇、祖宗列圣之所授受，不可以假得，不可以情干，无一发之容间。臣不敢私其君，子不敢私其父，《春秋》之义莫严于此。今署丞何渊不知经义所在，乃欲陛下以非礼尊皇考于太庙、列于昭穆，是何谬妄若是哉！陛下既正继统之名，立皇考庙于大内，身亲祭享，礼已曲尽，孝子之情可谓慰矣。然太庙之中，必生尝传其统、履其位、行其职，没方可入。今皇考生本藩侯，没始推尊。乃欲以私意干犯太庙、渎乱正统，天地鬼神临之在上、质之在旁，皇考冥冥之际，必有所不安者矣！陛下何忍以不安之礼，加皇考于冥冥之际哉！

且何渊欲援周庙文武世室以为据，殊不知文王、武王皆始受天命，为周家百世不迁之祖，后世祧主以次藏于其庙，故有世室之名。方之我朝，即太祖、太宗之庙岂可干哉！今何渊欲以皇考私庙、更为世室，其不经甚矣！

夫礼者，天理之节、人道之中，多者不可减、少者不可增，惟尽其当然而已，而恶可过哉？盖古之称孝者，在乎亲贤以明其道，务学以修其身，生事之以礼、死葬之以礼，然后无憾而为法天下，可传后世也。惟愿陛下终始大孝，不以区区私情，轻信小人之言，致坏一朝盛典。臣不胜区区忠赤之至，敢冒死上言。惟陛下留神，无失天下万世。幸甚。

论上下情隔疏

臣伏见陛下统御之初，有明日达聪之诚，有含弘光大之度，有亲贤远奸、稽众从人之善，有不迩声色、不植货利之美，天下臣民莫不瞻仰，以为尧舜复生，将来致治必不在三代下矣。然而至今未见乎格于上下、光宅于四海，何也？盖曩者陛下孝思果有未尽，彼时群臣各执己见，不知将顺，使陛下至情郁而不伸，君臣之间遂生疑贰。赏罚予夺，渐与初违，忠臣义士每切愤惋，深为陛下惜之。今陛下孝思已尽，而小人何渊辈窥见陛下仁孝至情，又以皇考神主当入太庙为言，罔顾是非，恣其谬妄，不经礼官群臣，实不容以不谏。

陛下只为欲极至情，未即俞允，殊不知人子事亲，惟礼是尽，当为而不为与不当为而为之，均为不孝。陛下若不究其理之当否，早赐决断，则蓄疑来谗，君臣之间又生疑贰，其为祸患将何穷哉？盖古今天下之患皆起于疑，在上之情不能以通于下而下情益惑，在下之情不能以通于上而上心益疑，所以德业不交，亡败相寻。《易》

曰“天地不交而万物不通也，上下不交而天下无邦也。四方幽远，不见其形，但视其影”，皆谓陛下易其初政。

臣愚，实知陛下忧勤之志、畏天之诚，初未尝异。但陛下深居九重之上，左右前后岂皆正人？况素无古人师保之密、讲学释疑，又无仆御之贤、朝夕箴规，以进于精一执中之地，日往月来，寸心之微，焉能炯然无杂？小人投间，岂有既乎！臣愚，伏望陛下惟志于学以成大孝，必择其人以自辅弼。譬之人身，元气固，百病不生，尚何间隙之可投哉？昔伊尹告于太甲曰“德无常师，主善惟师。善无常主，协于克一。有言逆于汝心必求诸道，有言逊于汝志必求诸非道”，可谓得志学、取人之要矣。伏惟陛下奋然感发，无所牵阻，将见致治可臻，亦何上下之不孚格、四海之不光宅哉！

臣性愚朴，言有不讳，但知忠爱国家为切，于此忧虑不能自已。敢又以三代之礼条具于后，以备考求。

臣谨按，自古人君开基创业者始建太庙以享祖考，又必推其王业所起者定而为百世不迁之主。如夏之郊鲧、商之祖契、周之配稷，文王为文世室，其后世子孙继统于王者，虽其私亲，自非生而在位昭告天地宗庙者，并不敢祔，此《春秋》大一统之义也。当今天下乃太祖高皇帝所立，非陛下创造，陛下乃继统而有天下。若论功德之著皆在于太祖、太宗，而不在于今日；太庙之建实由于太祖、太宗，而非今日所敢私有者。陛下恶可以皇考上拟肇基之祖哉？故止宜立私庙于大内，以尽人子孝享之情而已。若稍移逼近太庙，即涉九庙、犯干统之嫌，况可遂入太庙乎？《周礼》“左宗庙”则今立太庙之处，正合经义。此庙制一定，不可乱也。若果以私庙在大内禁严之中，太常礼官不便行礼，亦宜别处曲当合礼之地，而决不可以私庙并列于太庙也。今何渊所言实非经据，若假施行，岂惟万世讥黜，皇天祖宗监临上下，谁可诬也？故臣敢忘死及此。惟陛下痛思，以礼抑情，圣德幸甚！天下万世幸甚！

论圣学求良辅疏

臣伏见七月初七日邸报，敕令内阁大臣纂经史有关“君德治乱”者，进呈便览，且圣谕拳拳，以“祖宗肇造艰难，子孙当求学图治”。至哉，皇言无可加矣！又云：“朕尝观书，傥或疑似，何以自强？”又知陛下有愤悱求道之心、择贤匡弼之意。臣愚有以仰窥，不胜踊跃，窃谓：“有君如此，尚忍负之，不思辅助其德以成至治，此诚天下万世罪人，又可立于朝哉！”故臣敢以平日所闻为献，冀裨万一。

夫帝王之学，虽非一言所能尽，其要只在于立志。其道虽非一日所能成，而志可顷刻以自立。志于尧、舜则尧、舜矣，志于禹、汤、文、武则禹、汤、文、武矣。若以智术为高、功利为务，非志也、非学也；文辞为好、声名为炫，非志也、非学也。方务于此、又事于彼，非志也、非学也。必求尧、舜、禹、汤、文、武所志者以自志，所学者以自学，专心一意，方可以言志，方可以言学。尧、舜、禹之相授曰“人心惟危，道心惟微，惟精惟一，允执厥中”。汤、文、武之相传曰“检身若不及”，曰“望道而未之见”，曰“敬胜怠者吉，义胜欲者从”。言虽不同，其惟存心求道，则一而已。盖人之一心，天理莹然，恻隐、羞恶、辞让、是非，随感而见，粹然至善，所谓“良知非由外铄”。

陛下但试观之，渊居静默，此心收敛，不有湛然清明者乎？以之应事，必无差失。及试观之，繁华杂扰，此心纷动，不有愦然昏塞者乎？以之应事，恶得无谬？即此则圣愚理欲之判、操舍存亡之端可见矣。故笃志者不以庙朝广众而肃、幽独无人而肆、造次颠沛而忽、安富尊荣而怠，是以尧视黎民时雍不异于洪水滔天之日，舜居法宫朝万国不异于陶渔河滨之时。况今海内犹未至于时雍，朝廷犹未及乎法宫，治乱安危之机只在陛下一心毫发之间，可不畏哉！圣圣心法所传，可须臾而不力哉！陛下苟能于此翻然从事、毅然己任，若决江河，沛然谁能御之？

但陛下以一人之身，居崇高之地，操赏罚予夺之命，凡所自奉皆足蠹心而夺志，凡在左右皆能窃幸而贾权，挠遏窥伺，无所不至。若非得其人以辅导，则一齐众楚，孰与陛下而不楚哉！然所谓其人者，非徒取其能铺张文艺、粉饰事功而已，必求道德明备、诚心国家天下之人，置之密迩，与之朝夕居处，不少疏隔。必使上下之情洞无疑忌，从容讲论，无异民间师友，于此以养陛下之真心、定陛下之真志。以此心而观经史所载，是非了然，师其是以鉴其非。此志益笃，所谓“精一执中”之道，其不在兹乎？又何有于疑似不可自强者乎？

昔殷高宗恐德弗类、不足正四方，恭默思道，梦帝赉以良弼，以形旁求于天下，得傅说于傅岩。爰立坐相，置诸左右，命之朝夕纳诲，启心沃心，以成殷中兴之业。我朝仁宗常召儒臣，陪宿御寝。宣宗每令侍游内苑，亲自烹饪，与之宴。英宗尝召处士吴与弼，于文华殿赐坐，询其治道。皆一时之盛也。犹惜当时诸臣不足以成列祖之志，如与弼者又未得究其用也。臣愿陛下近法祖宗之故事而必修其实，远师高宗之精意而克慎厥终。朝廷之大、四海之广，岂无一人如傅说之俦，足遂陛下之求、以成陛下不世之业者？

伏惟陛下留神无忽，实宗社生灵无疆之庆。臣不胜区区忠恳，愿望之至！

久庵先生文选卷十四

◎奏疏

论治河理漕疏

臣伏蒙召命，道经丰徐，窃见黄河为灾，伤民败漕甚非细故，敢究致灾、治漕之详以闻。

臣按，黄河发源吐蕃朵甘思西鄙，名星宿海，经流万余里。其水本清，浸近中国，渐变黄浊。三代以前惟有涨溢，自汉以来始多决河，盖河高湍悍。壶口以上，山原相夹，犹在涧中，地虽高下，未至壁绝，水虽并入，未至甚多，势虽奔流，未至冲击，犹夫河也；至壶口以下，受水始多，龙门壁绝，砥柱横突，悬水迅湍，始成冲击，地夷土脆，故得为患。昔禹导河至大伾北，流分为九，河至碣石入海，经史所载皆不言导此之故。臣考堪舆之说，凡两山相夹，中必有水，一水中流，两必有山，南条与中条相夹长江是也，中条与北条相夹黄河是也。两山相夹，其间地势必两高中低，自为水道，就而导之，水趋无散，故无决河之患。惟流久积壅，但有涨溢而已。及禹疏治，几八百年并无水灾，至周定王时方云“河徙砯砾”，此后又数百年不闻为灾，迄至战国阡陌开、沟洫废，平陆之土渐不可田，建国都者无所仰给，不免作渠灌田、通漕致运。作渠灌田者必引水自高，方能跨原阜以成其利，通漕致运者必从旁穿决，方能贯河渠以足其用。况砥柱以下始多冲击，岸冲击则崩颓，水冲击则湍漩，湍漩崩颓者多，故水益黄浊多泥，凡经河流无不淤泥日积。夫淤泥积于下、河流升于上，不为堤防，何以障之？今洛阳河堤高于汴城，岂一朝夕之故？犹以盘盂盛水，稍动则水溢几案矣。故自汉以来，始多决河之患。

或者不知，每归天数，岂不谬哉！武帝因瓠子灾久不息，然后导河，北行二渠，复禹旧迹，梁楚之地以宁。未几复决馆陶，此后历代决塞不常，不可殚举。至隋炀帝开通济渠，自板渚引河入汴，河始入淮，今黄河只金龙口至安平镇一支。或时北流，其余不入漕河则入汴河，皆合淮入海矣。今则跨中条而南，乃在山阜之上。河下为河南、山东、两直隶交界处，地势西南高、东北下，水性趋下，河下之地皆易垫没，故自昔溃决必在东北而不在西南也。今丰、沛、徐、淮之水则自汴河渗流所致，遂为丰、沛、徐、淮剧患。阴雨浃旬，千里为沼，室庐乃鱼鳖之薮，谷土皆洪波之壑，人物萧条，生意索然，久将若何？民患固当轸念，况丰、沛、徐、淮南北之中，国家喉襟，尤当虑者。忆臣曩岁经沛，见小沟上石桥为水冲，颓石间有声瀌瀌，问之，曰“黄河渗流”，未几复过，小沟已为巨川，臣时逆知必有今日之患。盖彭城诸山发迹嵩少，至于西南转之东北、而至泰山、马陵、蒙羽诸山。又从泰山发迹，自东转西、至于淮口，以逆水势。水小则循吕梁出清口入淮，大则河不能容，水为山阻，泛滥原野，为丰、沛、徐、淮患，势必然也。若不疏导别行，害无已时。

今欲治之，非顺其性不可。川渎有常流，地形有定体，非得其自然，不足以顺其性。必于兖冀之间寻自然两高中低之形、即中条北条交合之处，于此浚导，使返北流至直沽入海、而水由地中行，如此治河则可永免河下诸路生民垫没之患，且免河防夫役之苦。虽不求禹迹，即禹迹也；务求禹迹，恐积淤日久，反成高陆。若泛听典籍人言，必为所误，前代欲复旧迹终不可复者，此也。况九河已沦小海，碣石已入海中，今云“九河”，臆度非真矣。

或欲自涡河疏导入淮、稍杀丰徐之患，是亦权救之说。但泗州、凤阳，祖陵、皇陵所在，国家基本，又须回避。拱抱不可，逼冲反跳，或致伤犯，厥害非细。若沛流既去，漕河必淤，又为漕舟之虑。欲预自沛县及吕梁至淮，多造滚江龙、铁齿、浚川杷之类，于上流往来拽之，泥沙必随水而去，弗俟水落淤成，然后开浚，工费万倍。

或谓黄河虽为丰、沛、徐、淮患，亦为漕河之助。殊不知漕河之源，皆发山东，不必资于黄河。夫南旺、马肠、樊村、安山诸湖本山东诸泉之所钟聚，钟聚于此，然后分为漕河。今为漕者惟知封浚泉源为急，而不知南旺、马肠诸湖积沙淤塞、堤岸颓废、蓄水不多之为害也。若能疏浚南旺诸湖，修缉堤岸，更引他泉别流者而总蓄之，漕河不患其竭矣。又见南旺、马肠湖堤之外西南土名孙村湖、长沟陂、马房屯等处，南至钓儿口、北至安山等处一带，地形下陷，较之湖水反低，即《禹贡》所谓“巨野”、宋时所谓“梁山泊”是也。民之树艺，遇水即没，恃堤为障，欲就此潴蓄为湖，并将漕河改经于此，可免济宁高原浅涩之艰。且自钓儿口入谷亭、自谷亭至安山路亦不远，为力颇易。盖济宁地从东北来，故地形东北高、西南下，因其下为湖，水有归宿，潦不至溢、旱不至干。如高邮、邵伯诸湖源流未必多于山东诸泉，但钟聚得所，水自多也。如此为漕，则可耐久无弊矣。

抑自汉、唐、宋，京师之粟皆仰给东南。汉、唐都关中，其漕溯江、淮、河、渭以入。宋都洛阳，其漕溯江、淮、汴、洛以入。皆因自然之势，微济以人力。惟元都燕，始引山东诸泉，创为此道，名曰“会通河与海道兼运河”。在高原之上，南北峻坂，水势两下，无停潴之所，惟仗诸闸节蓄，方可行舟。一日风尘梗塞，诸闸不守，舟不可行，故元末漕河蚤废，海运不通，京师乏食，无可奈何，至乞哀叛逆，斗米银六两，勋戚权贵皆为饿殍。闻我太祖皇帝大兵南来，略无斗志，惟开北门，遁之沙漠而已。今国家自太宗皇帝徙都于燕，即元故地，命尚书宋礼等修复会通河，罢海运，疏凿广深，倍于昔时。立法备守，已非昔比，似可无虑。然明者尝忧于未形，智者尝谋于无事，犹不免意外之忧。或以海运 道，当豫修复，设官立法，分拨漕船，导引商贾，稍开熟路，未必无为。且溯淮入汴至于汝、卫支河，北流可以入都，当相度疏治，分拨各近漕船，就便往来，广通运道，以备不虞，实为国家至计。

臣愚偶尔有见，区区寸诚不能已，亦犹杞人漆室之忧云尔。伏惟陛下明烛幽微，念惟永图，敕令该部议行，督运、管河都御史、郎中、管泉闸主事及河南等处河害相关地方，询究可否，万一有取，酌时缓急施行。臣实不胜惓惓忠虑之至！

议江西军功疏

臣闻赏罚者，人主御天下之柄也。得其柄，死命可致，天下可运之掌；不得其柄，人将解体，虽欲治，得乎？故明主慎之，有功必赏，有罪必诛，至亲不可移，至仇不可夺。然必称“天以命之”者，示非私也。臣下信之，不借声誉，不思贿托，惟勉忠勤，死不敢易，然必听“天以命之”者，不敢冒也。今或不然，饰誉援党者则崇阶显擢，无不如意；忠勤尽职者则深排巧诋，唯恐不及。以此操柄失御，人皆以奸结巧避为贤，孰肯身任国家事哉？臣不能枚举，姑以先朝末年，陛下初政一事论之。

如宸濠构逆，虐焰吞天，藩郡震动，宗亲慑忧，陛下尝身见之矣。腹心应援，布满中外，鼎卿近幸，贿赂交驰，卖国奸臣，待时发动，两京乏备，四路无人，方镇远近，莫之如何，握兵观望，滔滔皆是。惟镇守南赣都御史王守仁领敕福建勘事，道经南昌，中途闻变，指心吁天，誓不与贼俱生。赤身孤走，设奇运谋，乃遣优人赍谍，假与天兵约征，方镇会战，俾其邀获，以示有备。牵疑贼谋，以俟四路设备。中执叛臣家属，缪托腹心，又示无为，以安其心。然后激众以义，纠集乌合，及至兵成虑审，发书骂贼，使其觉悔。既出，蹑兵收复南昌，按甲待之。贼至安庆，攻城方锐，警闻使还，算其归途，水陆邀击，大溃贼众，遂擒宸濠于樵舍。兵法有“先胜而后求战”者，非此谓也？

成功之后，江右疮痍未复，武宗皇帝南巡，奸权攘功，嫉谮百端，危疑莫测。守仁恭勤曲致，方靖地方，仅获身免。守仁为忠，可谓艰贞竭尽者矣。使时无守仁倡义统众、谋获机宜、战取有方，安庆卒破、金陵不保，长驱北上，应援蜂起，腹心阴助，京师存亡未可知也。虽毕竟天命有在，彼寇终必歼夷，然旷日持久，士夫戮辱，苍生荼毒，可胜言哉！

守仁南赣镇守，于地方之责初无所与。今受责地方者，或遇事不敢担当，不过告变待命而已。守仁家于浙之山阴，浙乃江右通衢，且兵力素弱，万一长驱而下，父兄宗族谓有噍类乎？守仁于此，夫岂不思，但忘私奉公，以为社稷！不幸或败，夷灭何悔，因蹈险而不忌。守仁之志，可谓精贯白日者矣！今幸而成功，宇内太平矣，所谓“徙薪曲突，人不为功者”，此也。

又，守仁于武宗初年，刘瑾为奸，人莫敢犯，守仁抗言触祸，被廷杖，死而复苏。流窜瘴裔，久之赦还，始获录用。乃者南赣乏镇，溪谷凶民聚党为盗，视效虐劫，肆无忌惮。凡在虔、楚、闽、广接壤山泽，无非贼巢。大小有司，束手无策，皆谓“不可理”。守仁镇守，未及三年，兵威武略，奇变如神，以故茶寮、桶冈诸寨，大冒、浰头诸山，次第擒火，增县置逻，立教明约，遂为治境。视古名将，何以过此？江右之民，为立生祠，岁时祝祭，民心不忘，亦可见矣。

曩者陛下登极，命取来京宴赏，封之新建伯而升南京兵部尚书。言者又谓不当来京宴赏，以致奢费。夫陛下、大官之厨，日用无纪，较诸一餐之宴，所费几何？犹烦论之。北京岂无一职，必欲置之南京，此乃邪比蔽贤嫉功之所为也！守仁后丁父忧三年，服阕，遂不起用，顾犹造言排论。然虽拜爵升官，铁券未给，禄米未颁，朝事无与，迹比樵渔。纵使有过，何庸论之，况有功无过哉！其意尤可知矣。

不独守仁，凡其勤王小大臣工，亦且废黜殆尽。彼时领兵知府，惟伍文定得升副都御史、得荫一子千户。邢珣、徐琏得升布政，彼亦何过，即令闲住？纵使有过，八议恶在？戴德孺虽升布政，即死于水，皆无荫子。副使陈槐因劝宰臣进贤，致怒仇人，希意诬之，独黜为民。御史伍希儒、谢源辄以考察去官。且陈槐、邢珣等皆抱用世之才、秉捐躯之义，因功废黜，深可太息。然在今日，陛下操柄之失，莫此为甚！他日无事则可，万一有事，将谁效用哉？

况守仁学原性命，德由忠恕，才优经济，使之事君处物，必能曲尽其诚，尤足以当熏陶、备顾问。以陛下不世出圣明之资，与之浃洽，讲明天下之治，生民之福，可易言哉！前者言官屡荐，故尚书席书、吴廷举，今侍郎张璁、桂萼皆荐之，曾蒙简用为两广总制。臣谓：总制寄止一方，何若用之庙堂？可以赞襄谋议，转移人心，所济天下矣。

伏惟陛下念明良遭际之难，蚤召守仁，令与大学士杨一清共图至治。另推才能为两广总制。仍敕该部给与守仁应得铁券、禄米。将陈槐、邢珣、徐琏等起用，伍希儒、谢源等查酌军功、事例议录，戴德孺量与荫袭。此实陛下奉天所操之大柄，不可毫发移夺者，宜早收之，以为使人宣忠效劳之劝。臣不胜恳悃之至。

论治机疏

臣闻养鸡者不蓄狸，种禾者必去莠，故四凶废而禹皋兴，三思用而五王戮，君子小人决不容以并立也。自古虽中才之主非不知君子当用、小人当去，然用君子而未必保其终，去小人而卒被其害者，其故何哉？盖君子正道直行，无所附丽，上下皆见其易疏；小人窥伺揣合，多所阿比，上下皆见其易亲。疏则易害，亲则难间。况君子所为，皆小人所不便；小人所为，必君子所难同。正如熏莸、冰炭不可以相入，故其势必至于相攻。君子攻小人而不胜则惟超然远去，如不可去则死以殉国；小人攻君子而不胜将无所不至。此小人所以常胜，而君子所以常不免于祸也。方小人之情未露，君子多为其所欺，万一或露，则其为防益密、为害益深，故君子不容一日以自安也，而况君子以孤立之身，而与小人之尤者并立于朝，安能保其有俱生之势哉？故治天下者，忠邪之辩不可不严，而取舍之机有不得不决者矣。

洪惟我朝太祖、太宗亲揽乾纲，任贤远奸，内外之防甚严，无有交结近侍、私通贿赂、窃弄威福者，故政无多门，而万世长治久安之道正在于此。奈何法久而弊，近朝以来，渐用匪人，交通近习，于是司礼监欲为奸而恐朝廷疑之，则曰“此内阁之所拟票也”，近习无与焉；内阁欲为奸而恐天下之人议之，则曰“此司礼监之所为，我辈无与焉”，交通关节，互相影射，贿赂两入，其门奸谋，无所不售。于是憸夫壬人，竞相附托，出入夤缘，拔之要津，一邪未去，一邪继登，口口相授，心心相承，为天下国家深痼之蠹，每使忠志之士扼腕流涕、捐躯欲挽而卒无奈何也。

今幸陛下大奋英断，独揽乾纲，推赤心以任忠良，一洗百年之弊政，而内阁、司礼监不复肆前日交互推托之奸，而培植千万年宗社之精神命脉亦无有过于此者矣。天下臣民孰不拭目以观太平之盛？然治化犹未大行、天下犹未光被，何也？岂不以君子、小人之犹并用故也？夫君子躬逢其盛，将矢心毕力以共成正大光明之业；小人不得逞其故智则以为病己，日夜切齿腐心，思欲反之。此正君子小人之所以分，乃治乱倚伏之深机，诚不可不早辨而速决之也。

夫知人不易，古今所忧。君子方见其忠矣，小人亦见其似忠；君子方见其可用矣，小人亦见其可用。诚伪之辨、象恭之别，古圣固已难之，今在朝之臣，岂不有心不在国，志专行私，外假忠直而欺诈无伦，貌矫寅恭而贪污无比，阳为好才而阴妒无俦，名为进贤而实以援党，假诗书以文发冢之奸，谈仁义以行盗跖之欲，广贿近侍为腹心应援，遍交市井为耳目爪牙。内以揣伺颜意，为设机置阱之所；外以歆探邀引，恣行百变之方。凡陛下发一至理、行一善政，必使群邪交口，称为己德。凡有不可人意，必使群邪扬为朝廷之过、指为同寅之罪，离间人心，动摇国是。趋其门者，必可使招权纳贿，吮痈舐痔，方成深交。观其登荐，必能奔竞刺天，贪墨无涯，方在深取。四方将帅，大半为其卖鬻；中外臣僚，每每皆其私人。即其饕餮无厌，如狼豕之不极；张胆无忌，如贲育之敢往；变幻是非，如化人之莫测；狡狯闪倏，如鬼魅之默运；甜软诱惑，如妖狐之媚人；机失中伤，如射工之密发。至其沦化士习，如点丹砂之必变；谋宠固身，如饮九还以起死；趋利避害，如挟灵犀以入水。奸蠹之状，其阴秘者固未尽彰，其败露者犹难悉数。推原其志，必将尽挤善类，贼杀君子，大引非人，布其凶邪满于要津，不至于潜亏圣德，阴移操柄，归之近习，以复昔日交互推托之奸不已也。此机一失，永为宗社生民之害，大坏天下，遂成土崩瓦解之势，有不可胜言也。穷观古今，蠹政害国，奸邪可畏，诚未有如斯之甚者！

不惟陛下有所未察，虽举朝之臣皆为所欺，臣亦尝以彼为才、为练达。方其未用，惟恐陛下不获用之；及其既用，惟恐陛下用之不久。至今方觉其所谓才者，适所以济其奸；其所谓练达者，适所以神其术。始悔前日之误，有不可追者。因思言责诸臣，或其私人，或有所畏，或为笼络，默无一言。故臣发于深忧，激于忠愤，不复顾其身害，敢为陛下言之。

然言之，只论其情状而不指斥其姓名，盖欲陛下因情状以察群臣之中孰为最似，使群臣亦因情状以求朝堂之间孰为逼真而知其人。以见人心是非之明终有不可掩者，以见臣之所言果至公至忧至忠之理，而非私有所好恶党比也。然此等奸邪，陛下诚不难知，但观左右引誉之多则可知其深结，言官不言之久则可知其市交，钟鸣漏尽而不止则可知其无厌，赀贿之充富则可知其贪婪，巧排善类则可知其嫉妒，密引私人则可知其树党，多行诡邪则可知其不忠，专为变诈、略无羞赧则可知其无耻。其他不必枚举，皆可类知。陛下苟于此加察而斥之，则真得伯益，所谓“任贤勿贰，去邪勿疑”者也。以此培精神命脉，定中兴大业，笔之《嘉靖政要》，为万世之楷模，顾不伟哉！臣实不胜惓惓忠赤之至。伏乞陛下留神，不忽宗社，幸甚！

沥忠乞休疏

臣一介愚陋，幸逢圣明，拔置清华，夙夜愧惧，方思致身毕力，以报不世之知遇。近者权门见嫉谋嗾，言官滥加朋党之名。臣尝疏请放归田里以明心迹，未蒙俞允。臣切思国是未定、国计未明，而臣犹喑默苟容以负陛下之明，实非所以报国而忠陛下之职分也。且臣闻之：国是不定则治功不立，国计不明则治道无措，可容终默已哉！

古人之论尝曰“创业至难，守文不易”，殊不知中兴之难有。臣于二者，而人情常易忽之。盖创业君臣，一意开拓，行所当行，莫非典制；守文君臣，一意持守，不愆不忘，何往非治。惟中兴君臣，居守文之世，当积衰之日，循之不变，则将堕萎靡、国势日削，何异饰蠹屋以丹雘而倾颓之患有不免也；振以必变，则更端之际稍或非宜，安危所系，何异易屋之蠹而反致颠压有当忧也。此中兴之难所以有甚于创业、守文者也。

我朝自太祖、太宗创业以来，守文继体，百有余年。以迄成化、弘治之间，文恬武嬉，日极豫泰，朝廷始不亲政。故当时大臣始事援结习，调停按资格，守寻常为事。至弘治末年，复有挟术徂诈，援结内外，以植私与。孝宗虽极发愤，尝于暖阁，屏去左右，亲问刘大夏，欲内外澹汰以澄宿弊，竟为阴谋中沮。虽尝考察外官，仅循故事而非初议之本意，卒至正德间酿成逆瑾奸谀之祸。甚者当时孝宗之崩，虽云用药之误，天下尚有遗恨而不敢言者，又岂独大夏得祸最惨而已哉！究其弊虽不止于一端，推其源要不过“私”之一字。内而宫廷上下非私不言，左右前后非私不进，外而公卿以及列士守令以及胥徒无往而非私意之所在，横流充塞，日新月盛，无有已时。以至国计日非、纲纪渐隳、风俗渐坏、生民困苦、边备废弛，若不可以爬梳救药者。尚赖祖宗福泽之厚，幸以无事。

今幸天生睿智、默启渊衷，以为今日中兴之明哲，仰前圣以思齐，念祖宗而奋发，可谓志得其道矣。奈何蠹习已久、浸渍日深，不可猝变，故前此尤有不可胜言者。夫盐利所以足边食，而乃为内阁内监之货泉；阃帅所以托边寄，而乃为内阁内监之市易；军功所以劝有劳，而乃为内阁内监之攫夺；言官所以司朝廷之耳目，而乃为内阁内监之鹰犬；抚巡所以受方寄，而甘心权门之驱役；守令所以任民命，而动承抚巡之意旨。以辞难避事为保身之哲，以乘时射利为进取之能，以巧诈奔迎为入官之计，以便文自营为老成之识，以忧时任事为猖狂，以思患振职为生事，以同心报国为朋私，以竭忠虑远为奸伪。勤劳死瘁反被削罚，贞诚守节举族衔冤，激乱盗辎乃获优升，从逆害忠顾蒙重赏，方面污滥犹迁抚镇，推知残墨辄超风宪，妒嫉忠正不啻寇仇，狎迩邪佞若皆亲属。忠正微失，磨牙环列以待噬；邪佞有罪，百方营说以救援。故宁负天子而不忍负权臣，宁忤朝廷而不敢忤近幸。治乱不知，忠邪不辨，但知有身有家而不知有君有国有天下矣。人心陷溺、士习污陋，诚未有甚于今日者，是故纲纪之隳者日以倾颓，风俗之坏者日以大败，生民之困苦者日以穷蹙，边备之废弛者日以无存，而前日之所谓“不可爬梳救药”者，今将为土崩瓦解之势矣。

陛下虽极忧勤，至于日夕不遑，以图治理，及今九载，而膏泽犹不下流、治功尚未有成者，何哉？盖自陛下登极已来，所任辅弼大臣二三相继，皆仍前日之旧，皆非其人，而前日之所谓“私意者”至此为益甚。故贿赂交结，百倍曩昔。虽有建置经度之事，要皆积衰袭弊之常，而非拨乱中兴之略。向也以靡文致弊犹以靡文仍之，向也以苟且致弊犹以苟且仍之，向也以欺诳致弊犹以欺诳仍之，是乃以水救水、以火救火，不为无益而反有害，诚有如贾谊之所谓“可痛哭流涕者”也。盖人情狃于故习，皆以因仍为当然，而以救革为不便，此所以今日中兴之难有甚于创业、守文者，以积衰之难变也。

为今之计实非骤加严刑之能禁、尽行濬汰之能澄者，要在用得其人耳！夫用人之要莫先于内阁，莫急于九卿。陛下虽圣，内阁不得其人则决不可以致治；内阁虽得其人，九卿不得其人则决不可以成治。故内阁为九卿之表，九卿为百官之望，万机由系，可不慎哉！譬之造巨室然，内阁，梁也；九卿，柱也；百官，榱桷槛楯也。夫梁柱之才，非楩楠栝柏不取，非百寻数围不用，然世不常有，是以不易得，此巨室所以难成，而大匠所以为忧也。故为大匠，求材不拘一途，或择之于故宇之中，或市之于商筏之内，或求之于山林之间，惟视其堪任而已，此大匠之所以成巨室也。夫故宇之材，已用之大臣是也；商筏之材，庶司百僚是也；山林之材，布衣遗逸是也。今欲求之，内外群臣亦岂有逃于陛下明鉴之下者哉？夫浅者不能以知深，近者不能以知远。君子必不与小人比忠直，必不与奸邪合势所，必至亦何疑焉？而况陛下诚正修身，已立取人之则，于此皆得其人，必将同舟共济以思难，和衷协恭以求道，因穷审变之必当，已日乃革之有渐，则百官自正、众事自理、纲纪可振、风俗可淳，生民之穷蹙可苏，边备之废弛可修，天下有不治乎！

臣尝历考前古盛时及我祖宗之日，未有不如此求材、不如此用人而能治者。于此不知，徒执曹魏之资格，以守裴光庭之圣书，冀求异才以望至治，是坐玩岁月、虚老光阴而已矣。况天生圣哲，世不常有，千载一时，恶可轻失？此大禹所以特重于惜阴，而孟轲尤贵于乘势，皆谓时不可再来也。盖自杨廷和以至杨一清，而私意已极，近者陛下虽稍更张，任用公忠、简拔贤俊，然犹杂以一清，是亦置狸守鸡、畜狼养羊，生者未遂而害者已深，求者未得而去者已半，摇唇鼓舌，愈乱国是，反使人心讫无所止。且一清每有所为，或为同列所碍不得悉遂，辄思贿谋左右，为窥伺谮润以行倾覆之术，而不顾国家无穷之大害。臣窃见之，不胜深忧，惟恐此机一失，永不可复，故于去年八月痛以一清奸欺倾险之情，备为陛下言之，但不指其姓名者，要有所待而未敢尽也。昨者一清情状尽露，陛下既已深觉而斥去之。虽虞廷四凶之屏、鲁国两观之诛，何以过此？转否为泰，正在今日，臣复何言！

但臣闻治乱相寻，得失倚伏，小人之在国家犹症瘕之在腹膈，一旦攻治虽去，然元气尚虚，而邪气犹渗闯盘旋于膏肓脏腹之间。亦犹今日巨奸虽去，细奸犹窥，今奸既屏，旧奸欲入，藏谋左右，贮贿京城，无日无时而无之，可不倍加防闲、倍加调护以保全之哉！昔宋理宗淳祐时，史嵩之谋夺情起复不遂，既去，而杜范入相，引徐元杰议政，边将方洗心听命，天下皆有兴复之望，仅八十日而范与元杰皆为嵩之所毒，并及言官刘汉弼亦以暴卒。宋事遂去，至今可恨。小人为情，何所不至？此自古忠臣义士不免杀身亡家、常凛凛而孤立也，此亦中兴之难有如此者。

夫臣本庸劣，固非在廷谟谋诸臣之比，但自去秋上疏已来，自左右以至外廷、乡郡以达朝著，凡与私涉而同弊者、钻刺而得利者、窥谋以起用其亲党者，无不以臣为仇，欲为之构陷。至今论劾之章，尚犹未已，故臣之遭诬受抑，实有不可胜言者。虽然，此皆臣耿耿初志、报国本分、所甘心者，惟当益自淬励以求无愧乎鬼神，以不负陛下天地之德可也，于此何足深论哉！

只臣抱病岁久，际此忧畏，忧畏愈深而病惫愈甚，若不早乞退休、屏伏草莽而犹恋禄位，不惟死亡无所，而廉耻亦将于此扫地矣。天下后世，将谓臣为何如人也？伏惟陛下垂仁矜察，准臣致仕，俾臣获明素志以安素履。仍乞纳臣之言而行之，明颁一诏，以告天下，使晓然皆知积衰之故、致弊之由，以知陛下今日中兴之志、图新之道，感发洗濯而无疑，则国计已明、国是已定，天下可运之掌矣。臣虽即去，犹事陛下之日也。臣实不胜，祈恩仰望之至。

久庵先生文选卷十五

◎奏疏

明是非定赏罚疏

臣闻忠臣事君，义不苟同；君子立身，道无阿比。故于是非之际，宁捐生以雪义，不暧昧以偷荣，言必行其志、必明其道而后已也。臣顷为后军都督府都事，今大学士桂萼为中式举人，见其人节可敬，辄与为友。及臣为南京都察院经历，因见大礼不明，辄共上疏论列。死生休戚，与之相知，前后二十余年矣，终始无间。止因前岁臣荐新建伯王守仁堪任大用，以尽职分耳，非有他也。萼与守仁旧不相合，因谓臣言不然，小人乘间相构，使臣与萼有隙，然臣终不敢以此废萼之平生也。但臣于事君之义、立身之道，则有不得不一明者，臣是以言之。

臣所以深知守仁者，以其功与其学。然功高而见忌、学古而人不识，此守仁之所以不容于世也。守仁之功，其大者有四：

其一，宸濠敢为不轨，营谋积虑，已非一日。内而内臣如魏彬等，嬖幸如钱宁、江彬等，文臣如陆完等，皆受其重贿而许以内应；外而内臣如毕真、刘朗等，皆受其深托而许以外应。故当时在朝臣僚往往为宸濠所摇动，无有以其残暴讼言之者。脱使得志，天下苍生其不鱼肉乎？忠臣义士其不赤族乎？宗室亲友其犹保噍类乎？且宸濠以肺腑之亲、威虐之著，集剧贼、练精锐，富贿广援以行其谋，辟之毒蛇猛兽，孰得控而撩之？若非守仁忠义自许、兵谋素闲，挺身以当事变之冲，先时预防，请便宜以从事；临机诒檄，垂长算以徂征，必将迅雷不逮掩耳、赤手不能率众而江西之原燎不可扑矣。今反皆以为伍文定之功，而守仁不得侪焉，是乃轻发纵之人而重走狗之役者也。天下岂有兵交不用运筹，可以徒搏而擒贼者乎？

其二，大冒、茶寮、浰头、桶冈诸寨，势连荆广，地接江闽，积年累岁，为贼渊薮，跋扈劫刘，出没靡常。其时有司皆以束手无措，望险而唏，再使阅岁逾时，数境之内恐非朝廷之所有矣。守仁初镇赣州，遂次第剿除，至今称靖。

其三，田州、思恩衅成累岁，陛下虽切深忧而事不得息兵，不得已故起守仁往抚之。守仁定以兵机，感以诚信，遂使卢苏、王受之徒空城崩角以来降，感泣驩忻而受杖，遂平一方之难。

其四，八寨为两广腹心之疾有年矣，岭海事变皆由于此。其间守戍官军本以防贼，日久化为贼党，为害反有甚焉。守仁假永顺土官明辅等之狼兵及卢苏、王受之降卒，并力而袭之，相机而剿之，遂去两广无穷之巨害，实得兵法便宜之算。

夫兵者凶器、战者危事，守仁所历征战前后无虑数十，然或入险阻、或凌惊涛、或冲炎暑、或触瘴烟，冒矢石、蹈不测，舍身忘家以勤王事，卒以毒厉死于驰驱，诚为勤劳尽瘁者矣。可以终泯其功乎？

守仁之学，其要有三：

其一曰“致良知”，实本诸先圣先贤之言也。孟轲谓人之所不虑而知者其良知，又以恻隐、羞恶、恭敬、是非四端为人之固有。盖由发动而言则谓之情，由知觉而言则谓之良知，所谓孟轲道“性善”者此也。且孔子尝读“有物有则”之《诗》，而赞其为知道也；良知者，物则之谓也。其云“致”者，何也？欲人必于此用力以去其气习之私，全其天理之真而已矣。所谓“必慎其独”，所谓“扩而充之”是也。

其二曰“亲民”，亦本诸先圣先贤之言也。《大学》旧本曰“在亲民”，《尧典》曰“克明峻德，以亲九族。平章百姓，协和万邦，黎民于变时雍”，孟轲曰“君子亲亲而仁民，仁民而爱物”。此守仁所据以复“亲民”之旧而非近日“新民”之讹也。夫天地立君，圣王为治，皆因人情之欲生，因致其亲爱以聚之，故为田里宅居以为之养焉、礼乐刑政以为之治焉，尽至诚之道以顺其欲生之心耳！此所谓王道也。舍此而云治，则伯功之术，而非王政之醇也。

其三曰“知行合一”，亦本诸先圣先贤之言也。颜渊问仁，孔子告之曰“克己为仁”；颜渊请问其目，曰“非礼勿视、听、言、动”。夫颜渊之问，学也；孔子之教之，学也，非他也。觉非礼者，知也；勿非礼者，行也。如此而已矣。盖古人为学务实，知之所在即行之所在也。故知克己则礼复矣，未尝分知行而二之。他日孔子又自语其学曰“吾十有五而志于学”，以至“七十从心所欲不逾矩”，亦未分知行而二之也。守仁发此，无非欲人言行必顾，弗事空言如后世之失也。

盖儒本经世，三代之学以明人伦为本，守仁见世之士风颓靡，上之事君亲，下之处夫妇以及朋友、长幼之间，皆不由诚心，以失其道。故以此提撕之，欲人反本体察、切实用功而已。视陛下“敬一”之旨、“五箴”之著、大孝之诚、至仁之实，实无二致。昔朱熹尝诵欧阳修之言，云“经非一世之书，传之缪非一人之失。学者各极所见，以俟圣人而后定”，则知守仁之见亦非妄矣，可以终废其学乎？

然萼不与守仁，遂致陛下不之知。夫有臣如守仁者，幸遇陛下尧舜之主，而不获明良之会，果谁之过与？臣是以惜之也。臣虽平生敬萼、信萼，亦不敢以此谓萼为是也。况赏罚者，治世之权衡、明主之操柄也。以守仁平日之功之贤，又以勤劳终于王事，乃常典不及，削罚有加，不得与诸臣安处者等，是废议贤之法而为遏恶之惩，反褒忠之典而为党锢之禁。至公之道，顾如是乎哉？其何以励忠而劝将来也？

且守仁客死之后，妻子孱弱，门户零丁，家童载骨，藁殡空山，见者为之流涕，闻者为之酸心。若使鬼神有知，亦当为之夜哭矣。臣实不忍见圣明之世有臣如此、有事如此也。假令守仁生于异世，犹望陛下追录而褒恤之，况在今圣朝哉？至如永顺官兵，素称骁黠，凡经调用，所过伤残有甚于贼，实缘节制无法，故议者有意外之忧；昨感守仁威信，俯首效死，不敢有他。又如卢苏、王受之徒，实系久失之众，一旦感恩畏威、归化效力，皆宜有以慰其望，今皆置而弗录，不亦重失其心乎？此事关系尤非细，故又不但守仁赏罚之当论而已也。

况臣曩与守仁为友，几二十年。一日自愤寡过之不能，守仁乃语以所自得，时若有省，遂如沉痾之去体，故复拜之为师。则臣于守仁，实非苟然以相信，如世俗师友之比也。臣近日所以粗知事陛下而不敢有欺者，亦皆守仁之教臣耳！夫陛下，君也；守仁与萼，师也、友也。臣于君父之前，处师友之间，既有所怀，焉敢隐忍而不之吐露哉！即如萼事陛下，本无不忠，但以昨者小人谗之，所以至此未白，臣实为之深愤。今陛下既明萼之非辜，命召以还，臣为之喜而不寐，此非臣之私萼也，臣之情有不能已也。今守仁之抱冤，亦犹萼之负屈。

伏望陛下以视萼者视守仁，以白萼者白守仁。敕下该部，查给恤典，赠谥，仍与世袭。并开学禁，以昭陛下平明之治，天下幸甚。若此事不明，则萼必不能忘形于臣，而小人谗构得以入之。臣虽欲曲附于萼，竭诚以事陛下，亦有不能也。故臣又敢以此言之，庶所以尽臣事陛下之忠，且以补萼之过而解其疑，实亦臣不苟同阿比之义如此也。臣昧死言之。

星变陈言疏

臣闻变不虚生，妖不胜德，今彗星为妖，二岁三见，其故何哉？盖天之有彗，以除秽布新也。夫有治则必有弊，积弊成衰，积衰成微，衰微之习，是所谓秽，秽所当除；中兴之业是所谓新，新所当布。布中兴之业，除积衰之习，此所谓应天以实不以文也。

我朝自太祖皇帝创业以来，守文继体，百有余年。以迄成化、弘治之间，文恬武嬉，日极豫泰，朝廷始不亲政，故当时臣僚始事援结，内交阉宦，外植私与，命官用人，一视其好恶为贤否，靡然成风，皆为当然。孝宗末年，虽极发愤，尝于暖阁屏去左右，亲问刘大夏，欲内外沙汰以澄宿弊，竟为阴谋中沮，卒至正德酿成逆瑾之祸，以致大夏得祸独惨，岂不痛哉！蠹习既深，颓风未殄，乃以乘时射利为进取之能，巧诈奔迎为入官之计，便文自营为老成之识，辞难避事为保身之哲，以忧时任事为狷狂，以思患振职为生事。妒嫉忠正，不啻寇仇。比附邪佞，若皆亲属。忠正微失，磨牙环列以待噬；邪佞有罪，百方营说以救援。但知有身有家，而不知有君有国。人心陷溺、士习污陋，一至于此。以至国计日非，纲纪日坏，生民困苦，边备废弛，有不可以爬梳救药者。此所谓积衰之秽，而中兴之道不可以不讲也。

臣尝究观前代当中兴之时而不务中兴之实，则必大乱继之。夫在今日，中兴之名，人孰不知？但中兴之实，未尝有为陛下言者。况天心至公至明而不可欺，今不以此为陛下告而又欲以私意诬之，岂除秽布新之意哉！

洪惟陛下聪明刚断，旷世仅睹，诚上天笃生以为斯世中兴之主。故自登极以来，总揽乾纲，躬亲庶政。如内阁不与司礼监交通，则宿习之弊已革；如用人必自宸断，则援结之风稍息；如罢内臣镇守，则有司之职可守；如不许内臣奏讨牧马等地、清查皇亲田土，则甸民可生；如不许内臣军前托带弟侄去冒滥官职，究治买窝卖窝盐商；听劾边方偾帅，则边事可理；又如清查牛马房仓之欺瞒，禁革各门仓场之盗滥，查革勇士匠作之冒窃，则冗蠹可祛；及凡中外庶司宿弊所在，搜剔殆尽：是皆革旧除秽之大政，不可谓非中兴之急务。

然而治道未尽光亨、人心未尽悦豫、灾变未尽消弭者无他，盖缘今日臣工多仍先朝故习，君子常少，小人常多；君子之所耻者小人或攘臂为之；或下鼓翕訾，或潜腾左右，上以疑圣明之心，下以迷远近之见，将使圣心怅然，莫知所适，此其故，何哉？盖好利好进，小人常情，一旦使之无所援结、无所侥幸，犹婴儿割其乳哺、麋鹿失其圹野，何能已矣？其始不过为身谋而卒至于沮谋败德、妨国乱政，甚可畏也。故或假名于惇大，或饰情于谦恭，或称禁网阔疏，或称遵循故事，其实欲开援结之门、蹈侥幸之辙耳！陛下不察，误中其机，则前日之风复长，君子日消，治功日远，是旧秽方除而新秽复积，隳已成之功，贻无穷之忧，此岂毫毛细故而可不深察哉？臣窃以为先朝之秽，非遇陛下荡涤而洒濯之，不知将何底止矣。陛下忍以数年忧勤之积、中兴将成之功而隳于一旦哉？

臣愿陛下勿易初志、勿眩群咻，定之以笃志、持之以必行，务求中兴之佐、共成布新之功，则灾变自弭、天心悦豫，固不在于条格之陈、靡文之间也。且夫事关军国不过数端，祖宗定制未有不善，但得其人，实心求之，皆可以安邦而利民。今乃人人倡说，日日条陈，有司覆议，惟视势力为可否，积公移如丘山，反使纶綍之命玩习废置，不啻鸿毛。譬如筑舍道傍，历岁无成，陛下徒日焦劳而无益。臣尝思此，每至热衷感激而不能寝食，故不复有所忌讳以避举朝内外之怨恶，披沥血诚为陛下言之，而亦不复别为条陈以渎圣听，特以定志、求贤二事为献。惟愿陛下悯其冒昧万死之罪，察其芹曝之诚，采其刍荛之言而俯纳之。臣实不胜惓惓，仰望之至。

一曰定志，臣闻天有常度则寒暑不移其候，地有常形则险夷不易其广，人有常行则利害不变其操。自古帝王修明道德、建立事功，必先有一定之见、立一定之志而后行之，故奸言不能惑、声色不能移、货利不能易、异术不能左、祸福不能动、近功近名有不取、靡文器数有不事。是故志于正己，己有不正，不已也；志于得贤，贤才不得，不已也；志于安民，民庶不安，不已也；志于修边，边备不足，不已也；志于丕变士习，士习不变，不已也；志于风动四方，四方不动，不已也。必犹水之赴海，千回万折，不海不息也；兽之走圹，不圹不止也：是之谓志。志定则诚立，诚立则信孚，信孚则道溥，道溥则治定而功成。故伊尹曰"德惟一，动罔不吉；德二三，动罔不凶"，《洪范》曰"会其有极，归其有极，言必致一，必建极而后天下可理也"。臣愚以为今日庶务皆不必论，惟愿陛下一定其志，则天下之治可不遗力而毕，而天变之回有不待言者矣。

二曰求贤。臣闻自古创业、中兴必有其道，而后混一之规可成，积衰之运可挽，其本只在于定志，其要只在于用人，而用人之方在辨其公私。如志存于为君、为国、为天下苍生，不谋富贵、不交近习、不比邪佞、不植私与，此其人必君子也；志存于为身、为家、为富贵，交通内外、比附群小、丑政嫉贤，此其人必小人也。陛下试以是为观人之则，鲜不中矣。且审时救弊，又用人之当先。夫众皆贪墨，则知非廉洁不能变；众皆比周，则知非介特不能立；众皆窳惰，则知非奋励有为不能济。陛下试审今日之势，为贪墨欤、为比周欤、为窳惰欤？若果不能无贪墨、比周、窳惰之习，则当求其廉洁、求其介特、求其奋发有为者而任之，似不当狃于时尚、訹于大势而已也。然一木不可支大厦，一臂不可推大车，必在朝公卿尽皆公忠而后可责其同寅、可望其共济。否则熏莸冰炭，势不能同，此以为是、彼以为非，此以为可行、彼以为不可行，此以为贤而进之、彼以病己而退之，此以为不肖而退之、彼以附己而进之，国是贸乱，互相操切，究竟君子常诎、小人常伸。盖君子独立不回、众毁所集，小人则转相羽翼、扶之者众，此自古人君所以常欲用君子而终于不能用，常欲去小人而终于不能去，及至时危事蹙则徒切浩叹而无及，甚可惜也！故诚得人而用之，则宜虚心听纳、委任责成，勿蔽于近习、勿惑于谗邪、勿摇于群议，俾之安位行志、博求善类、布列中外，而以素所定志条其先后、时其缓急、次第施行，而后要之以悠久、养之以宽裕，故秽除功布而中兴之业可睹也。

昔商高宗三年不言，恭默思道，及得傅说而任之，则责之作舟楫、作盐梅、作霖雨，盖其精志凝一故能得贤、委任责成故能成志。臣愿陛下以之为法则，众正咸集而中兴之治可指日而成矣！

上明罚安边疏

臣窃惟大同之事，往年之失则在于并首恶而赦之，纪纲之废，莫此为甚。此后宜乘不备、有以处之不难，一向置之度外，所以复有今日之事。今日之失则在于惩往太过、卤莽不思，辄倡征剿之说，殊不知叛卒居于城中，非比贼巢夷虏。

夫城池者，朝廷之藩篱；宗室者，朝廷之骨肉；文武官僚者，朝廷之心膂；军民良善者，朝廷之赤子。其初只数十叛卒，并胁从不上三百余人，刘源清、郤永先受阃外之寄，苟知方镇为大、生灵为重，早能因其未备，闯入城中，擒之特易，失此不为。既及受命率兵，只宜远顿外方，愈假宽缓，移文查访以求首恶姓名，则众心皆安，洗城之说自无以惑。彼或劫掠城中，城中之人必深恶之，乘其深恶，因令整兵预备，人情所愿，俟其有备，只假一檄而罪人可得。失此不思，内阁倡为征剿于上，刘源清、郤永和为征剿于下，领兵围城，先攻东西二关，如战敌国、如攻贼巢，杀其无辜、使益惊骇，奔入城中，反为叛卒守城，洗城之说益信无疑。而又不知兵法深戒，犯其五难：夫穷死莫迫，今则迫其穷死，是犯一难；大同，坚城利器所在，是犯二难；百万生灵皆置之必死，以助其守城，是犯三难；文武官僚亦先置之必死，使无所措，是犯四难；围城将并屠无罪，兵为无名，无名不成，是犯五难。犹欲攻城，城可下乎？况使功不如使过，潘仿受方面之寄，正宜使之立功赎罪。轻信浮言，辄以潘仿等皆为贼缚，先行革职，不令与事，又欲待事宁，会议其有言皆破，调为叛卒所使，不复详其情理。以至官僚卿士及于宗室皆坐于抗拒，王师所以消息不通，迄无可处。师老财匮，卒难成功，当谁咎哉？纵使万一得破，必将杀戮无辜，亦为自撤其藩篱，传闻四方，诸镇皆危，将来有事，益深为计，诸边之失亦自此矣。何况未必能破而机会屡失，卒至事穷计生，勾引北虏而来，势实叵测。

夫古人善兵，皆收其末势而避其方张。昔我圣祖之驱胡元，实乘其末势，故能拓汉唐之故疆。今则不然，我为承平之余，彼为方张之势。且今大同人心皆怀必死之惧望救，北虏有如父母。人心向背，安危攸系，为势最为可忧。况古占夷虏，不在多人，如王衍见石勒之啸而知有中国之覆，王鼹明闻赵德明之言而知有西夏之忧。今北虏之有人无人，我皆不得而知，惟观其举措可知，举措未当，事犹可为，举措皆当，人心必归，归之不返则事势可忧，又不止如今日而已。又况国家兵力悉在诸边，精锐悉围大同，暴之冰雪，经冬涉春，死亡累累，昨不溃散从逆亦侔矣。今屡遭挫衄，杀伤不可胜数，但匿而不闻，似若不觉。由此言之，则国家兵力之困，莫甚今日。而欲当方张之势，岂不甚难！

为今之计更无他策，惟安内足以御外；安内之至亦无他道，惟处其情罪，允协人心。天理之公则无人不信、无人不服、无事不济矣。况谋杀主帅、谋杀本管长官，律有明条，虽犯人妻子亦有可原，况一城生灵之无辜哉！此为国法、此为天讨，执此而行，虽使北虏闻之，亦将自服，况我大同之人哉！大同既安，则北虏之冀望已塞，然后驱之必去而无还心。亦犹良医治病，必先固其本源而后驱其外邪，斯为善也。今不知务此而犹执征剿之说，以縻缝上下。昨者内阁虽因陛下神明之见，不得已而罢刘源清，然郤永犹存为主帅，则大同人心之疑终不可解。万一小王子果来入城，有以慰其心，则我之计已穷。彼乃据有大同，徐驱其众南下，其势诚有不可支者。故不可不早虑而深图也。

夫阃外之事，将军治之，虽天子不得与。况居省阁之内，欲执一己之见以度阃外之机，可乎？惟择用得人，使之相机而处，则无不万全矣。伏望陛下大发乾断，速去郤永，并正刘源清妄杀失机之罪，别简忠智以代之，明颁诏敕以谕之，使大同之人晓然知觉、翻然知悔，知陛下至仁至明之心。诛讨止于有罪，无辜一人不得滥及，则大同之变可不待旬日而定矣。臣实不胜激切，愿报为国之至。

久庵先生文选卷十六

◎奏疏

遵圣谕敷王道以永定人心疏

臣窃惟大同每每事变，始由情罪不明，终成积疑不解，故臣所以奉命，夙夜惟谨，不敢不尽其心。惟明情罪、解积疑而已，然岂有他，盖不过仰遵敕书及御札之旨，以敷陈王道、求以自治、尽其诚心而已！

《书》曰："无有作好，遵王之道。无有作恶，遵王之路。"此乃古帝王致治保邦，以成雍熙之道也。故臣昨于大同乱军情罪之当必明者，决不敢畏难而为姑息；当勿论者，亦不敢作恶而为加增。又曰"宥过无大，罪故无小"，又曰"歼厥渠魁，胁从罔治"，其意盖谓人之为恶，如非本心，犹可以改，虽大亦当宥也；如出本心，即不可改，虽小亦当罪也。其云"渠魁必歼"，正谓恶由本心；"胁从罔治"，正谓恶非本心。其不宥与宥，一皆至理，而非若后世姑息惨刻之为也。

《易》曰："王用三驱，失前禽，邑人不诫，吉。"此乃古帝王伐恶安人、保无后艰之道也。故臣昨于王福胜等则密切擒之以正典刑，其郭经等则书名、图形、悬榜晓知而后捕之。又戒有司毋事贪功、毋急追索、听其自逃，其逃而不脱者则获之，其逃而得脱者即徐待之，但使不敢入镇城、为地方之害则善矣。

或又恐其逃入北虏为边患者，此大不知虏情及彼辈人情之云也。虏人凡得中国人口则皆为厮役，或易马远夷，使不得逃回。如此不惟嗜欲不同，有所不堪，其实辛苦难当，岂肯甘心于此？况虏人多疑，亦畏彼辈反侧，不肯容留。昨如阚钺，先因殴母亲告在官，后同薛源、杨钺出边勾虏，自虏走回，吏有持其旧案于巡抚衙门者，因发布政使曹兰问理。有为游说于曹兰者，云："昨因发问此人，城中人心皆不安，又欲买煤、买米为闭城计。"臣闻之，即集文武官吏与阖城军民，喻之曰："朝廷所以念尔等一方，特遣我大臣查勘及发内帑赈济者，盖为尔等皆朝廷赤子，初无背叛朝廷之心，无辜罹此荼毒。若使王法不行，殴母勾虏皆不得问，则非朝廷赤子，又何查勘、赈济之也？即当回朝复命，亦不查勘，亦不赈济矣。"众皆惊忙走，央巡抚留臣，各递结状，云"无此事"。既而又有为薛源等游说者，曰："向日往虏勾引诸人，当速出榜招回，勿令在虏挑衅。"臣即据其不堪在虏之情以答之："夫虏人之来，苟可抢掳，决尽其力为之；如不可抢掳，亦无奈而去。又况虏人盛衰皆系于天，果有冒顿、石勒、兀术则必为冒顿、石勒、兀术之为。如无此等，则皆常虏而已。且虏人智识原不藉彼一二人而增，亦不因少彼一二人而减。彼皆有罪之人，我既招之而来，则不可失信以杀之。彼则反恃其通虏之势以行挟制，岂不益为地方之害哉！"臣故断然不许其回。既而询诸守墩军人，云初来时甚自扬扬，皆若得计，喝令墩军做饭与食、取水与饮，略迟即欲挟箭以射。既闻臣言，即自萧索，泣向墩军曰："今城中官府既不许我回北虏，又不我容，若从其去，辛苦不过，我皆是死。"遂恸哭而去。未几而擒王福胜等，虏人闻之，云："朝廷差大官府在城，既正其法、安其人矣，或将征我。"皆起营远去。实彼此情状如此，则"走虏挑衅"之说断知不必虑矣。于是益知今日安内攘外之要，惟在自治而已，诚不在于多杀。

夫自古帝王之于征讨，虽加敌国仇虏，皆止于吊民伐罪，而未尝有尽为诛戮者。或暴虐过甚、屠杀太多，在《春秋》所不赦、《纲目》则必罪，此岂古人欲故为此宽大以干誉、欢虞其人哉！今只观大同之事，尤可知矣。初如郤永、刘源清不分情罪而概为杀戮，则人人自危而不服，反致勾虏以为大患。及敷陛下德意、分其情罪，则人人自服而罪人可得，虽虏人闻风亦心服矣。但使自今有事于其地者，真能仰体圣心、真知王道之当务，必先于自治，公平处物，廉洁持身。不为债帅酷虐，率饬法详刑，劳来安集，无一不尽其诚。更"用三驱"，擒其余恶，不事贪功，听其自逃而徐捕之，必无他虞。如蒙陛下俯察臣言，特赐丁宁，敕令该部，转行彼处，各该大小衙门官员人等各思仰体，无事空谈，以为文具，则大同万年之安、永远之图，端在斯矣。

昭圣功明国是伸大义示四方万世疏

臣昨伏奉圣旨："黄绾抚赈查勘周悉，勤劳可嘉，升俸一级，还赏银三十两，彩段二表里者。"臣实感激，思无以报，又伏念之：

若非陛下至圣至明在上，臣不以此罹陷阱足矣，又敢望重赏哉？此实臣死生不能忘恩德者也。但臣之心犹有不敢自安者五，若不及今言之，则非臣子尽忠为国之道。

臣窃惟彼时大同之事，因郤永、刘源清贪功罔作，激成大变，祸几滔天，至今言之，犹可寒心。若非陛下神谟宿定、御札敷诚，何能人情深服，重镇聿安？正宜表彰风示诸镇、播传海内、垂之国史，而使天下后世咸知陛下至德格化之仁、神武伐罪之威有如此者。凡有血气含生之属，孰不感孚爱戴、永永而不能忘也？此岂不为宗社无疆之休、苍生万世之福？今皆使晦而不明者，只欲解刘源清之罪且以解郤永之罪而已。然其挟赀援结、及其乡曲姻娅之私，实有昭然在人而不可掩者，而当事之臣乃敢以此变乱是非，则所私者小而所失者大矣。此臣之所以不敢自安一也。

臣又惟彼时大同城门虽开，处分不明，郤永欲掩其罪，徂诈蛊惑，人心汹汹，危惧口不能安。若非本部尚书夏言始终持议、不失尺寸，向与廷臣会议，挺身折辩，不少回曲，覆题代王之奏、适当机宜，则大同几何不至再变，祸结而不可解也。此古人所谓“发纵指示”之劳，而臣独受赏。此臣之所以不敢自安二也。

臣又惟彼时，臣欲擒积年倡乱首恶王福胜等，以拔地方祸根，若非纪振、夏鹗、王威等舍身弃家、戮力图之，岂可幸成！臣欲其各效死力，只得以兵部原题“有能擒斩首恶一人，与升三级”事例许之，然后各肯用命，况其所擒首恶乃自杀。张文锦以至李瑾、曹安、景铨等，而犹不可谓之渠魁哉！若使其时尚钦持刀披甲之呼，再有一二人应之，而诸人之命犹可保，其家有噍类乎？且臣曾具招题请，已经兵部覆、奉钦依，见在可查。今反没之，是使臣失信于诸人矣。况臣奉朝廷之命，臣之失信即是臣致朝廷亦失信于人矣。今后有事，何以用其人哉？此臣之所以不敢自安三也。

臣又惟景铨、解英、郝麟、温景清、许宗尧等皆曾为国奋力擒获首恶，致被王福胜、张玉等或全家杀戮、止存孤孩，或妻子杀戮、止存一身，或家赀房屋罄尽，幸逃性命。今欲照例止升一级，将何报其忠义以塞其冤痛也？今后有事，人孰不为偷生自全而犹可望其效力哉？此臣之所以不敢自安四也。

臣又惟游击徐淮，纵令部下，首在西关妄杀平人数多，拆毁宗室坟庄，及抢掳民财、拆毁民居一空，并抢夺大户何文花粮银、剥脱衣服，致其赤身冻死，手足俱堕，情极可惨。原其罪恶，实与武滢相亚，虽有自保一营小功，实不足以赎前项大罪。又游击戴廉，为人虚诈奸险不下郤永，身握重兵不救李瑾，实有隐微之情，徒以油猾巧于钻刺以至今官，别无他长。且臣方擒首恶王福胜等，辄写书纪振阻挠，续又百般造言鼓惑，几致大变。若非地方人心信爱臣之深，几何臣之性命不为所害？臣不足惜，国家之事何如也？臣犹录其从众开门之功，此臣秉至公之心也。其云“另行议处”者，盖以国家法典具存、轻重有宜，必待法司据法斟酌，然后原详以行其至当，方可以为将来惩戒。岂料臣昨者查勘之疏，该科不下法司而先下兵部，辄为议拟，徐淮仅得罚俸、戴廉即与赎罪。且李凤鸣等之情罪皆当法司议拟，然后上请定夺。今皆兵部议拟，是法司为可废矣。况戴廉、徐淮、武滢、郤永、刘源清等皆有人在京营干，人言颇为籍籍。此臣之所以不敢自安五也。

臣有此五者不安于心，不为一言，而即默默受此重赏，是诚所谓“干泽窃宠之徒”，又何足以为陛下之臣哉！况臣前示纪振诸人赏格，原系兵部题奉钦依，查照先年征剿大同事例：“首恶一人，赏银五百两，与升三级。次恶一人，赏银三百两，与升二级。若城内良善或逆贼胁从人等有能用间用计开门、内应外合、互相擒斩者，亦照首功升赏。”今该部岂可于成事之后，即背前言？夫赏罚者，圣人致治之大权大信者，圣人御物之至宝。持此不爽，所以励世磨钝者在是，所以鼓舞劝惩者在是，所以树立风声者在是。虽齐威战国之雄犹必烹阿而封即墨，卫鞅杂霸之流犹能不失徙木之信，况在圣明之世而犹不以此为重哉！

昨见给事中曾忭又谓臣“不能尽法，若有姑息之为”者。臣则反复思之，不得其说；又再三求之于己，惟恐不尽，而又不得其说。其已蒙陛下洞察者，臣亦无容置喙。但惟自古帝王之用法也，惟求尽于所当尽，而未尝妄及乎无辜，故曰“歼厥渠魁，胁从罔治”。盖谓“渠魁”，情真罪当，故无可赦之理；若谓“胁从”，以其所从之悉为人所胁，非其本心得已，概而杀之，是亦无辜，故置之“罔治”，非为“姑息”，乃天理人情之至，如此斯为王道。故昨陛下钦降黄榜，即此而已。臣敢不遵奉，而又可蹈郤永、刘源清偾事之辙，以为阖城屠戮之举乎？且彼领数万之众，攻围几五月，不能得一人而罪之；臣以孤身，不提一旅，而又责臣以不尽诛，有此理哉？夫“除其邪虐，抚之以宽”，乃自古帝王之道如此。臣敢有所轻重于其间哉？况大同，国家重镇、祖宗所遗，皆我赤子，故臣既宣扬陛下德意，彼皆感泣，自云“永世不敢背负朝廷”，而又何忍云“杀之”也？

伏乞陛下敕下法司，明据法典，早正有罪。后仍行兵部，明查赏格，以赏有功，大定国是，传之四方，存诸国史，以昭万世之法。臣实无任惓惓仰望悚惕之至。

赐考妣祭葬谢恩疏

臣前年五月内在任，闻母鲍氏凶讣，奏乞还家守制。伏蒙圣恩，赐葬与祭；臣故父黄俌，亦蒙圣恩赐祭。臣奔驰到家，营葬臣母。及见臣父墓地有水，不安，迁改与臣母同葬，卜度经营，直至今年四月十三日方克安厝。

切惟人之所事，君亲为大；世之所营，褒显为先。臣念先因典礼未定、僭陈末议；后因大同未靖，略效微劳，皆臣职分之当为。又何宠恩之敢望，而臣之父母伏蒙赐葬并祭。存没增荣，恩光衣被。臣虽糜躯殒首，何能为报！

臣窃念《君陈》有曰："凡人未见圣，若不克见，既见圣亦不克由圣。"至哉斯言，真足为万世臣邻之戒！恭维陛下聪明睿智，本由天纵，又惟日孜孜，以表正万邦为念，慎乃猷为，敬乃作则，直欲祈天永命，用垂宗社无疆之休，可谓尧舜复生，汤文再出。臣子何幸得逢斯世、亲见大圣人也哉！但惜未有以古先立志存心、助成陛下大业，以光陛下之道于万世者也。臣每念及此，辄自愤悱、惭忧之无极。故自南京礼部右侍郎升礼部左侍郎以来，谆谆与当路大臣言之，期与共勖斯志、和衷协恭，以必成陛下之德之道，用光史籍于无穷。不料臣鄙野之资，心虽忠爱，言或粗率，以致当路厌闻，反成怨忌。适值大同变起，臣劝论不合，自此嫉臣。而忌者乃阴谋构陷，无所不至。臣初南来，朝中礼仪，多有未谙，偶因小失，当路即欲以此陷臣，二次俱蒙陛下宽臣罚俸。继有礼仪当行，即令上殿习仪，赐之酒饭。南京属官邹守益养病事情始末，与臣无干，吏部乃摭捏参臣调官，又蒙陛下于太常本内特批，留臣供职。忌者又复摭捏参臣调官，复蒙陛下于臣《明本心本》内特批，留臣照旧供职，又命臣于帝皇庙分献，曲示保全。又特蒙陛下以手敕与张孚敬，令与臣笃其旧好。又以手札与汪鋐，明言臣事，责鋐朝觐考察，不当有为而为。凡此恩德，如天之大、如海之深，虽父母之于赤子，不是过也。

矧大同之役，虽臣出万死之计以报陛下，擒此历年倡乱首恶以绝祸根，抚安良善以固国本，勘明罪人以存大戒，皆臣子之常分也。然非赖陛下天地至公、日月至明、主张决断、周悉万全于上，臣又何能而不与屈原、岳飞同冤于地下也耶？

兴言及此，臣则感沦骨髓，奋激肝肠，涕零如雨，不知所云。臣虽蝼蚁微末、陋劣无能，敢不悉心王室、精求陛下之志，日加惕励，以祈仰赞大业，用光陛下之道于万世也哉！臣实感激罔极，莫可名谢。

定庙谟疏

臣昨者稽违圣谕，罪当万死。伏蒙陛下如天包覆、如日普照，矜察臣蝼蚁下情，不惟赦而宥之，又谕："着竭忠所事，以副简任。"臣捧命感激涕泣逾时，即思捐躯虀粉，何能为报！

臣切思安南之事，仰惟陛下前日庙堂之议，操纵阖辟，动中机宜，始欲兴师，正所以威之使惧；今既惧之，正欲怀之使来；今既来之，而又有以处之。使威不我损、德不我失，庙算如神，相须为用。此所谓“知微知彰，知柔知刚”，斯为圣人之德深合古帝王御夷狄之道，而得我列圣已行之成宪也。

陛下不以臣为无能，命以奔走之役，适其来降之机，只赐臣一敕之重，命臣通行勘处应否，听其投降。及勘黎氏子孙有无，作何着落。如或莫氏父子阳为投降，阴恃险远、谲诈不一，即令臣就彼从宜酌处，奏请定夺。但两广、云贵等处地方，各有重臣当事，各执意见，不相降下，臣纵亲承陛下庙堂密议，无凭，彼必不信。必得敕旨明言，令各该地方大小官员并土官人等俱听臣节制，俾臣得以便宜行事。且彼处事情动涉数省，必有文移往来，必得给赐关防以便行事。如蒙俯从，臣请庶几事权归一，先声播闻，使彼先知所畏，稍示以恩，彼即甘心以听，是文教之中而武备攸寓矣。臣既钦承重委，自当小心敬慎、尽瘁竭死，仰体圣虑，宣布陛下威德，酌处可久无患之方，使听约束，绝不敢乖方妄为，以乱大谋。若然，要之可以兵不至用、财不至费、民不至扰，则陛下所以命臣而臣之所以报陛下者庶无负矣。

臣今奉委在身，事关计虑，故不暇他顾以避自荐之嫌，而竭其区区忠赤如此。如或不然，彼国素多谲诈，贪逆无状，乃其故智。况今事机未定，事体所关，不止一端，皆当区处允当。于此未当，轻身造彼境内，则必受制于彼，不特事机所关有所难处，而礼文交接亦多难定。万一变生不测，有言不信，尚口乃穷，或以辱命。臣不足惜，国家奈何？倘不至此，事必无了，必至勤兵于远。谨始虑终，正在今日，臣敢默哉！

又况万里远道，众论参错，往复查议，迁延岁月，坐失事机，为害亦非细。故夫事机所在，有当密者、有当明者，识而用之，斯无不济。往年陛下命臣大同抚赈、查勘之事，臣思必擒首恶、必调乱魁，方拔祸根。机当慎密，故臣不敢请命而行，虽寮友不使闻，同行不使知，共事不敢告，始获自尽，不至偾事。今日陛下命臣安南之事，臣思一切当处事体，机当先定，故臣不得不请重命而行。

伏望圣明留神至虑，凡军前合行事宜，俱命付臣，俾臣至彼，相机酌量而行。臣实无任仰望之至，宗社幸甚，臣愚幸甚！

附　录

黄绾生平系年

浙南台州洞山黄氏之起源，可溯源至“战国四公子”之一的楚国春申君黄歇。汉代，黄歇后人黄童香迁居江夏郡。黄童香生子黄琼，黄琼生黄琬。黄琬之后有黄大纲，封为定侯，又迁居光州固始。黄大纲十五世孙黄知运，为浙江永嘉太守。黄知运之子黄元方，为福建晋安太守，为避五胡之乱，迁居至福州侯官黄巷（今福州三坊七巷尚存“黄巷”遗址）。黄元方十二世孙黄岸，为唐桂阳刺史，封忠义公，又迁居至莆阳涵江。黄岸八世孙黄绪，为昭武镇都监使；五代末，为避王审知诸子之乱，举家迁至浙江台州黄岩洞山，是为洞山黄氏（洞黄）之初祖。

兹据民国乙卯年（1915）重修《洞黄黄氏宗谱》，对本谱主——黄绾“世系”流传之况，迻录于此：

1. 黄绪：洞山黄氏初祖，黄绾十七世祖；
2. 黄政：洞山黄氏第二世，称参十，黄绾十六世祖；
3. 黄晦：洞山黄氏第三世，称仁七，黄绾十五世祖；
4. 黄基：洞山黄氏第四世，称世六，黄绾十四世祖；
5. 黄旅：洞山黄氏第五世，称良一，黄绾十三世祖；
6. 黄哲：洞山黄氏第六世，称思一，黄绾十二世祖；
7. 黄慎：洞山黄氏第七世，称柏一，黄绾十一世祖；
8. 黄和：洞山黄氏第八世，称桂二，黄绾十世祖；
9. 黄煜：洞山黄氏第九世，称晋一，谱名煜，黄绾九世祖；
10. 黄轲：洞山黄氏第十世，称启一，谱名轲，黄绾八世祖；
11. 黄文质：洞山黄氏第十一世，称富二，谱名文质，黄绾七世祖；

12. 黄德深:洞山黄氏第十二世，称衍三，谱名德深，黄绾六世祖；

13. 黄与庄:洞山黄氏第十三世，称统五，谱名与庄，黄绾五世祖；

14. 黄尚斌:洞山黄氏第十四世，称永三，谱名礼遐，黄绾高祖；

15. 黄彦俊:洞山黄氏第十五世，称广五，谱名昌瑜，黄绾曾祖；

按:黄彦俊，名瑜，字彦俊，以字行，号慎斋。明正统元年（1436）进士。任兵部主事，居职有政声，大臣屡欲论荐，彦俊力辞。卒赠工部侍郎。著有《西游集》《慎斋稿》等。

16. 黄孔昭:洞山黄氏第十六世，称显四，谱名元曜，黄绾祖父；

按:黄孔昭（1428—1491），名曜，字孔昭，以字行，更字世显，别号定轩，晚号洞山迂叟。少读书，辄以古贤哲自期。天顺四年（1460）进士，历任工部屯田司主事、都水员外郎、吏部文选员外郎、吏部文选郎中、通政司右通政、南京工部右侍郎等职。嘉靖年间，以孙（黄绾）贵赠礼部尚书，谥文毅。与谢铎合编《赤城论谏录》《赤城诗集》，撰《尊乡录》，著《定轩存稿》（存世）。

17. 黄俌：洞山黄氏第十七世，称贞二，谱名正俌，黄绾父。

按:黄俌（1450—1506），字汝珍，号方麓，成化十七年（1477）进士，官至吏部文选郎中。嘉靖中以子（黄绾）贵赠詹事府詹事兼翰林院侍讲学士。妻鲍允俭（1451—1535），系乐清杨川里鲍恩次女。

成化十六年庚子（1480），一岁，生于黄岩

二月二十一日，黄绾生于浙江布政司台州府黄岩县（今浙江省台州市黄岩城区）。时，父黄俌三十一岁，母鲍允俭三十岁。黄绾生前，已有两位兄长：长兄黄绍，生于成化十一年（1475），长黄绾五岁；次兄黄绎，生于成化十二年（1476），长黄绾四岁。

五月，浙江太平学者谢铎（时年四十六岁）丁外艰，离翰林院侍讲职，返乡台州。嗣后，谢病家居数年。

是年，黄孔昭五十三岁，任吏部文选郎中八年有余。

是年，黄孔昭、谢铎共同编选台州先贤——方孝孺传世著作《逊志先生文集》，付梓刊刻。

是年，浙江乐清章纶六十八岁。广东新会陈献章五十三岁。江西南昌张元桢四十四岁。广东东莞林光四十二岁。河南祥符张懋（英国公）四十一岁。浙江余姚王华三十五岁。湖南茶陵李东阳三十四岁。浙江余姚谢迁三十二岁。福建莆田林俊二十九岁。江苏南直隶杨一清二十七岁。江西乐平乔宇二十四岁。四川新都杨廷和二十二岁。浙江嘉兴董沄二十二岁。山西太原王琼二十二岁。江苏无锡邵宝二十一岁。四川遂宁席书二十岁。江西吉水罗侨二十岁。江苏昆山周伦十八岁。浙江黄岩王启十六岁。江西泰和罗钦顺十六岁。广东增城湛若水十五岁。江西铅山费宏十三岁。浙江仁和胡世宁十二岁。江苏昆山方鹏十一岁。江苏长洲文征明十一岁。浙江余姚王阳明九岁。河南仪封王廷相七岁。浙江山阴朱节六岁。浙江永嘉张璁六岁。山东武城王道五岁。江苏长洲顾璘五岁。山西襄垣刘龙五岁。山东历城边贡五岁。岭南崖州钟芳五岁。陕西朝邑韩邦奇二岁。陕西高陵吕柟二岁。

是年，浙江仙居应良、浙江永康应典、江西分宜严嵩、浙江仁和邵锐、浙江鄞县闻渊、山东寿张殷云霄、浙江鄞县余本，生。

成化十七年辛丑（1481），二岁，在乐清

二月，黄绾周岁之际，在乐清人钟缓提议之下，以黄绾妗母钟氏、舅鲍鹏为媒妁，以息女（钟氏）与黄绾定亲。嗣后，黄俌正式行纳彩礼，同意此门婚事。时钟氏六岁，长黄绾四岁。

春，黄俌中辛丑科二甲进士，嗣后授职方主事。是科状元为浙江余姚王华，即王阳明之父。

立秋前五日，金华学者王汶为黄孔昭所编《重修洞山黄氏宗谱》

作序。

七月十五日，莆生黄乾亨受黄俌之请，亦为黄孔昭所编《重修洞山黄氏宗谱》作序。

是年，黄孔昭任吏部文选郎中满考。

成化十八年壬寅（1482），三岁，在乐清

三月，翰林院侍讲经筵官李东阳应黄孔昭之邀，为《重修洞山黄氏宗谱》作序。

闰八月，谢铎丧期满，例应起复；然谢病家居，与族叔谢省扩建会缌庵，并执教其中。

十月，黄孔昭由吏部郎中升任通政司右通政。

十一月，谢铎长子兴仁卒，年仅二十二岁。

是年，黄俌改任武选清吏司郎中。

成化十九年癸卯（1483），四岁，在乐清

三月，致仕南京礼部左侍郎章纶卒，年七十一。黄俌拔命，由京师南下至浙江乐清，营章纶葬事。

是年，谢铎再辞吏部荐举，楗门读书。

是年，李东阳升任翰林院侍讲学士

是年，王阳明就塾师，以读书学圣贤为第一等事。

是年，江苏泰州王艮、江苏昆山魏校、江苏长洲顾应祥、江西雩都何廷仁，生。

是年，淮安山县人叶赟任台州知府。

是年，黄俌告归，家居数载。

约在是年，黄绾始从外祖父鲍恩学。黄绾天资颇美，鲍恩教之亦有方。

成化二十年甲辰（1484），五岁，在乐清、黄岩

二月，李东阳充殿试读卷官，并以翰林院侍讲学士身份侍东宫班。

五月八日，黄绾四弟黄约生。

是年，黄俌家居。

是年，浙江鄞县张邦奇生。

是年，黄绾继续师从外祖鲍恩，受蒙学教育。

成化二十一年乙巳（1485），六岁，在乐清、黄岩

是年，福建闽县郑善夫、广东南海方献夫、浙江会稽季本，生。

是年，黄绾继续从外祖鲍恩学，读书过目即成诵。

成化二十二年丙午（1486），七岁，在乐清、黄岩

是年，寓京师王华官邸的王阳明，出游居庸三关，有经略四方之志。

是年，广东揭阳薛侃、江西永丰聂豹，生。

是年，黄绾继续师从外祖鲍恩，始学书画。

成化二十三年丁未（1487），八岁，在乐清、黄岩

正月二十七日，黄孔昭任通政司右通政满五年，升任南京工部右侍郎。

七月，追赠章纶为南京礼部尚书，谥号恭毅。

八月二十二日，明宪宗朱见深驾崩，年四十一。

九月六日，宪宗第三子、皇太子朱祐樘即帝位。大赦天下。以明年为弘治元年。

是年，浙江余姚徐爱、广东南海霍韬，生。

约在是年，黄绾读祖父黄孔昭所编《黄氏祖德录》。读罢，对高祖松坞府君（黄礼遐，字尚斌，号松坞）之懿德，大为赞叹。

弘治元年戊申（1488），九岁，在黄岩

闰正月，诏李东阳充纂修官，与修《宪宗实录》

五月十七日，黄绾外祖父鲍恩卒于黄岩新第。若干年后，黄绾为之撰《颍州太守简庵公墓志铭》。

七月，王阳明亲迎夫人诸氏于江西洪都，始信道教养生之说。

八月，谢铎应诏返京，复原官翰林院侍讲，与修《宪宗实录》。

是年，黄俌在家居数年之后，遵父黄孔昭之命，再出仕，任工部营缮司主事。

是年，外祖鲍恩谢世之后，因祖黄孔昭、父黄俌皆在仕途。母（鲍允俭）、舅（鲍鹏）为黄绾延师。

约在是年，黄绾受业于陈石峰，并弃学书画。

弘治二年己酉（1489），十岁，在黄岩

八月，太平方岩书院建成，时任左春坊左庶子兼侍讲学士李东阳作《方岩书院记》。谢铎有归隐之志。

是年，南直隶江都人马岱任台州知府。

是年，谢铎诗文集《桃溪净稿》编成，李东阳作序。

是年，王阳明始慕圣学，谒娄谅，语以宋儒格物之学。

弘治三年庚戌（1490），十一岁，在黄岩

正月十五日，黄绾五弟黄紒生。

二月，礼部会试，中式举人钱福等三百名。

三月，命少傅兼太子太师吏部尚书谨身殿大学士刘吉、左春坊左庶子兼翰林院侍讲学士李东阳等十三名大臣，为殿试读卷官。授

第一甲进士钱福为翰林院修撰，刘存业、靳贵为编修。命二甲三甲进士，各留十之五于各衙门办事，其余放回原籍听用。

春，席书中钱福同榜进士，授郯城知县。

五月，谢铎由翰林院侍讲升任南京国子监祭酒。

约在是年，童年黄绾负不羁之气，母鲍允俭惟以黄孔昭、黄俌家书，教诲黄家子弟。

弘治四年辛亥（1491），十二岁，在黄岩

正月，时任南京国子监祭酒谢铎，上书言六事：一曰择师儒、二曰慎科贡、三曰正祀典、四曰广载籍、五曰复会馔、六曰均拨历。

三月，谢铎次子兴义卒。

五月，谢铎以疾乞致仕，许之；七月二十一日，返程归乡。

六月六日，时任工部营缮司主事黄俌，离开京师，归省。**十七日，**黄孔昭以疾卒于南京工部右侍郎任上，享年六十四。黄俌适以公事至南京，遂扶柩归葬。**十八日，**黄孔昭病卒之翌日，谢铎闻讯，前往吊唁，“三往三哭之”，协助黄俌办理丧事。嗣后，从黄俌之请，谢铎作《南京工部侍郎黄公墓志铭》。

八月，《明宪宗实录》成，李东阳以纂修《实录》有功，升任太常寺少卿。

是年，谢铎辞去南京国子监祭酒职，家居十年（1491—1501）之久，讲学于太平方岩书院，邑之俊秀多从之游。谢家与黄家系世交，谢铎家居期间，黄绾即师从谢铎读书。

是年，江西安福邹守益、浙江太平叶良佩，生。

弘治五年壬子（1492），十三岁，在黄岩

七月，黄绾承祖父文毅公（黄孔昭）荫，入胄监，为国子监生员。

是年，黄孔昭卒后，黄俌、鲍允俭夫妇始置办室庐，并有居宇

之庇。

是年，王阳明举浙江乡试，并为宋儒格物之学。

是年，湛若水以《书经》举广东乡试，易原名“露”为“雨”。

是年，江西粤都黄弘纲、江西新建魏良弼，生。

弘治六年癸丑（1493），十四岁，在黄岩

二月，李东阳、陆简受命为会试主考官，取中式举人汪俊等三百名。

三月，命徐溥等十三名大臣，为殿试读卷官。上御奉天殿，赐毛澄等进士及第出身有差，文武群臣行庆贺礼。授第一甲进士毛澄为翰林院修撰，徐穆、罗钦顺为编修，第二甲顾清等九十人、第三甲陈璘等二百五人，分拨各衙门办事。

春，王阳明第一次赴京会试，下第。

春，湛若水上京会试，亦落第而归；归途经南京江浦，问学于庄昶。

春，浙江仁和胡世宁中进士，初授节推转郎，后擢知府。

是年，黄孔昭从祀黄岩乡贤祠。

约在是年，黄绾侍黄俌至省城杭州，游西湖冯园，留连竟日，不忍离去。

弘治七年甲寅（1494），十五岁，在黄岩

二月，湛若水往学于江门，师从陈献章，授以程子之书。

八月，徐溥等奏请，李东阳升礼部右侍郎兼侍讲学士，负责内阁诰敕之撰。

是年，黄俌丁外艰毕，服阕，补车驾主事，能其职。

是年，黄绾叔父黄位病卒。嗣后，黄绾应黄位之子黄绮之请，成《贞七叔墓志铭》。

是年，江苏长洲（今苏州）朱纨生。

弘治八年乙卯（1495），十六岁，在黄岩

八月，谢铎应黄俌之请，为黄孔昭《定轩先生存稿》作序。

是年，黄绾正始习举业。

是年，李东阳以原官与谢迁受命入内阁，参预机务。

是年，大学士丘浚卒，年七十六。

约在是年，黄俌改任吏部文选司主事。

弘治九年丙辰（1496），十七岁，在黄岩

正月五日，黄绾外祖父鲍恩下葬于乐清杨川接待山之原。

三月，李东阳受命为殿试读卷官。

春，王阳明第二次参加会试，不中。顾璘中朱希周同榜进士，授广平知县。

是年，黄绾习举业。

是年，浙江余姚钱德洪、江西泰和欧阳德，生。

弘治十年丁巳（1497），十八岁，在黄岩

三月，李东阳与徐溥、刘健、谢迁受命为总裁官，修撰《大明会典》。

十月一日，湛若水作《上白沙先生启略》书，揭“随处体认天理”之旨。

是年，王阳明寓京师，学兵法。

是年，黄绾仍习举业。

弘治十一年戊午（1498），十九岁，在黄岩

二月，皇太子出阁读书，赐李东阳太子少保、礼部尚书衔兼文

渊阁大学士，负责教导太子。

四月，京师国子监缺祭酒，吏部以谢铎名进之。

夏，台州黄岩、太平一带大旱。

秋，黄绾弃举业不为，励志古圣贤之学。时任巡按浙江道监察御史陈诠招黄绾参加浙江乡试，黄绾力辞不赴，并作《谢陈御史招应举书》。

秋，黄绾仲兄黄绎赴省试，不利。

是年，黄绾与妻钟氏完婚，媵婢某氏、虞氏。时，黄绾十九岁、钟氏年二十三。

是年，黄绾舅氏鲍鹏以邑庠生岁贡，任黟县训导。

是年，王阳明闻道士谈养生，有遗世入山之意。

是年，浙江山阴王畿、广东揭阳薛宗铠、浙江永康程梓，生。

弘治十二年己未（1499），二十岁，在黄岩

正月，黄绾祖母蔡氏卒，黄俌丁内艰。

二月，黄绾年届二十，在其父黄俌主持之下，行冠礼。赐字宗贤。

春，王阳明第三次参加会试，中伦文叙同榜进士，观政工部。

七月，谢铎作《赠工部右侍郎松坞黄公像赞》。

八月，谢铎由致仕南京国子监祭酒，升任礼部右侍郎管国子监祭酒事。谢铎前后两次以疾上乞致仕疏文，辞礼部之职，不允。

十二月，朝廷差官赍文催谢铎赴任，仍不就，李东阳亦贻书来劝。

是年，黄岩后学王洪实，从黄绾游。

是年，黄绾因系初生而喘嗽者，饮冷伤肺，虽服辛温化毒等剂，仍绵延不愈；遂询治于名医薛巳，薛巳用药，治愈其喘嗽顽疾。

是年，黄绾始学《易》。

是年，陈献章以江门钓台托付与湛若水，意以湛若水为衣钵传人。

约在是年，黄绾作《释问》文。

弘治十三年庚申（1500），二十一岁，在黄岩

二月十日，江门心学创始人陈献章卒，年七十三。湛若水作《白沙先生行状》《奠先师白沙先生文》，并为陈献章服丧三年。**十八日，**黄绾长子黄承文生，承文系钟氏所生。

是年，谢铎奉旨进京，任礼部右侍郎兼国子监祭酒。黄俌赠诗作《送方石谢先生北上》，黄绾有《送方石先生应召序》。

是年，王阳明在京师，授刑部云南清吏司主事。

弘治十四年辛酉（1501），二十二岁，在黄岩

是年，黄绾家居，继续用功于古圣先贤之学。

约在是年，黄绾著成经学著作《礼经》一种，寄书稿于乡贤王启，呈请指教，并有《与王东瀛论礼经书》。嗣后，黄绾又有《答王东瀛论学书》。

弘治十五年壬戌（1502），二十三岁，在黄岩，至京师

三月，李东阳充当殿试读卷官。

春，王廷相中康海榜进士，选为翰林院庶吉士。王廷相与李梦阳、何景明、徐祯卿、边贡、康海、王九思等七人在京师大兴文学崇古思潮，并称明朝“前七子”。[1]

是年，黄绾作《寄方石先生书》。

---

1 拙著《黄绾生平学术编年》误将“王廷相中康海榜进士”系于弘治十六年春，误，兹正之。

是年，黄俌丁外艰服阕，返京任职。先任吏部稽勋司郎中，又改任吏部文选司郎中。

是年，黄绾独自乘舟北上省父，至京师。

是年，黄俌举荐观政吏部进士卢英为黄岩县令。

是年，王阳明疏请告归，筑室绍兴会稽山阳明洞中，渐悟仙、释二氏之非。

是年，《大明会典》书成。

弘治十六年癸亥（1503），二十四岁，在京师

春，黄绾寓住乃父京师官邸，因病卧床近一年。

五月，李东阳与刘健、谢迁建言编修《历代通鉴纂要》，获准。

八月，朝廷命谢铎为官修《历代通鉴纂要》润色官。

十一月，谢铎任国子监祭酒兼礼部右侍郎满三载，因祖母赵氏守节四十余年，上《乞恩移封疏》，奏请旌表之。

是月，谢铎作《祖母旌表命下用杜韵志喜三首》。时客寓京师的黄绾闻讯，特作七言律诗《方石先生祖母赵氏旌门用杜韵志喜奉和一首》。

是年，黄绾在京师，再受业于时任礼部右侍郎兼国子监祭酒的谢铎。黄绾拜会恩师之时，谢铎转交自己诗文集最后定稿《桃溪类稿》与黄绾，并以日后刊刻事宜相托付。

是年，经谢铎、黄俌引荐，黄绾师从时任礼部尚书兼文渊阁大学士李东阳。在正式拜谒李东阳之前，黄绾先有《贽西涯先生书》。

是年，经谢铎、黄俌引荐，黄绾拜会并师从陈献章高足林光，研习江门心学。并有《谢林南川书》。

是年，黄俌因当路者不便其所为，致仕。嗣后，黄绾侍父南归，谢铎有赠诗《赠黄宗贤侍父南归二首（并序）》。

是年，黄绾舅父鲍鹏卒于安徽黟县训导任上，黄绾于京师闻讣

即恸哭，伤心数月。鲍鹏哲嗣鲍云、鲍雷扶榇而归，期于明年下葬。会黄绾侍父南归，即往舅家哭之。鲍云哭请黄绾撰墓志铭，黄绾哭曰：“铭固职也。”旋成《亡舅黟县训导鲍先生墓志铭》。

游学京师期间，乡人有以场屋关节为计者，黄绾因不入试，有感而赋，作五言古诗《有感》。

游学京师期间，黄绾曾羡慕太师兼太子太师英国公张懋家法。

弘治十七年甲子（1504），二十五岁，在黄岩

正月一日，黄绾赋诗《元日抒怀》赠谢铎，谢铎有《次黄宗贤元日抒怀韵》。

二月，谢铎复乞休致，不允。

六月，谢铎再乞致仕，仍不允。

七月，谢铎复以疾乞致仕，许之，给驿以行，命疾愈有司奏闻起用。

秋，王阳明主考山东乡试，穆孔晖举山东乡试第一，遂与王阳明有座主门生之谊。

九月，王阳明至京师，改任兵部武选清吏司主事。

十二月四日，黄绾亡舅鲍鹏下葬于乐清道林北山黄岙之原，黄绾与葬事。

是年，湛若水再次易名，其名由“雨”改成“若水”。

是年，湛若水奉母命就学于南京国子监。时任南京国子监祭酒枫山章懋，为湛若水之才识所折服，不敢以举子相见，称其为“老友”。

弘治十八年乙丑（1505），二十六岁，在黄岩

三月，李东阳充殿试读卷官。

春，湛若水、郑善夫、顾应祥、穆孔晖、殷云霄、方献夫、严嵩等同中进士。

五月七日，弘治帝朱祐樘驾崩于乾清宫，年三十六，庙号孝宗。

五月十八日，孝宗长子、皇太子朱厚照即帝位，以明年为正德元年，大赦天下。先是，大学士李东阳、刘健、谢迁入乾清宫，共同领受顾命。

七月，李东阳以辅导太子之功，与谢迁同升少傅仍兼太子太傅。

八月，李东阳与谢迁同授光禄大夫，勋柱国。

十二月，李东阳奉命修纂《孝宗实录》。

是年，王阳明与湛若水在京师定交，共以倡明圣学为事。湛若水中进士后，选为翰林院庶吉士。

是年，黄俌家居，杜门不出；黄绾亦隐居紫霄山中，兀坐读书，用功于六经四子之道。

是年，谢铎致仕家居，黄绾继续从学于谢铎。

是年，黄绾作《寄林南川书》，恳请时在京师的林光以江门白沙之道相传。

是年，黄绾有书函与吴行斋，向其请教《春秋》大义，成《寄吴行斋书》。

是年，黄绾与前年在京师期间亲炙业师张元祯有通信，作《与谢东白先生书》。

是年，在乃父黄俌引荐之下，黄绾与天台前辈学者夏鍭结识。黄俌于正寝之北建重屋，事竣，尽升前后所蓄卷帙于其上，字之曰“业书之楼”。夏鍭应邀登楼，“周览卷帙”。黄俌以黄氏诸子求为记文，夏鍭作《业书楼记》。

正德元年丙寅（1506），二十七岁，在黄岩

三月十五日，黄俌谢世，年五十七。是年起，依礼制，黄绾为父守丧三年。

十一月七日，黄绾次子黄承廉生，承廉系黄绾媵婢某氏生。

十二月，王阳明上封事，因忤宦官刘瑾，下诏狱，杖三十，谪贵州修文龙场驿驿丞。**十六日，**赐李东阳少师兼太子太师、吏部尚书、华盖殿大学士。

是年，张元祯卒，年七十一。闻讯，黄绾作《祭张东白先生文》。

是年，湛若水与徐爱相交，并切磋问学。若干年后，湛若水作《祭徐郎中曰仁文》，其中有“丙寅于京，我友阳明。君少侍侧，如玉之英”云云。

正德二年丁卯（1507），二十八岁，在黄岩

闰正月，王阳明往龙场驿，湛若水作《九章赠别（并序）》；王阳明答之，作《阳明子之南也其友湛元明歌九章以赠崔子钟和之以五诗于是阳明子作八咏以答之》。

二月，王阳明南下赴谪途中，转道归乡。

春，徐爱在绍兴，正式师从王阳明。

春，黄绾有诗作《幽居》。

六月，李东阳进《历代通鉴纂要》一书。

夏，黄绾先后作《上西涯先生论时务书》《再上西涯先生书》。

十月，湛若水改任翰林院编修。

是年，时任太仆寺卿储巏委托还任官吏刘大尹，吊奠已故友人黄俌。黄绾作《寄储柴墟先生书（三首之一）》以致谢，并恳请储巏利用职务之便，矜恤黄俌父子。

是年，储巏由太仆寺卿升任都察院右佥都御史，黄绾从邸报中闻讯，又有《寄储柴墟先生书（三首之二）》，并附有近作《寄西涯先生书》，请储巏指教。嗣后，储巏复函《与黄绾秀才》，对黄绾所提“求天下之才”之建言予以认可：“所论时事在引拔人才，最为至论。”储巏对青年黄绾寄予厚望，希望黄绾日后亲炙时贤蔡清、王阳明。

是年，黄绾又有《寄储柴墟先生书（三首之三）》。

是年，徐爱、朱节、蔡宗兖举于乡，朱、蔡亦师从王阳明；王阳明赴谪贵阳龙场驿，作《别三子序》以赠之。

是年冬，王阳明抵贵州修文龙场。

约在是年，黄绾有《答问土中铜器书》。

约在是年，黄绾创建象德祠，奉洞黄氏五世祖统五府君（黄与庄）神主，并撰成《奉统五府君入象德祠文》。

正德三年戊辰（1508），二十九岁，在黄岩

二月，湛若水充会试同考官，识高陵吕柟，于文置第一。

三月，李东阳充殿试读卷官。吕柟中状元。

春，徐爱中进士，授祈州知州。

春，湛若水为副使，受命册封宗藩瑞昌王，并假道增城，迎母陈氏至京师侍养。

十月，天台学者夏鍭有江心之游，过道黄岩，假榻黄绾四弟黄约居所——岁寒轩，住十几日。一日，黄氏诸子黄绍、黄约，携酒荡舟，邀夏鍭同游于澄江之浒，“缓行随波数十百步，遇风涛绝岸而止”。满数酌之后，夏鍭属黄绍邀黄绾到场，共同畅饮。

十一月，谢铎正式致仕。

十二月二十七日，湛若水因夜梦远在贵阳的道友王阳明，作诗《戊辰腊廿七日夜梦王伯安兄》。

是年，王阳明在贵州龙场，始悟格物致知之义。

约在是年，黄绾有《寄潘南屏书》，向弘治十六年游学京师之时曾执贽的陈献章高足潘辰，请益问学。

约在是年，黄绾少年时举业师陈石峰赙祭黄俌，黄绾作《寄陈石峰先生书》答谢。

约在是年，黄绾作《寄刘检讨瑞书》，向时任翰林院检讨刘瑞，

请教为学为道之方。

约在是年，台州太平、黄岩一带连续两年遇旱灾。黄绾有《上王太守救荒书》，建言台州太守："以己之诚心、思忖时之难易，行保甲、建义仓，以治理荒政。"

正德四年己巳（1509），三十岁，在黄岩，又赴京

四月，《孝宗实录》成，李东阳率百官上表。

冬，黄绾为父守丧三年毕，以母（鲍允俭）命强之出仕，遂赴部听选。

是年，在赴京之前，黄绾拜祭了先祖，作《告祖考文》。

是年，王阳明在贵阳，始论"知行合一"，后应时任贵州提学副使席书之聘，主讲于贵阳文明书院。

正德五年庚午（1510），三十一岁，在京师

正月，黄绾抵京，授后军都督府都事。

二月二日，黄绾恩师谢铎病卒于家，年七十六。朝廷赐葬谕祭，赠礼部尚书，谥文肃。葬于台州太平县旸（洋）岙大梦山。

春，王阳明由龙场驿赴江西吉安府庐陵县任知县，有惠政。

夏，黄绾于京师得知业师谢铎亡故之讯，作《哭方石先生次涯翁韵（二首）》。

八月，刘瑾以谋反罪下狱。治刘瑾党羽，刘瑾伏诛。

十月，湛若水任翰林院编修满三载，推恩封其母陈氏为太孺人。

秋，湛若水有诗作《秋怀三首寄王庐陵阳明子》。

十一月，王阳明入觐。黄绾与王阳明、湛若水结识并定交共学，以证圣人之道。

十二月，王阳明升南京刑部四川清吏司主事，并未立即离京赴任。

是年，黄绾与桂萼有交往，桂萼系正德六年进士。

正德六年辛未（1511），三十二岁，在京师

正月，湛若水、黄绾拜谒吏部尚书杨一清，恳请留王阳明于京师任职。王阳明改调，任吏部验封清吏司主事。王、湛、黄三人，于职事之暇，始聚会讲。王阳明时有《答徐成之书》，论晦庵、象山之学。

二月，礼部会试天下贡士，大学士刘忠、学士靳贵为考试官，王阳明、穆孔晖等为会试同考试官，取中式举人邹守益等三百五十名。

三月，李东阳充殿试读卷官，杨廷和之子杨慎中状元。

春，黄绾与王阳明、徐爱、应良、方献夫、郑杰、梁谷、王道、顾应祥、王元正等至京畿近郊踏青赏景，偕游香山时曾夜宿功德寺。此行，有诗歌唱和多种。黄绾有七言绝句《香山夜坐》，王阳明成《夜宿功德寺次宗贤韵二绝》，徐爱赋《孟春与顾惟贤奉陪阳明先生游香山夜宿林宗师房次韵》。黄绾还作七言律诗《游香山次阳明韵》、七言绝句《望湖亭》等。

春，三衢徐文溥中进士，离京至南京任礼科给事中。应徐文溥之请，黄绾为其别号“梦渔”作《梦渔说》。此外，黄绾还应徐文溥之请，为其乡人胡用良“早游燕冀岭海间”时所作图卷《观物》题跋，成《题观物卷》。

春，台州临海叶忠中进士，选为重庆推官。黄绾受乡人仕于朝者之托，作《送叶一之序》。

六月，徐爱进京考绩。黄绾与徐爱又有接触。

八月，应湛若水之请，王阳明为湛若水亡父湛瑛作墓表，成《赠翰林院编修湛父墓表》。

九月，朝廷命湛若水往封安南国王。

秋冬之际，吏部文选司署员外郎方献夫以病请告，归家隐居，王阳明作《别方叔贤序》赠之。黄绾作七言绝句《次韵送方吏部叔贤养病归南海（四首）》。

十二月二十七日，李东阳以老病请求致仕，准。

是年，在湛若水母陈氏七十五岁寿辰之时，黄绾、王阳明等同为湛母祝寿祈福。

是年，在京师任职的御史林以吉，立志求圣人之学，常请益于黄绾、王阳明。林以吉离京（至福建莆田）归省而与友人道别，黄绾作《赠林以吉侍御》文，王阳明成《林以吉归省序（辛未）》文。

是年，或系黄绾介绍，仙居学人应良亦问学于王阳明；王阳明又介绍应良与湛若水认识。

是年，王阳明有《答黄宗贤应原忠》，与黄绾、应良论实践之功。

是年，王阳明有《与黄宗贤（辛未）》。

是年，台州黄岩人章达德将归东雁，因系同乡，黄绾请王阳明、湛若水撰赠序文以送行，王阳明乃作《送章达德归东雁序（辛未）》。

是年，章达德把京城友人所成送行诗作，汇为一帙，题曰《燕市悲歌》。黄绾受命作序，成《燕市悲歌序》。

是年，黄绾主动引荐同寅顾应祥从学于王阳明。

是年，少师兼太子太师吏部尚书华盖殿大学士李东阳，为前一年谢世好友谢铎撰神道碑铭文，即《明故通议大夫礼部右侍郎管国子监祭酒事致仕赠礼部尚书谥文肃谢公神道碑》。

是年，黄绾为友人施聘之与吴人交游诗集《交游赠言》作序，成《交游赠言序》。

是年，翰林院检讨张邦奇将归省至浙江鄞县，黄绾、王阳明等有诗、序相赠。黄绾作五言古诗《赠张太史常甫省觐》，王阳明成《别张常甫序（辛未）》。湛若水与张邦奇同在翰林供职，亦当有赠序或诗歌之作。

冬，山东盗起，王道欲奉祖母避地江南，疏改应天府儒学教授。离京南下之时，黄绾、王阳明均有序文相赠。黄绾作《送王纯甫序》，王阳明作《别王纯甫序（辛未）》。翌年，王道抵应天任教之后，王阳明又有书函《与王纯甫（壬申）》。

正德七年壬申（1512）三十三岁，在京师，秋冬之际归黄岩

正月十五日，应黄绾之请，湛若水为黄绾祖父黄孔昭诗文集《定轩先生存稿》撰跋文。

二月七日，湛若水正式动身、奉使前往安南册封安南国王，并顺道送母陈太孺人还乡增城。离京之际，黄绾作《别甘泉子序》。王阳明作《别湛甘泉序（壬申）》，又有诗作《别湛甘泉二首》。**是月，**湛若水离开京城奉使南行，与致仕南归的应良一路偕行，湛若水有诗作《舟泊梁家庄爨括与应元忠语》。湛、应一行过境江苏浒墅关，与闽人郑善夫相识并结交。

三月，王阳明升任吏部考功清吏司郎中。

春，在湛若水、应良离去之后，黄绾亦有致仕归隐之意。适湛若水有赠诗寄至京师，黄绾用前韵奉和之，作《志怀》。

夏，王崇贤复任安徽霍山县令，离京赴任之时，黄绾与之谈学、论政，并作《送王崇贤序》。

夏，黄岩人吴昧斋出任山东禹城县令，黄绾在京师为之饯行，并作《送吴禹城序》。

夏，黄绾受库部主事黄伯固之请，为其弟黄叔开归乡莆阳作赠序文字，遂成《送族弟叔开序》。

夏，台州后学施存宜至京师游学，拟师从黄绾，求证圣贤之心，黄绾婉拒之。施存宜离京之时，黄绾作《送施生存宜序》。

秋，与黄绾同官的一位裘姓都事因奉养双亲之故，改官至南都任职，黄绾赋诗为其饯行，作《送裘都事改官南都将以便养》。

秋，友人郑杰由京师返乡鹿门，黄绾有诗作《赠郑伯兴归鹿门》。

秋，汪景颜在师从王阳明之后，出任大名府县令。临行之际，与王阳明、黄绾、徐爱等京城师友道别。黄绾作《赠汪景颜》。王阳明成《与王纯甫（壬申）》书，言及景颜事。

秋，黄绾应太师兼太子太师英国公张懋长子、锦衣卫带俸指挥佥事张钦之请，为其亡妻穆叔祥撰墓志铭，成《张恭人墓志铭》。

秋，黄绾多病。掌后军都督府的英国公张懋作为黄绾上司，对其多有关照。

深秋，黄绾任后军都事职满考之后，三疏乞养归，终以疾告归。

深秋，黄绾离京之时，王阳明作《别黄宗贤归天台序（壬申）》文相赠，又作诗歌《赠别黄宗贤》。

深秋，黄绾在离京之际，与京师友朋王元正、梁谷、顾应祥道别，作《留别三友》文。与此同时，黄绾又与汪玉告别，成《留别汪汝成》。此外，黄绾与吴廷勉、梁仲用（即梁谷）皆有诗歌辞别，赋《留别吴廷勉》《留别梁仲用》。

深秋，黄绾南归之际，徐爱假金赠诗，以壮其行。徐爱有歌行《送黄宗贤谢病归天台（五首）》《送黄宗贤谢病归天台诗叙》等。

冬，黄绾沿京杭大运河乘舟南归，过江苏浒墅关，与闽人郑善夫相识并结交。先前即是年春，湛若水、应良已与郑善夫结交，并提及时在京师讲学的黄绾与王阳明、徐爱等人。

冬，离京月余，尚未抵家的黄绾有《寄阳明先生书（四首之一）》。

十二月，王阳明升任南京太仆寺少卿，亦离开京师。是时，徐爱以祁州知州考满，升南京兵部车驾司员外郎；遂与王阳明同舟归越，便道归省。李东阳正式致仕。

正德八年癸酉（1513），三十四岁，在黄岩

正月十七日，湛若水抵安南，册封国王晭，却馈金；作《交南

赋》，不久返归。

正月，王阳明、徐爱南归途中，过江苏浒墅关，与闽人郑善夫结交。

二月，王阳明至越地，即拟与徐爱同游天台、雁荡，以寻访黄绾；因宗族亲友绊，弗能成行。

春，黄绾于黄岩翠屏山山田间垦地播种，赋有田园诗《荷锄》。

春，黄绾行走于黄岩紫霄山麓，手缘青藤，于凌霄岭断崖绝壑处寻得一地，芟屏满地荆榛，以俟容身。黄绾赋有诗歌《新开凌霄岭》。今有摩崖石刻文存世。

六月，太平学者赵元鋁病卒，年九十。黄绾作《白云赵先生墓碣铭》。

七月，南京吏部左侍郎储巏卒，年五十七。黄绾结识王阳明系储巏介绍，储巏与黄俌、黄绾父子均有交谊。

夏秋之际，王阳明寻访黄绾不果后，作《与黄宗贤（壬申）[癸酉]》书，告知近况。

秋，因伏疴久未愈，黄绾于紫霄山行道教辟谷之方，赋诗《病中习辟谷寄阳明甘泉（二首）》。

十月，王阳明至安徽滁阳，督马政。

冬，王阳明在滁阳，作《与黄宗贤（癸酉）》书，告知近况。

是年，王阳明在《与戴子良（癸酉）》书中言："宗贤已南还，相见且未有日，京师友朋如贵同年陈祐卿、顾惟贤，其他如汪汝成、梁仲用、王舜卿、苏天秀，皆尝相见。"

是年，湛若水再奉母入京。启程之前，与黄绾有书信，云"乡族难处""士风之薄，难以久居"。黄绾覆函《寄甘泉书（二首之一）》，安慰之。

正德九年甲戌（1514），三十五岁，在黄岩

二月晦日，黄绾登紫霄山顶，“夜烧生叶卧峰头”。

春，湛若水奉母北上、入京复命之时，与王阳明会于滁阳之间，有儒佛之辩。春夏间，湛若水抵京师。

春，会试，霍韬、黄宗明、应典等中进士。

四月，王阳明升任南京鸿胪寺卿，离开滁阳至南都，专以良知之旨训学者。

五月，王阳明在南京，与门弟子相与论学，门弟子亦有渐背师教者。

深秋，黄绾有七言绝句《吾庐》。

是年，黄绾在黄岩紫霄山中构草庵，并在灵岩为王阳明、湛若水各建一亭，名之曰“阳明公亭”“甘泉公亭”，并称“二公亭”。黄绾作七言绝句《紫霄怀阳明甘泉》，敬候王阳明、湛若水的来访，还有《寄阳明先生书》。

是年，王阳明在南都讲学，因宗朱学的魏校与之有“门户之分”，阳明门弟子与魏校门生之间亦展开论辩，颇似当年“朱陆之辩”，一主心学，一宗理学。远在黄岩的黄绾与魏校不曾相识，但见过魏校写给乃师李逊庵的几通书函，便修《答邵思抑书》与魏校有交往且时在南都任职的好友邵锐，希望邵锐从中调解，劝说魏校及其门生摒弃“门户之分”，与王阳明一道共倡圣学。

是年，王阳明、魏校之间在南都发生的学术争论，已传至京师，京师友人致函黄绾，告知此事。出于维护王学立场，黄绾又致函先前在京城结识而此时在杭城任职的李逊庵，作《复李逊庵书》。以为李逊庵之学与王阳明之学无异，希望作为魏校业师的李逊庵能够从中加以调停，即劝说魏校放弃门户之见，“朱果有益于此则求之于朱，陆果有益于此则求之于陆，要皆自成其身而已”。从而“以

天地为度，各通其志，各尽其力”，共倡圣学。

是年，时亦在南都供职的阳明门人王道受魏校、邵锐之影响，与其师王阳明、好友黄绾所主“圣人之学”渐行渐远。王道先后有两封书函与黄绾，委婉告知自己对阳明之学“疑而不信”，并希望黄绾就魏校、王阳明之间的学术同异发表意见。黄绾以古圣贤相传之心学为参照，成《复王纯甫书（二首之一）》，反对门户之争。或许系学术立场有异，王道未对黄绾书函作出答复，黄绾再有《复王纯甫书（二首之二）》，希望深得魏校之说的王道覆函介绍魏校之学，以便甄别二家之学术同异。尽管黄绾不识魏校，但坚决以为王、魏二人的为学宗旨“元无不同”。

是年，仙居学人应良偕永康学者应典，至黄岩紫霄山，拜访黄绾，一道切磋论学。

约在是年，邻老林君自谓北宋西湖处士林逋支裔，裒辑林逋遗诗，将以锓梓，请黄绾为所辑诗集《林和靖诗集》作序，黄绾作《林和靖诗集序》。

正德十年乙亥（1515），三十六岁，在黄岩

正月三十日，湛若水母、封太孺人陈氏卒于京城，年七十九。湛若水哀毁匍匐，不能仰视，后扶柩南归。时王阳明任南都鸿胪寺卿，逆吊于南京龙江关，两人辩论“格物”。湛若水南归途中，尚有《与阳明鸿胪》《与王阳明先生鸿胪》《寄阳明王先生》等书函。

春，王阳明有书函与黄绾，即《与黄宗贤（癸酉）[乙亥]》。黄绾从王阳明书函中得知湛母病卒事，因作《祭湛太夫人文》。

三月三十日，太师兼太子太师英国公张懋卒，年七十六。黄绾闻讯，作《奠英国公文》。黄绾任后军都事之时，张懋系黄绾上司，且对黄绾多有关照。

七月九日，湛若水葬亡母陈太孺人于荷塘之源，朝夕号泣。应

湛若水之请，张邦奇撰《封太孺人陈氏行状》，王阳明作《湛贤母陈太孺人墓碑》，蒋冕成《明封太孺人陈氏墓志铭》。**十三日，**黄绾作《题大闾杨氏家谱》。

秋，黄绾至北山之灵岩石室（灵岩洞），探寻乡先贤、南宋丞相杜范读书处，赋有七言绝句《灵岩石室宋杜丞相范曾此读书》。

八月，王阳明上《乞养病疏》。

九月三十日，系王阳明父王华七十寿辰。此前，王华女婿、阳明门人徐爱以"吾子为通家"，修书一封与此时家居的黄绾，请黄绾为王华撰寿序。黄绾因作《实翁先生寿序》。

是年，王阳明与王道师徒之间"有隙"，黄绾有书函与王阳明专论此事，王阳明随后复函《与黄宗贤（癸酉）[乙亥]》。

是年，黄绾山居读书，有诗作《雨宿半壑庵（三首）》。

是年，永康学者应典继前年之后，再次来访黄岩。黄绾与之论学，并有《赠石门子》。

是年，曾问学于王阳明的台州临海林典卿、林彝卿兄弟归省，临行之前，与王阳明道别，阳明作《赠林典卿归省序（乙亥）》，属林典卿返乡之后，以"立诚"之言转告讲学于天台、雁荡间的黄绾、应良。

约在是年，福建莆田人林以吉转任提学官，黄绾有《与林以吉书》。

正德十一年丙子（1516），三十七岁，在黄岩

初春，黄绾有郡城临海之行，造访林典卿、林彝卿兄弟，有七言绝句《过林典卿山居（二首）》。

暮春，黄绾有七言律诗《暮春》之作。

七月二十日，致仕特进光禄大夫左柱国少师兼太子太师、吏部尚书、华盖殿大学士李东阳卒于京城，年七十。闻讯，黄绾作《祭

西涯先生文》，还有诗作《次韵哭涯翁》。

九月，王阳明升都察院左佥都御史，巡抚南、赣、汀、漳等处。是时，汀、漳各郡皆有巨寇，兵部尚书王琼特举王阳明前去平叛。

十月，王阳明归省至越。

秋，江西欧阳德、黄弘纲、聂豹等举于乡，王阳明至江西后，皆师从阳明。广东杨仕德、杨仕鸣兄弟举于乡，先是师从湛若水，后又问学于王阳明。

秋，黄绾与甫任台州太守顾璘结交，并偕游台州郡城一带名山大川，并有诗歌唱和。黄绾作《和顾华玉游云峰》《陪顾华玉游巾峰（二首）》《次华玉九日登巾峰》等。

秋，南京兵部尚书乔宇将李东阳赠谢铎《石棋子歌》书成篆文，嘱台州太守顾璘刻石立碑。因黄绾系李东阳、谢铎、乔宇三人之门生，顾璘特邀黄绾至郡城，共商此事。黄绾遂有《题乔白岩篆石棋子歌后》。

秋，黄绾在郡城临海。先是，陈鲁南为顾璘谪官湘南事而有画作《华山对雨图》，顾璘邀黄绾玩赏；黄绾为之题跋，成《题华山对雨图》。又，长洲文征明有诗画一卷，请顾璘转赠顾璘女婿俞商用；顾璘又把此诗画拿出供黄绾鉴赏，黄绾遂有《题文征明诗墨》之跋。

秋，黄绾在郡城同俞节推偕游城西龙潭寺，赋七言律诗《同俞节推游龙潭寺》。黄绾在郡城之时，应乡先贤郑水部之子请，作《题郑水部碑状后》。

秋，黄绾赋有七言律诗《秋日》《草堂》等。

秋，黄绾携客登天台，作有七言律诗《登天台》《桃源洞》等。

深秋，黄绾从郡城返家黄岩，“结茅紫霄”，作有七言律诗《紫霄述怀》《北山》《北山漫兴》等。

约在是年，某地潘姓太守受原户部右侍郎邵宝之托，拜访黄绾，因黄绾有礼乐之志，邵宝特托潘太守带来张叔成所著《律吕书解》，鼓励黄绾用功于礼乐之学。黄绾作《复二泉先生书》致谢。

约在是年，黄绾受时任南京工部都水司郎中徐爱之请，为其先祖父徐廷玉撰墓志铭，成《徐府君墓志铭》。

约在是年，后学李朝绅至紫霄山中拜访黄绾，黄绾赋五言古诗《赠李生朝绅》。

正德十二年丁丑（1517），三十八岁，在黄岩

正月，王阳明至赣。**是年，**平横水、桶冈诸寇后，于十二月班师。

春，会试。蔡宗兖、季本、薛侃、陆澄、聂豹、张元忭、马明衡、夏言等中进士。

四月，湛若水服阕。王阳明于赣有书函与湛若水，湛若水作《答王阳明书》。

五月十七日，南京工部都水司郎中徐爱患痢疾，遽卒于山阴寓馆，年三十一。时寓赣州的王阳明于是年七月十五日、八月十一日各作《祭文》一篇。**十一月，**湛若水从王阳明处得知徐爱病卒之讯，亦作《祭徐郎中曰仁文》。**是年底，**王阳明将自己为徐爱所撰祭文抄送黄绾，并有书信一通。黄绾复函，成《寄阳明先生书（四首之三）》。翌年，即正德十三年八月十五日，黄绾又作《祭徐曰仁》文。

七月，黄绾曾祖叔黄彦良卒，年七十八。黄绾作《司训府君墓志铭》。

秋，黄绾于紫霄山中建成石龙书院。（编者按，今书院之基尚存）

秋，闽中郑善夫拟在冬日至黄岩拜访黄绾，有五言律诗《黄岩黄宗贤为余筑室羽山招与共栖未果守官郁郁辄有东路之思奈故乡多难欲归不可行当赴其招矣记兴（二首）》。

冬，天晦，大雪浃旬不止。郑善夫抱病来访台州，黄绾与之论圣人之学，言及“天地万物之奥，极于无穷”。黄绾先是在委羽山

款待郑善夫，又偕之至黄岩业书楼论学，继而移至紫霄山石龙书院留宿。

冬，应郑善夫之请，黄绾在长兄黄绍帮助下，在黄岩翠屏山为郑善夫构筑少谷亭以居之，黄绾成《少谷亭记》一文。此外，黄绾作有诗歌《少谷郑继之访予紫霄因结亭留之》。郑善夫好友方豪得知黄绾为善夫来访而建造“少谷亭”一事，即赋五言律诗与黄绾，表示期望一同隐居紫霄山。黄绾次韵和之，即《方思道闻余与郑继之结亭紫霄作诗期隐次韵招之（二首）》。

冬，应黄绾之请，郑善夫作《石龙书院记》。

冬，与郑善夫紫霄夜坐论道，黄绾作五言古诗《与继之紫霄夜坐》一首，并镌刻于翠屏山灵岩洞侧岩石之上。尔后，黄绾还把翠屏山一处山峰命名为“少谷峰”，亦镌刻于摩崖之上，紫霄山及黄绾石龙书院所在地称“北山”。郑善夫在黄绾、黄约兄弟陪伴之下，畅游之，嗣后有《游北山记》。郑善夫并有诗作《北山诗（二首）》《芝谷歌》等。

是年，黄绾有五言古诗《赠山人》《赠周别驾以成（三首）》等。

是年，湛若水丁母忧毕，无意出仕。十月，上《乞养病疏》，隐居西樵山，建大科书院以讲学。是年冬，有《寄阳明都宪》《寄王阳明都宪》等书函。

正德十三年戊寅（1518），三十九岁，在黄岩

正月，因郑善夫来访黄岩，仙居应良、永康应典亦慕名而来。黄绾、黄约、郑善夫、应良、应典等在大雪之中偕游至郡城临海。时任台州郡守顾璘闻好友郑善夫、黄绾一行来访郡城，盛情款待，有五言律诗《雪中郑少谷黄石龙过郡》。郑善夫有诗作《岁暮寻天台山水》。

黄绾、郑善夫、应良等拜会顾璘之时，曾登临顾璘在临海后山

之麓所营造的一处亭台，宾朋友好饮酒唱酬其中，有人建议以“回风”二字命名此亭，顾璘同意，黄绾作《回风亭记》以纪之。

顾璘又在郡城临海巾山之畔构建“玉辉堂”，款待黄绾、郑善夫一行。黄绾有诗作《玉辉堂》，应良撰《玉辉堂记》。黄约因善书，特为“玉辉堂碑记”篆书并题额。黄绾、顾璘、郑善夫、应良、应典等在玉辉堂宴集，并有诗歌唱和。黄绾作五言律诗《与郑继之郡斋宴集次顾太守华玉韵（时武宗皇帝尚北狩）》，郑善夫有五言古诗《宴集玉辉堂》《郡斋宴集答华玉》等。郑善夫离去临海时，顾璘又作《别郑继之序》。

二月初，郑善夫离开台州，拟转道杭州，北上京师，黄绾、应良偕送之渡钱塘。在钱江渡口言别之际，黄绾作五言古诗《赠继之》以饯行。此外，黄绾、应良、郑善夫还相约于是年秋冬之时共赴广东增城，寻访道友湛若水。

春，郑善夫到杭城之后，黄绾曾作七言绝句《寄郑继之》。

春，有黄岩乡人自江西归来，携王阳明手札一通（附王阳明《祭徐曰仁文》）转交黄绾。黄绾覆函，作《寄阳明先生书（四首之三）》，交流自己近来读书心得；嗣后，王阳明又作《与黄宗贤（丙子）[戊寅]》。

是年，黄绾在紫霄山与归省还乡的刑科都给事中王爌，夜坐畅谈，有七言绝句《夜坐赠王南渠给事》（二首）。

是年，王阳明继续在赣平叛，并有致仕归隐之意。**三月，**上疏乞致仕，不允；**六月，**又上《辞免升荫乞以原职致仕疏》；**七月，**王阳明刻古本《大学》并有序，刻《朱子晚年定论》亦有序；**八月，**门人薛侃于虔刻《传习录》。

是年，王阳明与湛若水之间有书信往来，作《答甘泉书》，并寄《朱子晚年定论》刻本与湛若水。嗣后，湛若水有《答阳明都宪》。

是年，湛若水亦重视古本《大学》，始撰《古大学测》《中庸测》。

是年，黄绾还有书函与王阳明，其中附诗作一种。嗣后，王阳明有《与黄宗贤（戊寅）》书。

是年，在黄绾、应良劝导下，永康应典入京，授兵部车驾司郎中，受知于兵部尚书王琼。

正德十四年己卯（1519），四十岁，在黄岩

三月，先是正德皇帝西巡归来，敕谕南巡，周游天下，百官反对，兵部郎中黄巩等百四十六人先后疏谏而遭杖刑、黜降。时任礼部祠祭清吏司主事郑善夫，亦上《谏冬巡疏》而受廷杖，罚跪五日。嗣后，郑善夫有《寄黄石龙》书，告知此事。

六月十四日，宁王朱宸濠借口武宗荒淫无道，兴兵造反，杀巡抚孙燧、江西按察副使许逵，革正德年号。以李士实、刘养正为左、右丞相，以王纶为兵部尚书，集众号称十万，并发檄各地，指斥朝廷。**七月初，**又以其部将守南昌，自率舟师蔽江东下，略九江、破南康，出江西，帅舟师下江，攻安庆，欲取南京。

六月，王阳明奉敕勘处福建叛军。**十四日，**至丰城，闻宸濠反，遂返吉安，起义兵。**七月二十日，**拔南昌，促兵追濠。**二十六日，**获濠于樵舍，江西平。

八月二十二日，王阳明捷报尚未达北京，正德皇帝自称“奉天征讨威武大将军镇国公”，率万余官兵南下“亲征”。到涿州之时，王阳明捷报传至，但正德皇帝仍一意南征。

八月，王阳明疏谏亲征。

九月，王阳明献俘（朱宸濠）至钱塘，以病留杭州。

十月，因王阳明平叛之功，佞臣张忠、江彬、许泰心怀妒恨，向正德皇帝进谗，说王阳明有谋反之志，让正德帝把王阳明招至南京，并拟设法陷害之。不得已，王阳明辗转镇江金山寺、安徽九华山避祸。

十一月，正德帝认为王阳明无谋反之意，王阳明遂重返江西。

十二月，朱宸濠被押解至南京。**次年十二月，**正德帝在通州处死朱宸濠，除宁王之藩。

是年，王阳明因平定宁王叛乱而成有功社稷之臣，黄绾有《寄阳明先生书（四首之四）》，告诫王阳明在"奸欺盈朝"之时，注意明哲保身。

是年，黄绾有《寄方叔贤书》，就"省察存养一事"之所得，求证故友。

是年，黄绾入郡城临海，与城中诸友畅饮于裘指挥山亭，作有七言律诗《秋日与城中诸友饮裘指挥山亭》。

是年，应台州太守顾璘之邀，黄绾为台州临海张玑、张尺二先生作《二张先生传》。

是年，广东东莞林光卒。林光系陈献章高足，黄绾早年在京师游学期间曾拜谒、师从之。湛若水作《祭林南川文》。

是年，王阳明与湛若水之间有通信，讨论《大学》"格物"之说。湛若水《答王阳明》文以为"格即造诣之义，格物者即造道也"，"吾辈终日终身，只是格物一事耳。"

正德十五年庚辰（1520），四十一岁，在黄岩

二月二十九日，黄绾妻钟氏卒，年四十五。钟氏为黄绾生有一子黄承文（黄绾长子）、一女黄娟（长女）。钟氏出嫁之时，媵婢有二：某氏（生子黄承廉）、虞氏（生子黄承德）。若干年后，黄绾作《亡室淑人钟氏墓志铭》。

三月，郑善夫托疾上疏乞归，离京返闽，并有书函《答黄石龙》。

春，湛若水避地发履冢下，常与霍韬、方献夫家居为会。王阳明与湛若水之间有书信往来，即《答甘泉》《答阳明》。黄绾亦与湛若水有通信，即《寄甘泉书（二首之二）》。

夏，应典在京师兵部任职满考，得奉敕推恩考妣；遂引疾求归家（永康），奉养母亲。

夏，湛若水有《大科书院训规》及《序规》之作。

秋，郑善夫三年之前来访台州，因临别之际与黄绾、应良有"北山之约"，即三年之后再次来访。郑善夫应约再访台州，适永康应典亦来访，黄绾、应良、郑善夫、应典遂偕游雁荡、天台。

此次雁荡之行，黄绾以雁荡胜景为题，赋七言绝句诗《灵峰洞》《灵岩》《龙湫》《石门道中答继之苹花之作》等。雁荡游毕，离山之时，应良有七言绝句诗赠黄绾，黄绾次韵作《和应南洲雁荡出山见赠韵（二首）》。黄绾还有七言律诗《雁荡赠郑继之应元忠》。郑善夫亦有《秋夜偕应天彝黄宗贤宿灵岩天柱峰大雷雨作》《雁宕山中》等诗作。

游毕雁荡，黄绾、应良、郑善夫一行又有天台山之游，偕赏国清寺、华顶、石梁等天台胜景。黄绾有七言绝句《观石梁》《登华顶》等。下山之时，黄绾赋诗《天台山赠应郑二子》。郑善夫还有《天台杂诗》等。

八月，郑善夫离去，黄绾、应良为之送行。

闰八月中秋前夕，黄绾、应良、郑善夫至绍兴，先是在会稽寻访旧友董玘，然后同至白浦寻访朱节、蔡宗兖。止宿于朱肖斋、朱节祖孙两代的延宾之所——"茶瓜小会"。宾朋友人，晨夕登高眺望，倦则归卧之。黄绾应朱节之请，有《茶瓜小会记》。

闰八月十五日，黄绾、应良、郑善夫还与朱节、王琥等五人在中秋月圆之夜，荡舟绍兴镜湖。黄绾有七言绝句《同守中世瑞元忠继之乘月泛镜湖忆阳明（二首）》。**二十日，**郑善夫与方豪在杭州西湖会面，一同寻访圣果寺附近的石洞。（编者按，今此石洞尚有摩崖石刻文字"正德庚辰闰八月廿日，方豪、郑善夫来访石洞"存世）**二十二日，**黄绾、应良、郑善夫三人祭拜了位于绍兴迪埠山麓的亡友徐爱之墓，合作《祭文》一篇，篇首有“维正德十五年，岁次庚辰，闰八月廿有二日，友生仙居应良、黄岩黄绾、闽郑善夫，谨以清酌庶羞之奠，敬祭亡友工部郎中徐兄曰仁之墓”云云。**是月，**在萧山西陵渡口，黄绾、应良等与郑善夫拜别，郑善夫亦邀黄绾、应良于明年至闽中访学。与郑善夫道别后，黄绾、应良再至白浦拜会朱节、蔡宗兖，切磋论道。

冬，先是，郑善夫离去之后，有书函两通与黄绾，请教为学之方。于是，黄绾覆函成《与郑继之书（三首之一）》，又有《与郑继之书（三首之二）》。嗣后，郑善夫有《答石龙兄》书。

是年，王阳明在江西，作《书佛郎机遗事（庚辰）》，其中有乐府诗《佛郎机》。王阳明将《佛郎机》寄黄绾，黄绾乃作《佛郎机次阳明韵》。

是年，台州学者应良、赵渊对四十年前乡贤黄孔昭、谢铎裒辑的《逊志斋集》再加删订，成二十四卷（文二十二卷、诗二卷）。台州太守顾璘刊刻于郡斋，黄绾受邀作跋文《题重刊逊志斋集后》。

是年，湛若水《古大学测》《中庸测》成书，并各作序文即《古大学测序》《中庸测序》。

是年，先后从学于湛若水、王阳明的广东学者杨仕德卒，年三十七。湛若水作《奠杨仕德文》。

正德十六年辛巳（1521），四十二岁，在黄岩

二月十六日，时任台州太守顾璘从谢铎孙谢必阼处，得谢铎遗文《桃溪净稿》八十四卷。顾璘为之作序，并刊刻之。

三月十四日，正德帝朱厚照崩于豹房，年三十一，庙号武宗。遗诏召兴献王长子朱厚熜嗣位。武宗无嗣，慈寿皇太后与大学士杨廷和定策，遣太监谷大用、韦彬、张锦、大学士梁储、定国公徐光祚、驸马都尉崔元、礼部尚书毛澄，以遗诏迎朱厚熜于兴邸。

四月七日，朱厚熜发安陆。**二十七日**，朱厚熜至京师，止于郊外。礼官具仪，请如皇太子即位礼。王顾长史袁宗皋曰："遗诏以我嗣皇帝位，非皇子也。"大学士杨廷和等请如礼臣所具仪，由东安门入居文华殿，择日登极。不允。会皇太后趣群臣上笺劝进，乃即郊外受笺。是日日中，入自大明门，遣官告宗庙社稷，谒大行皇帝几筵，朝皇太后，出御奉天殿，即皇帝位。以明年为嘉靖元年。

五月十五日，殿试，四十七岁的永嘉张璁中进士，观政礼部。

五月，王阳明集门人会讲于白鹿洞书院。

七月三日，张璁拜疏，建言：嘉靖帝"继统"不必"继嗣"，请尊崇所生，立兴献王庙于京师。下张璁奏疏，命廷臣集议。杨廷和等抗疏力争，皆不听。**七月四日**，命自今亲丧不得夺情，著为令。**十月一日**，嘉靖帝追尊父兴献王为兴献帝，祖母宪宗贵妃邵氏为皇太后，母妃为兴献后。**十二月**，张璁因先前疏"议大礼"而忤杨廷和等，借故调至南京任刑部山西清吏司主事。

七月，南京兵部尚书乔宇改任吏部尚书。嗣后，为颂美"为国重臣"乔宇的"清温之德"，黄绾作跋文《题霍山代卷后》。

秋，顾璘离任台州，新任台州太守系罗侨。黄绾从黄岩出发，至郡城拜谒罗侨。

秋，因忆及去年秋郑善夫游天台时，吟有七言绝句《懒椿诗》，黄绾赋诗《天台道中诵少谷懒椿诗因忆之》。

秋，逗留台州之时，黄绾应罗侨之请，为其诗文集《东川集》题跋，作《题东川集》。罗侨还邀请黄绾共登云峰山，黄绾有诗作《罗太守邀登云峰》。又，罗侨上任伊始，作告台州百姓《谕民》文，邑社之人相率为诗以颂之；黄绾读罢，乃作《题罗太守谕民文》。

八月，王阳明由江西南昌归越中（绍兴）省亲。是年六月，王阳明升南京兵部尚书、参赞机务，遂疏乞便道省葬。

九月，王阳明归余姚，与后学随地指示良知，钱德洪等请见并师从之。

秋，黄绾从台州启程至越中（绍兴），寻访数年未曾谋面之道友王阳明。阳明授以“致良知”之教，黄绾闻后，大为叹服，遂执贽称门弟子。黄绾此次在越中，停留月余，侍从阳明先生宣讲“致良知”之教。黄绾与王阳明谈及闽中学者郑善夫,赞其“资禀难得”；王阳明喜形于色，甚有衣钵相托之意。

深秋，黄绾辞别王阳明，转道嵊州剡溪至永康，寻访应典。与黄绾同行的还有临海学者林典卿。黄绾此行，在永康寿岩、方岩、石鼓寮一带讲学，时间达半月有余。永康学者应典、周凤鸣、应抑之、周德纯、周晋明、周仲器等全程参与，“皆欢然有省”，“应天监、赵孟立、徐子实相继复来，论各有得”，“山中小生程梓、周玲、孙桐皆奋然有志”，程舜夫（程文德）等“皆喜”。此次游学经过，黄绾有《永康山水游记》文。

黄绾一行前往寿岩之时，路经应典居所，与应氏众兄弟结识。夜宿寿岩之时，黄绾有五言绝句《寿岩夜坐》。在方岩，黄绾还有七言绝句《永康方岩》《方岩对老僧》等。在永康程氏池亭小憩之时,受程舜夫（程文德）之请,黄绾有七言绝句《题永康程氏池亭》。程文德还有五言律诗《游石鼓山次黄石龙韵》。

冬，黄绾在永康游毕，本欲前往闽中寻访郑善夫，以家事迫而归乡。

冬，黄绾作《与郑继之书（三首之三）》，告以是年秋至越中请教王阳明之所得、至永康访应典之所闻；又对及未能守诺前往闽中寻访郑善夫一事，进行解释。

九月，湛若水完成《白沙先生诗教解》，并作序文。

十月，湛若水有《祭白沙先生文》。

十一月，湛若水与邓生、汤生等改葬白沙先生于皂帽峰下，并作《明故翰林院检讨白沙陈先生改葬墓碑铭》。

十二月，王阳明因在江西平叛“宁王之乱”有功，封新建伯。湛若水作《寄阳明书》以道贺。

十二月，先是因都御史吴廷举、御史朱节举荐，湛若水复补翰林院编修；湛若水拟离开西樵山，再次出仕。湛若水把在西樵山大科书院讲学语录，汇编结集成《樵语》《新论》《知新后语》等。

是年，王阳明在南昌之时，始揭“致良知”之教。

是年，湛若水寄所著《古大学测》《中庸测》与王阳明。二人之间并有书信往来，王阳明作《答甘泉书》，湛若水成《答阳明王都宪论格物》《寄阳明书》等,就“随处体认天理”之说与“致良知”之教有切磋。

是年，在王阳明归越之后，王畿经随王阳明至越的魏良器多方诱导，而北面王阳明。

约在是年，黄绾偕友人游雁荡山，作《游石佛记》《游散水岩记》数篇。

约在是年，黄绾应仕至台州的河南颍川人王侯之请，为其先父所留藏修处书园作记，遂成《书园记》。

约在是年，章达德做客于黄绾居所紫霄山庐，茗茶交谈中，语及台州南溪胜景道姑庵。黄绾隐几恭听，后作《道姑庵记》。

嘉靖元年壬午（1522），四十三岁，在黄岩，至越中、永康

正月，嘉靖帝称孝宗皇考、慈寿皇太后圣母、兴献帝后为本生父母。

正月，湛若水以部檄，北上京师。方献夫亦复职吏部，二人同行。

二月十二日，王阳明父王华卒，享年七十七。黄绾知讯，作《祭实翁先生文》。

春，湛若水、方献夫北上路经杭州之时，得闻王华卒讯，过江吊丧，又与阳明论“致良知”之教。

春，赵渊与黄绾就其在嘉靖改元是否出仕（任四川按察司佥事）一事，有书信往来。黄绾作《与赵弘道书（三首之一、二）》。嗣后，赵渊正式出任四川按察司佥事之后，有书涵询问黄绾近况，黄绾覆函成《与赵弘道书（三首之三）》。

春，黄绾寻访并拜谒了台州朱子学先驱杜范、车若水、黄超然之墓，并各作七言绝句《谒杜清献公墓（有引）》《谒车玉峰墓（有引）》《谒黄寿云墓（有引）》。

五月，湛若水抵京师，复翰林院编修职，与修《武宗实录》。方献夫复吏部员外郎之职。

八月二日，黄绾五弟黄紒（字宗哲）因感伤寒而病卒，年三十二。又，在黄紒去世十二年后（即嘉靖十三年），黄绾作《五弟宗哲墓志铭》。**六日，**即在黄紒离世三四日后，郑善夫自闽中寄《与黄紒书》达黄岩。黄绾代黄紒覆函，作《复郑继之书》，告知黄紒病卒事。

九月九日，黄绾有七言绝句《九日忆亡弟宗哲》。

秋，钱德洪、金克厚、何廷仁等参加乡试，中举。

是年，诏礼部国子监及各提学官，禁以陆九渊为正学，宗程朱之学。

是年，王阳明有《答徐成之》书，与之辩论朱、陆学术异同。

是年，巡按江西监察御史程启充、户科给事中毛玉，各论劾王阳明交结宁王朱宸濠诸事。时阳明门人、刑部主事陆澄上《辨忠谗以定国是疏》。

约在是年，乡友章达德卒，黄绾有《奠章东雁文》《吊章东雁（有引）》。

约在是年，乡人有以“耕乐”为号者，求黄绾为之记，黄绾作《耕乐记》。

嘉靖二年癸未（1523），四十四岁，在黄岩，秋冬之时赴南都

春，余廷实赴京会试，黄绾作五言律诗《送余廷实会试》。

春，会试、殿试，欧阳德、魏良弼、王臣、薛宗铠、薛侨等阳明门人中姚涞同榜进士。王畿赴京会试，落第归，请终身受业于王阳明。

夏，巡按御史朱节举荐黄绾出任南京都察院经历司经历。

夏，王阳明有《与黄宗贤（癸未）》书，与黄绾切磋学问，并就黄绾再次出仕一事发表看法。

七月二十一日，时任翰林院编修湛若水，得知黄绾赴南京任职事，应京师众友之请，作《赠石龙黄宗贤赴南台序》。

秋，郑善夫得知黄绾即将复出，作《答石龙书》，以示勉励。

秋，刑部尚书林俊致仕。黄绾闻讯，有七言律诗《次韵林见素留别》。

隐居紫霄山之时（正德八年至嘉靖二年秋），黄绾曾为江门心学代表人物陈献章及其门生所作诗歌集《心贺》作《心贺序》。

隐居紫霄山之时，台州后学王胤东有函与黄绾，“自述平日有志于道，欲请终身之教”。黄绾嘉许之，作《赠王生胤东》。

隐居紫霄山之时，黄绾与应良之间，就如何成就圣贤之学，时有书信往来，作《与应元忠书（四首）》。

隐居紫霄山之时，黄绾（包括应良）数次接待永康学者应典的访学，曾有《寄应天彝书》。

隐居紫霄山之时，黄绾与时任吏部考功郎中闻渊有书函往来，成《复闻考功静中书》。

隐居紫霄山之时，黄绾曾为临海阳明学者林典卿亡父林珵立传，作《林府君传》。

深秋，黄绾应诏，赴南都上任，先与家人告别，有五言古诗《别四弟宗博》。黄绾对子嗣亦寄予厚望，有五言古诗《示儿承文》。

十月十二日，黄绾离开黄岩。启程之前，黄绾有《应召告祖考文》。

十月，黄绾赴南都就职途中，途经赤城天台山，坐唐高道司马承祯昔日所留“悔石”，赋七言绝句《坐悔石（有引）》。途经绍兴城东东关驿，黄绾作七言绝句《东关驿》。徜徉曹娥江畔，黄绾拜谒了曹娥庙，并作七言绝句《曹娥庙》。黄绾在绍兴城中拜会了业师王阳明，并逗留月余。时郑善夫在朱节、应良、黄绾等友朋劝说之下，拟再次出仕，任南都吏部郎中。先是，郑善夫有信函与王阳明，告知至南都赴任拟转道越中拜访阳明。王阳明得信后，甚喜，特留黄绾在绍兴候郑善夫，偕行南都。黄绾候郑善夫月余而不果，只得先行赴任。

十一月，先是是年秋，巡按山东监察御史朱节卒于任上。朱节灵柩归乡时，黄绾适在绍兴，闻讯即悲痛万分。即与王阳明等友朋特前往祭奠，黄绾作七言律诗《哭朱白浦侍御》，又有《奠朱白浦侍御文》。朱节卒讯，传至闽中，郑善夫得知，亦悲痛不已，作哀诗《哭朱白浦侍御》《不寐》《忧》等。黄绾离开绍兴，乘舟过江，有七言绝句《渡钱塘》。渡江达杭州，黄绾先是登览胜果寺，在胜果中峰之上欣赏晚霞景致，有七言绝句《胜果中峰晚色》。又，方豪在胜果寺建有山亭，黄绾寻访之，作七言绝句《胜果登方思道山亭》。游毕胜果寺，黄绾又在杭州吴山逗留，赋七言律诗《吴山紫阳庵》。此后，黄绾又游玩西湖胜景冯园，有七言绝句《冯园（有引）》。游毕冯园，黄绾还拜谒了岳飞墓，成七言绝句《岳武穆王墓》。离开杭州，黄绾继续向南京行进，路经黄阜阁时，作七言绝句《黄阜阁》。

十二月，前往南京途中，黄绾路经无锡惠山，遂访游之，有五言律诗《惠山》。黄绾离开无锡，进入常州境。时值寒冬，大雪纷飞，在常州武进孟渎地，舟行受阻，黄绾只得借宿好友恽巍家。雪夜之中，黄绾与主人饮酒畅谈，赋五言排律《孟渎雪夜饮恽功甫宪副宅语旧》。离开常州时，又因应良先前北上京师复官之时，恰好也在武进得到恽巍款待；于是，黄绾次应良所作赠别诗韵，作《次南洲韵赠恽功甫（二首）》。在常州境内毗陵地，黄绾偶遇自己二十年前省父京师北上途中所结识的南滨先生（现任常州太守）；故人相逢，把酒话旧，南滨出《赤壁》图供黄绾玩赏，黄绾复有感而作《赤壁图跋》。

又据黄承忠撰《洞山黄氏宗谱·黄绾传》，黄绾乘舟前往南都之时，曾转道江苏宿迁，时仙居人奚先生作教访黄绾于舟次，得知黄绾在先妻钟氏谢世后未再娶，遂与宿迁彭上舍一道为黄绾谋再娶。彭见黄绾器宇不凡，慨然以二十岁的王姓外甥女许妻之。黄绾再娶王氏（系继室，媵婢陈氏），并一道赴南都。

十二月三十日，除夕夜，黄绾尚未抵达南都，瓜埠舟中，赋七言律诗《除夜瓜埠舟中》。

十二月二十八日（一说二十七日），郑善夫卒。

先是，郑善夫因都御史周季凤、御史汪珊所荐，在王阳明、朱节、黄绾、应良等友人催促下，再次复出、任职南都。甫动身启程，即发寒郁疾，痰喘连日，痛楚不胜；行至武夷山，赏游武夷，风雪绝粮，加之先前旧疾未愈，以及医用药误，遂转为重症，归家后二日即卒。**翌年（嘉靖三年），**黄绾在金陵得闻好友郑善夫讣告，悲恸不已，作《奠郑少谷文》。后郑善夫长女婿林应亮，以黄绾与郑善夫相知最深，请为作传，黄绾作《少谷子传》长文。嗣后，黄绾任职南京都察院之时，受秋泉生之邀，为其创作的反映郑善夫活动场景的诗卷作叙，成《秋泉生诗卷叙》。

十二月，湛若水因任翰林院编修二年秩满，升任翰林院侍读。

是年，王宗沐生于浙江临海，日后师从江右王门学者欧阳德。

嘉靖三年甲申（1524），四十五岁，在南都

正月，黄绾抵达南都，与时任南京刑部郎中黄宗明共讲圣贤之学。

正月二十一日，“大礼议”再起。南京刑部主事桂萼上《正大礼疏》，并录南京兵部右侍郎席书、吏部员外郎方献夫《议大礼疏》，请改称孝宗曰皇伯考、兴献帝曰皇考、兴国太后曰圣母。

二月，嘉靖帝得桂萼、席书、方献夫“议礼”诸疏，“下廷臣议”。**十一日**，大学士杨廷和致仕。**十二日**，黄绾继张璁、桂萼之后，向嘉靖帝拜疏，议“大礼”，曰：“武宗承孝宗之统十有六年，今复以陛下为孝宗之子，继孝宗之统，则武宗不应有庙矣。是使孝宗不得子武宗，乃所以绝孝宗也。由是，使兴献帝不得子陛下，乃所以绝兴献帝也。不几于三纲沦、九法斁哉！”奏入，帝大喜，下之所司。《石龙奏议》称这道奏疏为《大礼第一疏》,《知罪录》名之曰《一上大礼疏》。三月二十四日，奉圣旨:“是，该衙门知道。”**二十八日**，黄绾再次疏申前说，上《大礼第二疏》，亦称《二上大礼疏》。四月二十日，奉圣旨：“该衙门知道。”

三月二十一日，罢礼部尚书汪俊，特旨用南京兵部右侍郎席书为礼部尚书，席书并未立即赴任。杨廷和、汪俊先后去职，时在南都的黄绾有《寄阳明先生书（二首之二）》，就杨、汪二人罢官去职事，发表看法。**二十九日**，于南都俄闻帝下诏称“本生皇考”，黄绾复抗疏极辨，拜《大礼第三疏》，亦称《三上大礼疏》。

三月，时任吏部员外郎方献夫，亦再上疏议“大礼”。

四月十五日，上昭圣皇太后尊号曰昭圣康惠慈寿皇太后。**十六日**，上兴国太后尊号曰本生圣母章圣皇太后。**十九日**，追尊兴献帝为本生皇考恭穆献皇帝。闻讯后，黄绾又与张璁、桂萼、黄宗明合上疏争之，奏请嘉靖帝当明父子之大伦，“继统而不继嗣”，称孝宗

为皇伯考、孝宗皇后为皇伯母，去兴献帝“本生皇考”之“本生”二字。奏入，帝大悦，数月之后下诏，卒如其言，“大礼”乃定:(黄)绾自是大受帝知，(黄)宗明亦遂蒙帝眷。

四月，邹守益复上疏，请罢兴献帝称考入庙。帝大怒，下诏狱，谪广德州判官。

四月，黄绾把自己“议礼”三疏寄呈尚在越中讲学的王阳明，阳明以为黄绾之议“甚明”。与此同时，霍韬、席书、黄宗明先后皆以“大礼”问阳明，竟不答。

五月，黄绾重申自己于“大礼议”之主张，作《大礼私议》。张璁、桂萼奉诏抵京师任职，群臣侧目，欲扑杀之，二人处境险恶。张璁在嘉靖三年连上《正典礼》第二、三、四、五、六、七疏。

六月五日，黄绾等“议礼官”受到御史郑本公等四十四人连章攻击，诬称“黄绾如鹰犬，张啄而旁噬”。**十三日，**以主事桂萼、张璁为翰林院学士，方献夫为侍讲学士。与此同时，张璁、桂萼继续受到“护礼派”攻击。**十八日，**御史段续、陈相请正席书、桂萼罪。**二十五日，**鸿胪少卿胡侍言张璁等“议礼”之失。**是月，**黄绾有《与罗峰见山书(三首之一)》，涉“议礼”事。

七月十二日，嘉靖帝更定章圣皇太后尊号，去“本生”之称。**十五日，**廷臣伏阙，固争“本生”二字不可削。章上，不报。百官跪哭争之，“左顺门事件”发生，下员外郎马理等一百三十四人锦衣卫狱。**二十日，**杖马理等于廷，死者十六人。**二十一日，**奉安献皇帝神主于观德殿。**二十六日，**毛纪致仕。**二十八日，**杖修撰杨慎、检讨王元正、给事中刘济、安盘、张汉卿、张原、御史王时柯于廷，张原死，杨慎等戍谪有差。

七月，国子监助教薛俊病故，黄绾应其弟薛侃之请，作《薛助教墓志铭》。

八月一日，大同兵变，杀巡抚都御史张文锦。**四日，**黄绾汇编其本人“议礼”奏疏，辑成《知罪录》第一、二卷。**二十八日，**湛若水由翰林院侍读升为南京国子监祭酒。湛若水之于“大礼议”的态度，是倾向于支持杨廷和、汪俊等“护礼派”。湛若水到南都任职，与黄绾有往来。此外，湛若水于南京国子监任，筑观光台以集四方来学者，并作《心性图说》以教士。

八月，席书应召入京，正式出任礼部尚书。先是原任礼部尚书汪俊以争建庙事去位，特旨用席书代之。

九月四日，席书、张璁、桂萼等廷臣，奉诏定“大礼”。**五日，**嘉靖帝定称孝宗为皇伯考、昭圣皇太后为皇伯母、献皇帝为皇考、章圣皇太后为圣母。**十五日，**诏布告天下。“大礼议”以嘉靖帝支持下的张璁、桂萼、霍韬、方献夫、席书、黄绾、黄宗明、熊浃等“议礼派”的胜利而基本结束。**是月，**黄绾有书函与张璁、桂萼二人，作《与罗峰见山书（三首之二、三）》，并涉“议礼”诸事。

九月，锦衣卫革职百户随全、光禄寺革职录事钱子勋希旨，言献皇帝梓宫宜改葬南京天寿山；嘉靖命礼部集廷臣会议以闻，下礼官并议。时在南都的黄绾闻讯，上《止迁献帝山陵疏》。

九月，张璁亦上《显陵议第一疏》《第二疏》，反对献帝迁陵改葬事。

九月，御史王木上疏，荐大学士杨一清、尚书王阳明，言:“今欲兴道致治，非二臣不可。”章下所司。

秋，黄绾赋七言绝句《访碧峰和尚》《迟山为刑部邵照磨赋》等。

秋，友人戴子良卒，黄绾作《奠戴子良方伯文》。

冬，黄绾作七言绝句《写松赠仲思舜侍御》。

是年，黄绾为使应良在“大礼议”事上与张璁、桂萼等达成一致，抄录自己议“大礼”诸疏与应良，还有《寄应元忠书（三首）》。应良不听，与黄绾渐有隙。

是年，黄绾长兄黄绍卒。

是年，黄绾与时任贵溪县令薛宗铠有书函往来，作《答薛子修书》。

是年，王阳明在越，门人日进。郡守南大吉以座主称门生，辟稽山书院，聚八邑彦士，身率讲习以督之。南大吉还续刻《传习录》于绍兴，并作《传习录序》。

是年，王阳明有书函《与黄宗贤一》。嗣后，黄绾就“著察之教”与王阳明进行切磋，成《寄阳明先生书（二首之一）》。

是年，黄绾与时任南京刑部主事胡森结交。一日，胡森造访黄绾官邸，请黄绾为其父竹山翁（别号“竹山”）作记；因黄绾与竹山翁相知，遂成《竹山记》。又，胡森奉养其父竹山翁、母王氏于南都寓所，黄绾获游于竹山翁、胡森父子间，“辱知最深”；一日，坐于燕寝，胡森请黄绾为其南都寓所命名，黄绾名之曰“善养”，并作《善养轩记》。

约在是年，黄绾为太平石库钟氏后裔所创置的“合宗祠堂”作记，成《钟氏合宗祠堂记》。

约在是年，南都名医谢贡资请黄绾为其自号“巢云”作记，黄绾作《巢云记》。

约在是年，黄绾在南都龙广山，结庐以玩《易》，庐舍名之曰“学易”。还追记自弱冠以来学《易》、玩《易》的经验与体会，成《学易轩记》。

约在是年，黄绾有《寄婿高洵书》，劝勉女婿高洵习举业之时，以圣学为先，还希望高洵与小儿黄承文一同前往越中，师从阳明先生。

约在是年，黄绾作《寄王定斋书（二首）》。

嘉靖四年乙酉（1525），四十六岁，在南都

二月二日，礼部尚书席书上疏，特荐王阳明。**十八日，**黄绾三

子黄承德生，承德系黄绾媵婢虞氏所生。

春，黄绾作七言绝句《写春草赠胡秀夫秋官》。

夏，光禄寺丞何渊请建世室，祀献皇帝于太庙，嘉靖帝命礼官集议。

六月十五日，时任南京都察院经历黄绾与时任南京刑部郎中黄宗明参与了“何渊请建世室之议”，黄绾上《谏止献帝入太庙疏》，指斥何渊献议谬妄。嗣后，黄绾又有《论上下情隔疏》，亦称《论上下情隔之由及论私庙不可近太庙疏》，反对何渊建世室之议。

六月，南京刑部郎中吕调阳转任江西南安太守，临行之前与友朋道别，黄绾作《送吕太守序》。**是月，**南京大理寺副评事郑文川改任四川提刑按察使司佥事，与黄绾等南都同僚言别；加之郑文川父宪副公与黄绾父黄俌系同年，“有世讲之谊”，黄绾特作《送佥事郑君序》以赠其行。南京刑部郎中黄宗明出任江西吉安府知府，作为“晨夕聚首以讲圣贤之学”的同志，黄绾作《送黄诚甫序》。黄宗明离开南都，黄绾于城外北郊燕子矶为其饯别，并赋诗《燕子矶送黄诚甫》。

七月七日，邸报敕令内阁大臣纂经史有关“君德治乱”者，进呈便览。黄绾上《论圣学求良辅疏》。同在南都任职的湛若水通过邸报得知敕令，始编撰《圣学格物通》。

七月，席书始辑《大礼集议》。应天巡抚都御史吴廷举荐王阳明文武全才，宜暂掌南京都督府事。不果。

秋，黄绾《知罪录》三卷正式定稿，并刊刻。卷一收《一上大礼疏》《二上大礼疏》《三上大礼疏》，卷二收《大礼私议》，卷三收《止迁献帝山陵疏》《谏止献帝入太庙疏》《论上下情隔之由及论私庙不可近太庙疏》《论圣学求良辅疏》。嗣后，席书遣人至南都，索取黄绾“礼议”诸疏，黄绾将《知罪录》（包括《大礼私议》）等奉上，供席书辑《大礼集议》采择，先后还有《寄席元山书（二首）》。

是时，黄绾有托疾归家意，希望得到礼部尚书席书的支持。

十二月十八日，席书领衔编纂的《大礼集议》成，颁示天下。

是年，湛若水《二礼经传测》书稿成。诸生门人辑录湛若水在南京国子监讲学语录，汇编成《雍语》一书，门人蒋信撰《雍语序》。

是年，临海学者林元叙卒于山西解州任上，黄绾闻讯，作《奠林典卿文》。**嘉靖二年，**林元叙上任之时，黄绾作有《送林典卿序》，湛若水亦有《送林典卿守解州序》。

是年，南京工部郎中祝君（系浙江人）转任思南太守，黄绾等浙之士咸往贺之，并作《送祝太守序》以赠行。

约在是年，黄绾有《南台经历司壁记》。

约在是年，黄绾作《西坡翁挽诗序》《东冈诗集序》，并有五言律诗《登焦山》《水晶庵壁间见先君旧题》等。

嘉靖五年丙戌（1526），四十七岁，在黄岩

正月二十二日，黄绾由南京都察院经历，升任南京工部营缮司员外郎。

二月二十八日，先是福州知府汪文盛于嘉靖四年在闽中刻郑善夫诗十三卷，黄绾读罢，追忆亡友而怅然有感，成《读郑少谷诗》。

春，黄绾托疾致仕，离开南都。离开南都之际，黄绾有书函与好友邵宝，告知归隐实情，并请邵宝为自己在黄岩紫霄山读书处的石龙书院题诗；邵宝赋有七言律诗《寄题石龙书院》。黄绾离开南都之时，好友何瑭受僚友之托，作《赠石龙黄先生致仕序》。离开南都返乡，黄绾感慨万千，赋七言律诗《得归》。黄绾返家途经杭州，曾至西子湖畔净慈寺，并入方丈室，见壁间有故友郑善夫、孙一元昔日所题诗作。此前，黄绾与郑、孙曾约定偕归隐天台、雁荡之间；此时，郑、孙二人已作古数载，睹诗思人，黄绾潸然泪下，乃成七言绝句《题净慈丈室壁（有引）》。路经绍兴，拜会了尚在越中讲学

的阳明先生。

春，王阳明门人戚贤、闻人诠等中龚用卿同榜进士。王畿、钱德洪奉业师阳明先生之命复试礼部，同举南宫；因阁臣不喜阳明之学，不就廷试而归。

暮春，黄绾抵家之后，在黄岩紫霄山之中接待了好友南冈子的来访，作《志说》以赠之。

四月三日，黄绾在黄岩作《寄邃庵先生书》，告知杨一清自己托疾致仕之隐情。

五月二十四日，杨一清复入阁，为吏部尚书武英殿大学士加少师，仍兼太子太傅。

九月一日，系中都乡进士褚宝祖母李氏八十六岁寿诞，黄绾受褚宝好友荆山杨子、乘韦吴子之请，为作《褚母寿序》。

十二月十二日，王阳明子正聪（后易名“正亿”）生。

是年，王阳明于越中有《答甘泉书》。

是年，王阳明门人杨仕鸣卒于南雍湛若水官邸，湛若水作《奠杨仕鸣文》。

是年，湛若水应邹守益之请，作《广德州儒学新建尊经阁记》，提出了“六经皆注我心”的经学观。

是年，黄绾受邀至费子在黄岩横林大溪之上所建“钟石山房”游玩，众友人有诗歌唱酬，黄绾作《钟石山房诗引》。

是年，黄绾祭奠长兄黄绍、五弟黄紒之墓，有《奠长兄五弟墓文》。

约在是年，黄绾乞休山中之时，台南隐逸张尺卒，年八十七。因张尺无嗣，黄绾与四弟黄约前往殓葬；又受邑大夫晋安王钦之请，作《张木庵墓碣铭》。

约在是年，黄绾成《奠蔡亲翁文》《奠表叔金一峰文》。

嘉靖六年丁亥（1527），四十八岁，在黄岩、京师

正月二十二日，嘉靖帝下诏开馆纂修《大礼全书》（后称《明伦大典》），命南京工部营缮司员外郎黄绾等为纂修官。费宏、杨一清、石珤、贾咏、席书为总裁官，张璁、桂萼为副总裁官，纂修官除黄绾外，还有方献夫、霍韬、熊浃、黄宗明、席春、孙承恩、廖道南、王用宾、张治、潘潢、曾存仁等。此时，黄绾家居黄岩。

春，身在黄岩的黄绾就此次是否与黄宗明一起出仕预修《明伦大典》事，致函询问阳明先生。王阳明作《与宗贤书》，建言黄绾、黄宗明二人再次出仕。黄绾听从王阳明建议，再次出山，赴京任职。路经越地之时，还寻访了王阳明。在北上京师途中，黄绾与时在南京任职的友人胡森、吴维新先后有《寄胡秀夫诸兄书》《再寄胡秀夫吴惟新书》，解释自己再度出仕缘由。

二月十六日，费宏、石珤致仕。**二十三日**，召谢迁复入阁。

三月十一日，席书卒。黄绾甫至京师，即哭奠，并作《奠席元山先生文》。席书卒，王阳明作“奠辞”《祭元山席尚书文》一文，寄与在京师的黄绾，请黄绾转呈席书家人以志哀。王阳明《与黄宗贤一（丁亥）》，言及此事。

春，京城同僚、某徐姓御史母病故，黄绾作《祭徐御史母文》。

春，黄宗明母病卒，黄绾作《奠黄诚甫母文》。黄宗明原本欲与黄绾一同入京纂修《明伦大典》，因母病，未成行。

四月十四日，黄绾第一孙黄惟宠生，惟宠系黄绾次子黄承廉长子。

六月，黄绾升为光禄寺少卿，入史馆修书；上疏辞任，不允。

六月，朝廷特起王阳明以南京兵部尚书兼都察院左都御史，总制两广、江西、湖广军务。

夏，嘉靖帝有圣谕：“欲知王守仁为人如何？”大学士杨一清

上《论王守仁为人如何奏对》。张璁有书函两通与越中王阳明，建言其出山征思田，王阳明覆函《与张罗峰阁老》。

夏，王阳明有《书黄宗贤一（丁亥）》，与黄绾商讨出处事宜。此后，黄绾覆函，王阳明又作《与黄宗贤二（丁亥）》。

七月，致仕南京礼部尚书邵宝卒。黄绾闻讯，作五言律诗《哭二泉先生》。**二十日，**黄绾四子黄承礼生，黄承礼系黄绾继室王氏所生。

八月，黄绾在光禄寺少卿任上，拜《明军功以励忠勤疏》，为王阳明等在平叛"宁王之乱"后所受"虽封伯，不给诰券岁禄""诸有功者多以考察黜"的不公平待遇鸣冤，建议朝廷追论王阳明等江西军功，并极力推荐王阳明来京辅政。结果，王阳明"得给赐如制"，但由于杨一清、桂萼等权臣阻挠，来京任要职事未成。

九月六日，黄绾由光禄寺少卿改任大理寺左少卿，仍赴馆纂修《明伦大典》如故。

九月，黄绾、张璁力荐王阳明入京辅政事未成，王阳明发越中，开赴两广。以桂萼为礼部尚书兼翰林院学士。

十月，黄绾由大理寺左少卿，改任詹事府少詹事兼翰林院侍讲学士。**四日，**张璁由兵部侍郎升任礼部尚书兼文渊阁大学士，预机务。**十二日，**黄绾以大理寺左少卿身份上《论刑狱疏》，主张问刑、审录须依《大明会典》，行照驳、圆审之法，使刑部、都察院、大理寺各司其职，以清庶狱；同时又以详定法律、考课官属、矜恤狱囚、查革淹滞、省节烦扰、体悉吏隐等六事为清狱之源。嘉靖帝甚为满意，批复"这本所言，体悉人情，不渝法守，且合朝廷钦恤之意，法司便查照，着实举行"。**二十日，**嘉靖帝赐大学士张璁银图书二，一曰"忠良贞一"，一曰"绳愆弼违"。黄绾有五言古诗《恭和赐辅臣张少保圣制》之作。**二十八日，**黄绾以光禄寺少卿身份上《治河理漕疏》。五六年后，黄绾又成《治河理漕杂议》，再次阐释彻底治理黄河、漕运之策略，惜均未付诸实践。**是月，**永康学者应典母李佩病卒，应典遣侄儿携亲笔书函一通，附应典所撰亡父应枌、亡母李佩《行状》，至京城。恳请黄绾为其亡父母撰墓表，黄绾作《应翁与配李氏墓表》。与此同时，黄绾还撰有《奠应天彝母文》。

十一月五日，黄绾族叔祖黄孔美卒，年三十一。闻讯，黄绾作七言绝句《挽族祖孔美秀才（二首）》。嗣后，黄绾又受门生林文相之请，撰《叔祖孔美墓碣铭》。**二十一日，**礼部尚书文渊阁大学士张璁约会黄绾等于东阁，勉以各修本职，忠于国事。

十二月，黄绾与张璁再次举荐王阳明入京辅政，未果。

是年，黄绾上疏举荐王阳明入京供职之事，王阳明通过"邸报及亲友书"知，厥成《与黄宗贤三（丁亥）》书，聊表谢意。

是年，都察院副都御史詹瀚率江西玉山詹村族人，于村中大园建詹氏大宗祠堂，黄绾应詹瀚请，作《詹氏大宗祠堂记》。

是年，邹守益由广德州判官升任南京礼部主客司郎中。

是年，黄绾少年举业师陈石峰卒，因作《奠陈石峰先生文》。

是年，湛若水《圣学格物通》成书。

约在是年，黄绾有《奠王凤林文》《奠徐封君文》。

约在是年，黄绾应时任兵科给事中史立模之请，为其先祖南宋丞相史浩祠堂广福观作记，成《复广福观记》。

嘉靖七年戊子（1528），四十九岁，在京师、南都

正月十日，加礼部尚书兼文渊阁大学士张璁为少保兼太子太保。嗣后，张璁有七言绝句《斋宫谢恩（二首）》。黄绾次韵和之，作《和张少保郊宫谢恩韵（二首）》。

二月，王阳明平思田叛乱。

三月，大学士谢迁致仕。张璁有诗作《送同官谢木斋归休》。

四月，湛若水以秩满，由南京国子监祭酒升任南京吏部右侍郎。

六月，湛若水作《进圣学格物通表》，并以所著《圣学格物通》一书进献嘉靖帝。又有《圣学格物通大序》。**一日，**杨一清、张璁等领衔，黄绾等参与纂修的《明伦大典》成。嘉靖亲制《序》文，命宣付史馆刊布天下，加恩纂述效劳诸臣，其中“少詹事兼翰林院侍讲学士黄绾升詹事兼官如故”。**三日，**定议礼诸臣罪，追削杨廷和等籍。**十三日，**起复南京刑部山西司署员外郎陆澄。陆澄上任，黄绾作《赠陆原静序》文。**是月，**以《明伦大典》成，黄绾先后为先祖黄孔昭、先考黄俌、亡室钟氏请赠，嘉靖帝特推恩，赐赠黄孔昭礼部尚书、谥文毅，赠黄俌通议大夫詹事府詹事兼翰林院侍讲学士，赠钟氏淑人。嗣后，黄绾分别成《先祖焚黄文》《先考焚黄文》《亡室钟氏焚黄文》。

夏，王阳明在广西有《与黄宗贤四（戊子）》书，告知近况。**七月，**王阳明袭八寨、断藤峡，破之；王阳明见诸贼巢穴既已扫荡，而官兵疾疫，遂班师奏捷，并疏请经略思、田及八寨、断藤峡。**九月，**王阳明疏谢奖励赏赉。**十月，**王阳明以疾剧，疏请告归。疏入，未报。**九、十月间，**王阳明又有《与黄宗贤五（戊子）》书，希望黄绾利用在京师供职之便，促成自己班师回朝告归诸事。**十月，**王阳明班师回朝，路经广东增城，祀其五代祖王纲之庙；过湛若水庐室，附有诗作《题甘泉居》《书泉翁壁》。湛氏家人将王阳明诗作抄录，并告知时在南都任职的湛若水。

七月，嘉靖帝为父母分别加上“皇考”“圣母”尊号。**十日，**追尊孝惠皇太后为太皇太后、恭穆献皇帝为恭睿渊仁宽穆纯圣献皇帝；**十二日，**尊章圣皇太后为章圣慈仁皇太后；**十九日，**诏天下。

七月，张璁欲荐黄绾为南京考试官，因杨一清反对而未成。**十九日，**锦衣卫指挥佥事聂能迁，最初因依附钱宁得官；曾参与“议礼”，见《明伦大典》成，自己不得升职，属翁洪草疏，诬论王阳明贿通席书得荐举，用词攀连詹事黄绾及大学士张璁。黄绾上章自明。

八月十五日，黄绾（包括张璁）与杨一清之间有隙，上《论治机疏》。**二十五日**，杨一清上《乞休致奏疏》，反诘黄绾、张璁。

八月，锦衣指挥俞文靖将出任居庸关总都督，应桂萼之请，黄绾作《赠俞锦衣序》。

九月，右春坊右庶子韩邦奇因主事顺天府乡试所拟之试题为执政所不悦，被黜为南京太仆寺寺丞。南下临行之际，同选翰林院诸君咸赋诗以道其行，黄绾作《赠韩庶子谪官序》。欧阳德赋有七律《送韩苑洛庶子谪南太仆寺丞》。

十月四日，因与杨一清、桂萼之间矛盾的不断升级，黄绾以疾乞致仕。不允。**十日**，敬一亭成，工部奏列与事官员以闻。嘉靖帝赏赐诸大臣。**十七日**，赏赉黄绾等。敬一亭成，嘉靖帝有诗作，群臣奉诏和之，黄绾赋有诗作《承诏恭和圣制敬一亭诗》《应诏恭和圣制敬一亭诗》。张璁有《答和圣制二首》。张璁有诗作《敬一亭成会儒臣落成于翰林院恭赋进览》，黄绾成《和张少保敬一亭韵》。**二十四日**，黄绾由詹事府詹事兼翰林院侍讲学士，升任南京礼部右侍郎。**冬至日**，黄绾乘孤舟南下，途经江苏沛中，作有七言律诗《至日舟经沛中》。

闰十月，湛若水作《四勿总箴》文。黄绾至南都任职，与湛若水又有直接交往。

十一月二十五日，兵部左侍郎周伦升任南京刑部尚书，黄绾至南都任职后，与之交好。

十一月二十九日，王阳明卒于江西南安，年五十八。

十二月，陆澄被谪为广东高州府通判。

嘉靖八年己丑（1529），五十岁，在南都

正月，王阳明丧发南昌。

二月四日，王阳明丧至越。黄绾至越中哭奠，并有《祭阳明先

生文》,对阳明之学以“良知”“亲民”“知行合一”概论之。与此同时,黄绾积极投身于王阳明身后的丧事办理之中,恪尽“友道”“师道”之责。关于阳明丧事的办理,应典先后有两封书信与黄绾,征求黄绾对于“师友服制”“反场筑室”的意见。黄绾先后作《复应天彝书》《复天彝问师友服制书》,主张以宋儒王柏《师友服议》为参照;而对效仿孔门子弟“反场筑室”为阳明先生守丧的提议,则婉拒之。王阳明卒后,朝中大臣桂萼、杨一清诋毁王阳明的学问与事功,黄绾上《明是非定赏罚疏》(亦作《辨王守仁理学疏》),极力为阳明先生辩护。

二月,张璁充总裁官,与詹事霍韬同主己丑科会试,唐顺之为是科会元,项乔名列第二。

三月十九日,殿试,赐罗洪先等进士及第,出身有差。王畿、钱德洪本欲进京廷试,因闻业师阳明先生卒讯而放弃。**是月**,时任南京吏部右侍郎湛若水作《奠王阳明先生文》。

四月,应良由翰林院编修升为山东按察司副使。

六月二日,湛若水由南京吏部右侍郎,改任京师礼部右侍郎。时任南京礼部右侍郎的黄绾为其送行,有五言律诗《送甘泉少宰改官北曹》。张邦奇有《送少宰甘泉湛公召为少宗伯序》。

七月三日,黄绾孙黄惟宪生,惟宪系黄绾次子黄承廉之次子。

八月,朝中不断有言官奏报弹劾张璁、桂萼等先前赞助“大礼”之臣,词连黄绾。**十三日**,张璁、桂萼罢。**二十一日**,广西道御史王化劾奏一批廷臣及地方官员皆“阿党璁、萼,助报恩仇,纳贿迁官,假作威福”,词及南京礼部侍郎黄绾。**二十三日**,十三道御史吴仲等又弹劾、攻讦朝内外一批官员“凶恶奸猾”“卑污谀佞”“狡猾卑污”,语及“南京礼部侍郎黄绾柔媚奸贪”。嘉靖帝对黄绾之批复:“吏部酌议去留。”

九月一日,召张璁复入阁。**四日**,吏部尚书方献夫等奉旨详核科道官所论劾党附张璁、桂萼诸臣，对时任南京礼部侍郎黄绾的结论是："素行无玷。"**二十一日，**内阁首辅、谨身殿大学士杨一清罢。**三十日，**张璁进内阁首辅。

秋，南京吏部尚书刘龙弟刘夔（时任南京都察院经历）赴京考绩，兄长刘龙有诗歌相赠，黄绾作《次紫岩太宰送令弟舜弼考绩》。

秋，时任职南都的同僚陈鲁南将转至山东任职，黄绾等为其送行，有诗作《和陈鲁南得报转官山东大参》。

秋，方鹏由右春坊右庶子升为南京太常寺卿。方鹏到任之后即有归隐意，黄绾成《寄方矫亭书》，"专此奉留"。

十月十八日，黄绾以被劾，乞休，上优诏不允。因"朋党之议"，黄绾不断受到各道御史、给事中的弹劾，为辨明清白，黄绾又上《沥忠乞休疏》，请求致仕。嘉靖帝甚知黄绾之忠诚，下诏："绾素秉忠诚，其安心于位。"是年冬，黄绾在南都经营礼官私署，并作"退思之堂"，适诏命下达，黄绾乃以"忠诚"二字揭之，并作《忠诚堂记》以纪之。**二十一日，**南科给事中何祉等、山东道御史朱绶等劾奏朝内外一批"赞助'大礼'之人"，言及"南京礼部侍郎黄绾"等为"太学士张璁、桂萼私党，乞行罢黜"。下诏黄绾等诸人"各供职如故"，训责何祉等"蹈袭前非，徇私报复，各夺俸半年"。

十一月六日，胡森由吏部文选司郎中升为南京太常寺少卿。

十一月八日，召桂萼复入阁。先是，**是年八月，**桂萼、张璁被罢；**九月，**张璁复入阁。得知桂萼复入阁，黄绾作《寄见山阁老书》。

十一月十一日，黄绾由南京至越城，参加了王阳明葬礼，作有《祭阳明先生墓文》。

十二月，年终岁末，南都淫雨不断，黄绾与时任南京户部尚书边贡在寒雨之中有诗歌唱和，边贡赋《寒雨》，黄绾作《次韵边华泉听雨（二首）》。

是年，台州太守一职空缺，廷议以南京户部侍郎、岭南人张侯转任之；“台人仕留都者走饯之”，黄绾作《送张太守治台序》。

是年，南京户部主事、罗浮人黄寅卿上疏以老乞归，朝廷嘉其恬退，进户部外员郎而遂其请。临别之际，黄绾作《送黄寅卿归罗浮序》。

是年，南京通政使司右通政余本卒，作为同僚，黄绾有《奠余子华通政文》。

约在是年，黄绾先后作有《奠王南泉文》《奠郑伯兴廷尉文》《奠叶山南文》《奠方思道父文》《奠张东轩先生文》《奠吕仲仁母文》。

约在是年，南京刑曹主事应廷育考满将行，特向黄绾问学，黄绾作《赠应仁卿序》，向其讲述“慎独以致良知”之理。

嘉靖九年庚寅（1530），五十一岁，在南都

正月二十八日，王廷相由兵部左侍郎，升任南京兵部尚书。先是，南京兵部尚书胡世宁以疾请致仕。自此，黄绾与王廷相之间交往频繁，王廷相赠所著《慎言录》一册与黄绾，黄绾拜读之后，作《与王浚川书》。

春，嘉靖帝大祀天地、告祖配天于太庙，行礼，厥有斋日。黄绾与南都诸臣遵守儒教礼制，斋居。黄绾有斋居诗作若干，有五言律诗《斋庐有感》《斋居次万治斋中丞韵》，七言律诗《次周贞庵万治斋斋居韵》《斋居次刘紫岩太宰韵》，七言排律《和华泉尚书郊斋韵》《次林小泉司马斋居感旧韵》等。

春，黄绾还有五言律诗《三友轩》《游牛头寺》等。应台州太平学者、南京刑部主事叶良佩之请，为贺叶良佩外皇母、符节妇王氏九十岁大寿，黄绾撰《符节妇九十寿序》。

三月，詹事霍韬因“议郊典”忤旨，下都察院狱。大学士张璁数次上疏申救。

四月，诏霍韬罪，令罚赎还职。是时，黄绾成《寄罗峰书（四

首之一)》,言及此事。

五月,薛侃建精舍于杭州天真山,祀业师阳明先生。

夏,黄绾有诗作《送周玉岩亚卿进表(二首)》。南京刑部主事叶良佩以郊祀覃恩获封,其母符氏受封为太安人,同乡仕南都者皆往贺之,黄绾作《贺叶太安人受封序》。王廷相官邸池塘莲花盛开,特邀黄绾等友好前来赏莲,黄绾作七言绝句《和浚川瑞莲纪胜(二首)》。

七月,詹事府詹事霍韬以母丧去位。闻詹母亡故事,黄绾特成《奠霍詹事母文》。黄芳(号筠溪)由江西右布政使升为南京太常寺卿,嗣后,黄绾与之多有交游,曾作七言绝句《题黄筠溪太常竹石图》。

七月,张璁与太常寺卿彭泽构陷行人司司正薛侃狱,欲以倾夏言;事白,张璁罢职归。

八月十五日,中秋月夜,南都同僚在虚明馆雅集,黄绾作七言律诗《虚明馆中秋雅集》。

八月,秋雨绵绵,长江涨潮,黄绾与王廷相、黄芳一起前往江堤观涨,作诗歌唱和。黄绾赋七言律诗《金陵观涨有感》,王廷相作七言律诗《雨涨答黄亚卿》,黄绾又成《观涨和王浚川尚书韵》。黄绾与吏部尚书刘龙等曾集会于东麓阁,黄绾成《和紫岩太宰东麓阁韵》。

九月九日,重阳日,黄绾与南京兵部尚书王廷相、刑部尚书周伦、吏部尚书刘龙等在江畔游江皋、燕子矶,偕登观音岩,并有诗歌唱和。王廷相有《九日游观音岩歌(简同游诸君子)》,还有《九日游观音岩和刘太宰韵二首》。黄绾作《和浚川九日登观音岩歌》,又作《次韵周贞庵九日登观音阁》。

秋,鹿门郑廷尉卒于官,黄绾闻讯,有七言律诗《哭鹿门郑廷尉》之作。黄绾作有五言律诗《别婿高洵(有引)》。

十月，张璁奏请嘉靖帝当此春秋鼎盛之年，广为储嗣兆祥之计，宜敕礼部举慎选之典，惟贞淑之求，以充妃嫔、以备侍御，或当内教礼仪之行，亦各得以相摄佐也。允诺，礼部遣官员前往南北两直隶、河南、山东选取贞淑。黄绾于南都闻讯，有《寄罗峰书（四首之二）》，论及此事。

秋，黄绾作有五言律诗《送司马太守之怀庆》《送宋元锡守潞安》，七言律诗《送赵兵备赴辽阳》。

十月八日，系黄绾母鲍允俭八十寿辰，黄绾亲撰《奉寿太淑人八十歌》。南都官员亦有诗作庆贺，南京吏部侍郎张邦奇有《寿封太淑人鲍氏八旬初度序》。**十五日，**应谢铎之孙谢必祚之请，黄绾为先师谢铎撰《谢文肃公行状》。《谢文肃公行状》成，因南京兵部尚书王廷相曾游于谢铎门下，黄绾又请王廷相为先师谢铎撰墓志铭，王廷相遂作《方石先生墓志铭》。

十一月十三日，南京河南道御史张寅劾南京礼部侍郎黄绾违法不职十事。黄绾疏辩，谓张寅挟私。诏俱下南京所司，令核实以闻。已南京部院奏，二臣所讦皆无据。诏置不问。

是年，继天顺二年（1458）南京礼部右侍郎章纶修葺南京礼部署宇后，黄绾移檄工曹，度材鸠工，再次修葺;工告讫，黄绾特作《重修南京礼部记》。黄绾还筹资修建南京礼曹私署三十楹，作有《修南京礼曹私署记》。先是南京礼部旧无尚书私署，适缺尚书，黄绾“获视篆”，在前一年即嘉靖九年以“余皂四十六金买柳树湾龙窝故地”；至是年，南京礼部积盈二百余金，度材鸠工、盈缩其宜而治栋宇，成南京礼曹尚书私署共五十余楹，其中有“秩礼堂”“凝和居”“停云轩”等，还有“龙窝书院”。事成，黄绾作《南京礼曹尚书私署记》以纪之。

是年，浙江开化方豪去世，年四十八。黄绾作《祭方思道文》。

是年，钱德洪刊刻《阳明先生诗录》于杭州圣果寺中峰阁。岑庄、岑初、徐学校刻《阳明先生文录》。

是年，杨一清卒，年七十七。后赠太保，谥文襄。

约在是年，吴兴后进邵文化，至南都游学，自信于良知之学，与黄绾就阳明先生良知之旨进行切磋。邵文化归乡之际，黄绾作序《赠邵文化》，邹守益亦作《赠邵文化》。

约在是年，邹守益任南都礼部主客司郎中“满考将行”，诸友请言为赠，黄绾作《赠邹谦之序》，称赞邹为“豪杰之士”。

约在是年，黄绾作《劝子侄为学文》《戒子侄求田宅文》。

约在是年，江右泰和人畦乐翁因子考绩优异，获封如子官；其子喜，请黄绾作文志贺，黄绾作《贺畦乐翁受封序》。

约在是年，黄绾有书函与时任南直隶松江府知府聂豹，即《复聂文蔚太守书》。

嘉靖十年辛卯（1531），五十二岁，在南都

正月二十日，桂萼致仕。

二月，致仕刑部尚书韩邦问卒。闻讣，黄绾作《奠韩尚书文》。

春，黄绾作七言绝句《赠星士（二首）》。

五月，黄弘纲、王龙溪、钱德洪等会黄绾于金陵，为王阳明胤子王正聪（正亿）请婚。黄绾道以“老母家居，未得命，不敢专”，钱德洪、王龙溪“复走台（州）”，征得太夫人即黄绾母亲（鲍允俭）同意。最后由王艮行聘礼，促成此事。

五月二十四日，黄绾疏乞休致，不允。

闰六月二十九日，少傅兼太子太傅户部尚书谨身殿大学士致仕谢迁卒。黄绾闻讯，作《祭谢木斋阁老文》。

七月十八日，黄绾五子黄承忠生，黄承忠系黄绾继室王氏所生。

八月一日，黄绾与南京吏部尚书刘龙、兵部尚书王廷相、刑部尚书周伦、工部尚书何诏等以雷震午门，上疏自陈求罢。不允。

八月二十三日，桂萼卒。

九月九日，重阳日，黄绾与南都官员周伦、刘龙等偕游燕子矶、同登观音阁；黄绾赋诗《燕子矶次紫岩韵》《次韵周贞庵九日登观音阁》《九日观音阁用乔白岩韵》等。

秋，南都乡试，安吉后学莫惟诚屡试不利后，再就试南畿。时任南京礼部仪职司郎中陈良谟为考官，尽管莫惟诚系陈良谟门生，仍试不利。黄绾作《赠莫惟诚》文，勖慰之。

深秋，黄绾有七言绝句《感怀》，王廷相次韵和之，作《次黄久庵感怀韵（三首）》。

秋冬之际，南都职方郎中张冲霄转任广西佥事，黄绾作《送张佥事之广西序》。

秋冬之际，黄绾为时任都察院右副督御史顾璘所作《近言》十三篇作序，成《近言序》。王廷相也有《近言序》。黄绾作《送梅友王洪实序》，论师道之兴废。

十月，湛若水由礼部右侍郎升为左侍郎。

十一月四日，冬至，嘉靖帝大祀天于圜丘，黄绾与南都官员于是日前守制斋居。斋罢，黄绾有诗歌《至日斋罢有感（二首）》。南京吏部右侍郎李廷相有诗作《至日郊斋》，黄绾又成《次韵蒲汀少宰至日郊斋（二首）》。**十二日，**江西雩都之东洲翁八十岁寿辰，黄绾因与东洲翁子何廷仁同师阳明先生，作《寿东洲何翁八十序》。**十三日，**黄绾请以《御制祭告先师孔子祝》正文立石于南京国子监，从之。

十一月，南京守备魏国公徐鹏举太夫人大寿之日，黄绾受邀前去祝寿，作七言律诗《贺魏国太夫人寿》。

十二月二日，黄绾与南都官员斋戒祈雪，事成，南都官员相与赋诗，咏厥嘉瑞，庚载盈帙，成《祈雪集》。黄绾系祈雪之执事，受托撰序文，成《祈雪集序》。此外，黄绾、王廷相、李廷相之间各有诗歌唱和。黄绾作《祈雪得应次蒲汀韵》，王廷相成《奉次李少宰喜雪韵》《雪中杂歌十首》。**二十七日，**系寓居南京的黄岩姜一愚八十岁寿辰，黄绾应时在南京的乡人之请，作《姜一愚八十寿序》。

十二月，严嵩升任南京礼部尚书。严嵩任职南都，黄绾与之交往频繁。如严嵩有七言绝句《斋居奉同久庵寅长纪赠》，黄绾次韵和之成《和严介溪尚书斋居纪赠（二首）》。因冢宰（吏部尚书）之任空缺久矣，嘉靖帝特取总制陕西三边军务兵部尚书王琼代之，任吏部尚书。嗣后，黄绾有《寄王晋溪冢宰书》。黄绾舅氏在乐清梅坡建成新居，黄绾获知此事，赋七言律诗《寄题舅氏梅坡新居》一首以志贺。

十二月，严嵩升任南京礼部尚书，湛若水为之送行，作《赠大宗伯介溪严公之南都序》。

是年，黄绾作《裘汝中赠言》。黄绾有《寄罗峰书》（四首之三、四），建议张孚敬（张璁）早求真才，布列枢要，共图至治。同年，黄绾还作《寄罗峰（九首之一）》。黄绾作有《奠张侍郎父文》《奠侯郎中文》《祭张尚书文》等。

约在是年，黄绾为任教于江苏锡山的东嘉人朱某之书斋作铭文，成《二斋铭（并引）》。

约在是年，黄绾有《寄吴士美佥宪书》，与都察院佥都御史吴士美切磋儒家的“笃信”“用工”之论。

约在是年，孙纯伯将出任邵武府太守，黄绾作《赠孙纯伯守邵武序》。

嘉靖十一年壬辰（1532），五十三岁，春至京师，旋归南都

正月，南京国子监祭酒林文俊改任京师国子监祭酒，黄绾有七言律诗《送林方斋司成改北雍》。黄绾以南京礼部右侍郎身份入京进表、考绩，与方献夫、欧阳德、程文德、杨名、黄宗明、戚贤、

魏良弼、沈谧、王龙溪、钱德洪、林春、林大钦、徐樾、朱衡、王惟贤、傅颐、王玑等王门弟子四十余人，定日聚会于庆寿山房。

正月，黄绾北上进表、考绩之时，王廷相受南京工部尚书何诏、南京太常寺少卿胡森之请，作《送少宗伯黄先生考绩序》。

二月，南都中军都督府佥书署都督同知杨宏以病乞致仕，许之。嗣后，黄绾作有五言律诗《送杨宏都督致仕》。王廷相也有诗作《送杨都督宏》。

三月，黄绾在京师，与时任都察院右副督御史王应鹏、都给事中魏良弼等雅集于金台郑庄。黄绾作七言律诗《金台郑庄与王定斋魏师说诸友雅集》。以北曹之推未成，黄绾由京师返归南都。黄绾在返归南京途中，先前在京师之时与张孚敬（张璁）虽有面谈，然意犹未尽，故有《寄罗峰（九首之二）》。黄绾有书函与王应鹏，即《寄王定斋中丞书（四首之一）》，并抄录有专论“用人之要”的《寄罗峰（九首之二）》。

春，王畿、钱德洪赴京参加殿试，中进士，观政吏曹。

春，陈文治离职还乡，黄绾赋诗送行，成《赠陈文治东归》。

春，因黄绾任南京礼部右侍郎秩满，荫子黄承文为国子生。

春，黄绾与南都同僚王廷相、刘龙、严嵩等登东麓阁，畅饮赋诗。黄绾有《次浚川饮东麓阁韵》《次紫岩东麓亭韵》，王廷相诗作还有七律《东麓亭宴集》。

春，时任南京吏部尚书刘龙等在南都斋居，嗣后在道院习仪，黄绾作《次紫岩斋居韵》《次紫岩道院习仪韵》。

暮春，刘龙赋诗《留春》，黄绾乃有七言绝句《和紫岩留春（五首）》。

春夏之际，司徒顾新山即将赴京考绩，黄绾有诗歌《赠顾新山司徒考绩》。

春夏之际，南京刑部尚书周伦因任职满三载，赴京考绩，黄绾有诗作《赠周贞庵尚书考绩》，王廷相有七律《送周尚书》。

五月二十日，起前吏部尚书方献夫以原官兼武英殿大学士，预机务。嗣后，黄绾有《寄方西樵阁老书（二首）》。

六月，黄绾六子黄承孚生，黄承孚系黄绾继室王氏之媵婢陈氏所生。

夏，黄绾因是年春在京师之时，得到时任刑部尚书闻渊的教爱，于是有《寄闻石塘大司寇书》。南都官员秦思鲁卒，黄绾作七言律诗《挽秦思鲁》。

夏，南京吏部尚书刘龙邀请时任南京礼部尚书严嵩荡舟于南京城西，黄绾偕游，各有诗歌唱酬。黄绾作《紫岩邀泛舟城西次介溪韵》，严嵩成《金陵城西泛舟太宰刘公邀集》。

七月，湛若水《春秋正传》成。

七月，南京刑部署郎中戴鲸升任江西按察司佥事，而是年八月三日系其父戴樌八十一岁寿辰、十一月七日系其母杜氏八十岁寿辰，戴鲸将转道归省，为父母祝寿。临行之前，请黄绾作叙祝寿，黄绾乃有《贺戴封君夫妇朋寿叙》。

夏秋之际，南京工部尚书何诏、南京都察院右副督御史万镗、南京吏部右侍郎潘旦赴京考绩，黄绾作诗《赠何石湖尚书考绩》《赠万治斋都宪考绩》《送潘石泉少宰考绩》送之。

夏秋之际，罗质夫在丁内艰“释服”之后，“谒选铨曹”，授巡抚山东左副都御史，黄绾有《赠罗质夫宪副序》。

八月十三日，以星变敕群臣修省。黄绾与张孚敬（张璁）有通信，成《寄罗峰（九首之三）》，言及此事。**二十六日，**张孚敬（张璁）罢。闻讯，黄绾即作《寄罗峰（九首之四）》。

八月，黄绾有书函与王应鹏，就“星变之咎”再次发表看法，成《寄王定斋中丞书（四首之二、三）》。黄绾有书函与时任兵部右侍郎的黄宗明，就“星变之咎”重申自己的意见，作《与致斋司马书

（二首之一）》。

约在八月，黄绾就“星变之咎”，上《星变陈言疏》，以“定志”“求贤”二事为献，力主“除秽布新”。

九月，王阳明子王正聪趋南都黄绾处寻求庇护。黄绾为正聪改名“正亿”，以避嘉靖帝（朱厚熜）与时相张璁（时已更名张孚敬）之名讳。此时，欧阳德有《寄黄久庵》，对王正亿寄居黄绾官邸一事悉加询问；黄绾与王臣有书函，作《与王公弼佥宪书》，告知正亿近况。

九月，夏言由礼部左侍郎兼翰林院学士掌院事，升为礼部尚书。

秋，黄绾与南都太常寺卿黄芳、礼部尚书严嵩、兵部尚书王廷相、吏部尚书刘龙等于东麓阁畅饮，并有诗歌唱酬。黄绾作《东麓亭次筠溪韵》，严嵩成《和久庵少宗伯》。此外，严嵩还有《晓登朝天宫西阁集宴还坐东麓亭有饮》《和紫岩太宰》《和筠溪少司马》等。王廷相有《东麓亭和同游诸公（四首）》，还有七律《集饮东麓亭》。严嵩又次韵作《和浚川大司马》。

秋，钱德洪以进士授教职，得苏州教授，问教学之道于湛若水。湛若水作《赠掌教钱君之苏州序》。

十月二十二日，以星变，南京吏部尚书刘龙、礼部尚书严嵩、兵部尚书王廷相，各自陈乞罢，嘉靖帝皆褒谕留之。黄绾与南京刑部右侍郎胡琏、工部右侍郎张羽、都察院右都御史万镗、提督操江右都御史潘真、通政使司右通政王激、右参议林时、大理寺卿冼光、右寺丞林希元，各疏请罢，不允。

十月，张孚敬（张璁）罢职离京达月余，先后有两封书函与黄绾；黄绾覆函，即《寄罗峰（九首之五）》。嗣后，黄绾、王廷相等南都官员拟在张孚敬南返路经南直隶之时，迎邀至南京，略作停留；而所遣之人，未能候得张孚敬，于是，黄绾有《寄罗峰（九首之六）》。

十月，巡按直隶御史冯恩上疏有言：“礼部左侍郎湛若水，强致生徒，勉从道学，教人‘随处体认天理’，处己素行，未合人心。臣谓王守仁犹为有用道学，湛若水乃无用道学也。然任以礼卿，亦可勉焉。”嗣后，湛若水乞赐罢黜以避事，上《乞休疏》。

秋冬之际，黄绾与南都好友偕登东麓阁，作有诗歌《登东麓阁》。

冬至日，黄绾与王廷相、严嵩等偕游位于南京钟山东南麓的名刹灵谷寺，并有诗歌唱和。黄绾有七律《游灵谷寺》，王廷相和之成《灵谷寺和黄久庵韵》。严嵩还有《次久庵少宗伯》。此外，王廷相还有七律《游灵谷寺》。严嵩有《至日群公集灵谷寺》，又有《灵谷寺次浚川大司马韵》。

十一月十四日，南京户部尚书秦金改任工部尚书，南都官员为其饯行，黄绾有诗歌《送秦凤山司徒北上》，严嵩有《送司空秦公赴召》。

十二月，南京都察院右副督御史万镗被谪官，离去之时，黄绾作七言律诗《送万治斋谪官》。台州后学钱介夫、李源甫、林治征三人游学至南雍，期满一载，即将告归，“请有以卒业”；黄绾以“求仁莫先于立志”语劝勉之，并作《赠三子序》。**二十六日，**系太学生丘乾元之母黄氏七十岁寿辰，丘生拟归家无锡崇安为母祝寿；临行之际，恳请黄绾作序以志贺，黄绾作《寿丘母序》。

岁末，黄绾有七言律诗《次介溪岁暮书事》。

十二月三十日，除夕之夜，黄绾与严嵩互有诗歌唱和。黄绾作七言律诗《次介溪除夕》。

冬，南京吏部文选郎中石简，即将出任广东高州郡守；临行之际，黄绾有《赠石廉伯守高州序》。

冬，黄绾致函与时在温州的张孚敬（张璁），成《寄罗峰（九首之七）》。

是年，游学于南都的田子中、萧时化、方居道、周本洪将归乡，就如何“卒业”一事请教黄绾；黄绾以唐尧“惟精惟一”为万古圣学之源、孔子“学而不思则罔，思而不学则殆”为后圣用功之要，进而劝勉四子以求证斯“道”为志业。于是，黄绾作《赠四子别》文。

约在是年，南京守备司礼太监晏宏奉命镇守三边，巡行途中见“风土之恶、耕汲之苦”，为之矜恻，画《范家湾》《翟家铺》《湛家铺》《会宁县》四图，请黄绾为其题诗，黄绾有七言绝句《题晏太监行边图（四首）》，严嵩亦有《题晏守备画》。嘉靖十三年六月，晏宏病逝，严嵩撰《南京守备晏公墓志铭》，以志哀悼。

约在是年，黄绾与阳明先生早年门人王道有书函往来，作《寄王顺涯祭酒书》，讨论“忠恕之道”。

嘉靖十二年癸巳（1533），五十四岁，在南都，至京师

正月一日，黄绾、严嵩、胡森等宴集赋诗。黄绾作七言律诗《次介豁元日留饮韵》，严嵩作《元日久庵少宗伯九峰太常集饮》。时任都察院右副都御史王应鹏因进《关精微疏》，不合帝意，“（帝）怒，令锦衣卫执应鹏等，送镇抚司拷讯”，时礼科都给事中魏良弼言：“应鹏等章奏疏遗，不为无罪，第或出于失误，况当履端之始，不宜以微过幽系大臣，请许其自新，示以薄罚。”帝又怒，谓：“君臣之际严为先，必自大臣始。应鹏职居风宪，首蹈不敬。良弼安得辄为论救，欺罔朝廷！”令锦衣卫并逮治之，应鹏竟坐是落职闲住，良弼夺俸半年。得知王应鹏落职南归事，黄绾欲迎应鹏至南都，暂作停留，先后两次遣人在南京境内迎接而未果，遂有《寄王定斋中丞书（四首之四）》安慰之。与此同时，黄绾亦有《寄魏师说书》，安抚之。

正月十三日，召张孚敬复入阁。黄绾闻讯后，先后有《寄罗峰（九首之八、九）》。**十五日，**元宵节，黄绾与严嵩、刘龙等谒功臣庙、登真武庙，黄绾有诗歌《次紫岩元宵谒功臣庙韵》《次紫岩登真武庙韵》之作。**是夜，**南都东园有灯宴，黄绾与严嵩、刘龙等应邀在

筵席之上观园赏灯，又各有诗歌唱和。严嵩有五言律诗《东园灯宴》，黄绾成《次韵介溪东园灯宴》，黄绾还有七言律诗《次紫岩东园灯宴韵》。

正月，黄宗明由兵部右侍郎，谪福建右参政，黄绾闻讯，作《与致斋司马书（二首之二）》，予以关心。嗣后，黄宗明入福建，覆函黄绾，黄绾又成《答黄致斋书》。黄绾与严嵩斋居，黄绾作诗歌《和严介溪尚书斋夜（四首）》。

正月，黄芳由南京兵部右侍郎，改任户部右侍郎总督仓场，上任离开南京之时，黄绾作七言律诗《送黄筠溪北上》。南京吏部尚书刘龙在五十八岁寿辰之时，有七言律诗《自寿》，黄绾次韵成《和紫岩太宰自寿韵》，王廷相作《寿刘紫岩次韵》。

二月，南京太常寺卿胡森赴京考绩，黄绾为其饯行，赠七言律诗《送胡九峰太常考绩》。南都官员秦懋南将出任吉安太守，黄绾作七言律诗《赠秦懋南守吉安》。

三月十九日，王廷相为黄绾诗文集《石龙集》作序。**是月，**王廷相赴京考绩，黄绾赋有七言律诗《贺王浚川考绩》。

春，台州后学符国信游学南都，归乡之时，向黄绾道别并请教圣学之要，黄绾作《赠符生国信序》。

春，王廷相向黄绾请教虞道园《安敬仲文集序》中所云“缙绅先生”系谁、刘静修“当时有阴用老氏之说，以一身之利害节量天下之休戚”云云之义当如何解读？黄绾乃有《复王浚川尚书书（二首）》。黄绾与时任大理寺左少卿韩邦奇有书信往来，有《与韩苑洛廷尉书》。时任都察院右副都御史杭淮向黄绾馈赠阳羡露牙茶，黄绾作《谢杭双溪都宪惠茶书》。后学杨完有书函与黄绾，请教“作圣之功”，黄绾作《答杨完书》。

春夏之际，顾东田、易和斋年届古稀，黄绾分别有七言律诗以祝寿，即《寿顾东田七十》《寿易和斋七十》。

四月十六日，王廷相由南京兵部尚书，改任都察院左都御史。任职南都的“荐绅之士及于武弁之夫咸举手相贺”，济川卫指挥刘远等因感恩王廷相，以王廷相引黄绾为知己，故请黄绾撰序以为赠，黄绾作《赠王浚川入总北台序》。

四月，黄绾与张孚敬（张璁）有通信，作《寄罗峰阁老书》。

五月四日，黄绾与南京吏部尚书刘龙、户部尚书许诰、礼部尚书严嵩、兵部尚书王廷相、刑部尚书周伦、工部尚书何诏等，各自陈乞罢。不允。

五月，王廷相离职南都之时，为黄绾先前在黄岩紫霄山创办的石龙书院作《石龙书院学辩》以赠之。

五月，即在王廷相入总北台启程之际，黄绾应王廷相之请以“所以佐天子济斯世者”赠，成《纪言赠浚川子》十九条，内容涉及中兴之策、君臣相处之道、君子与小人相处之道、知人之要、科道之选、官员考核、民间词讼、君子出处之道等。王廷相离开南都之时，黄绾、严嵩赋诗相送，黄绾作《送王浚川都宪》，严嵩成《奉送浚川王公赴召》。

五月，王廷相离去，南京兵部尚书空缺，刘龙由南京吏部尚书改任南京兵部尚书、参赞机务。

五月，夏至前二日，黄绾为南京礼部尚书严嵩诗文集《钤山堂集》作序，成《钤山堂集序》。王廷相在嘉靖十二年五月有《钤山堂集序》，湛若水在嘉靖三十年作《钤山堂文集序》。

六月，严嵩由南京礼部尚书，改任南京吏部尚书。南京刑部郎中叶良佩因受人无端诬陷，遭弹劾而罢官。

夏，黄绾有《答胡秀才书》，又有《与林子仁书》。黄绾与时任总督漕运兼巡抚凤阳都察院右副都御史马卿就如何治漕理河事有书函往来，成《复马柳泉中丞书》，并附有《治河理漕杂议》。黄绾寄赠自己新论《赠浚川纪言》《治河私议》与张孚敬（张璁），并有《与罗峰书》。应良由山东按察司副使升任广西布政使司右参政，适应典有书函与黄绾，黄绾遂成《复应石门司丞书》，言及应良赴广西任职事。嗣后，应良有书函与黄绾，告知近况，黄绾又有《复应南洲大参书》。因嘉靖三年“大礼议”而“有隙”的黄绾、应良，在应典的撮合下，交往逐渐正常。

七月五日，湛若水由礼部左侍郎升为南京礼部尚书，京师礼部左侍郎空缺。**十九日，**黄绾由南京礼部右侍郎，升为礼部左侍郎。**是年，**黄绾有《寄甘泉宗伯书》，讲述去年收养阳明先生遗孤王正亿之事与“不得已”苦衷。

七月，黄绾入京进贺万寿表，行至山东安山之时，询问好友梁谷近况，得知梁谷甫病卒，便遣人吊唁。

七月，黄绾离开南都赴京之时，王正亿未偕行，有《与闻人邦正提学书》，以暂时照料王正亿事相托。黄绾至京师途中，得升任礼部左侍郎命。

任南京礼部右侍郎期间（嘉靖七年十月至十二年七月），黄绾作有杂文《赠王生敦夫归山中》，阐释《大学》《中庸》“慎独”说，称“惟精惟一”实万世圣学之源。

任南京礼部右侍郎期间，江右王门学者何廷仁曾偕永丰后学朱效才、朱效忠二生游学之南都，黄绾接待了何廷仁一行，并与之论学。此外，黄绾还以王阳明良知学教导朱氏二生，临别之际，作《赠朱氏二生》。

任南京礼部右侍郎期间，黄绾与叶良佩就“阳明先生之所谓良知者”有切磋，黄绾作有赠文《良知说》。

任南京礼部右侍郎期间，黄绾为蔡讱庵、王古行、符慨庵等老翁画像作赞词，分成《讱庵蔡翁像赞》《天台古行王翁像赞》《慨庵符翁像赞》《顾司训画像赞》《南城童悦画像赞》等。

任南京礼部右侍郎期间，黄绾时常阅读五经等儒家经典，并有杂文《读易（九首）》《读诗（十九首）》《读春秋（二首）》等。

任南京礼部右侍郎期间，黄绾曾受命主选贞淑，得沈九鼎之女沈氏。

任南京礼部右侍郎期间，黄绾有《祭李逊庵宫保文》。

八月十日，万寿圣节，黄绾进表。**十七日，**黄绾第三孙黄惟寅生，惟寅系黄绾次子黄承廉三子。

八月二十日，湛若水离开京师，前往南都，任南京礼部尚书之职。

八月，黄绾于京师礼曹履任。是时，巡按宣府右佥都御史韩邦奇有书函与黄绾，黄绾乃有《答韩苑洛中丞书》。

八月，仲兄黄绎特至南京探望黄绾，适黄绾北上京师进贺万寿表；在黄绾友人胡森帮助下，黄绎暂住黄绾留都寓馆。嗣后，黄绎有书信与黄绾，告知此事。

九月九日，礼部尚书夏言赋诗《来玉亭》，黄绾次韵和之，作有七言绝句《和夏桂洲少保九日来玉亭韵（三首）》。

九月十五日，黄绾等甄选、编录的王阳明传世文稿即《阳明先生存稿》刊行。黄绾作《阳明先生存稿序》。先是，为编辑《阳明先生文集》事宜，钱德洪由吴中（苏州）至南京与黄绾共同商议编纂体例，二人存在分歧。钱德洪别去之后，黄绾有《与钱洪甫书（二首之一）》。嗣后，钱德洪覆函就“讲学一事”与黄绾商议，黄绾又有《与钱洪甫书（二首之二）》发表自己的看法。

九月十八日，召原任兵部右侍郎黄宗明，改任礼部右侍郎。

秋，黄绾有七言绝句《题金相士卷》。夏言赠盆菊与黄绾，黄绾成七言绝句《次韵谢桂洲惠菊》。黄绾有七言绝句《南宫早起步积叶有感》。举人丁夔离京，夏言、黄绾有诗相赠，黄绾成七言绝句《和桂洲韵送丁举人夔》。

秋冬之际，黄绾出京城，登香山、游西湖，不禁追忆起二十多年前即正德六年春与王阳明等偕游香山、西湖往事，乃作七言绝句《再游西湖感旧（三首）》、《功德寺（并序）》等。

十月六日，大同兵乱，杀总兵官李瑾，代王奔宣府。对于如何处置大同兵变事，黄绾与张孚敬（张璁）意见相左：前者建议招抚，后者主张征剿。

十一月一日，以恩例，荫南京太常寺卿穆孔晖子穆筌为国子生。时黄绾任职京师礼部兼掌管国子监事，穆孔晖就穆筌“至监读书”一事有函与黄绾，黄绾覆函，作《寄穆玄庵太常书》。

十一月，黄绾与张孚敬（张璁）之间因平定“大同军变”之策相左而“有隙”，黄绾有《与罗峰书》，希望尽释前嫌以求和。未果。

十一月，张孚敬（张璁）就“大同之事”，先后上《议处大同兵变》第一、二、三、四、五诸疏。

十一月，黄绾因“大同之事”与当道者不合，“居官仅三月，而罚俸者二月”。此时巡按宣府右佥都御史韩邦奇与黄绾有书信，黄绾覆函《答韩苑洛中丞书（四首之一）》，以为处理“大同之事”，“为今之计，敌虏、抚人，二者俱不可偏废”。应进士史恭甫之请，黄绾为其祖母太孺人王氏明年八十岁寿辰事作“序”，遂成《史孺人王氏八十寿序》。

约在是年，前工部官员张中梁病卒，黄绾闻讯，作七言绝句《哭张中梁司空（二首）》。

约在是年，卫所经历司经历张思立卒，黄绾有诗作《哭张思立（有引）》。黄绾与张思立系连襟，然张思立英年早逝，面对孤儿寡母、追忆与张思立昔日言谈场景，黄绾内心悲楚。

约在是年，林希元有《与黄久庵兵侍书》，就处置“大同叛军”一事，进行沟通。

约在是年，黄绾在京师作《奠王母蒋太淑人文》。朝廷以推恩，加赠黄绾祖妣蔡氏为夫人，黄绾作《祖妣蔡夫人焚黄文》。

嘉靖十三年甲午（1534），五十五岁，在京师，抵大同，归京师

正月二十四日，黄绾好友、山东东平梁谷（嘉靖十二年四月辞世）下葬于北山之原。梁谷之子梁邵儒持亡父《行状》至京师，请黄绾撰墓志铭。黄绾乃作《梁长史墓志铭》。

正月，礼部员外郎孙一鹤转任四川佥事兵备叙泸，临行之时，与礼部同僚言别，黄绾作《送孙一鹤兵备叙泸序》。

正月，小王子寇大同塞。

正月，韩邦奇就平定“云中兵变”前后有揭帖两种至京师，黄绾有《答韩苑洛中丞书（四首之二）》。

约在正月，就如何尽快平定“云中兵变”一事，黄绾有《上明罚安边疏》。

二月六日，王廷相升任兵部尚书兼都察院左都御史，提督团营，仍掌院事。

二月八日，吏部尚书汪鋐弹劾黄绾。黄绾与张孚敬（张璁）之间关系恶化并升级。表面上看起来，系汪鋐与黄绾之间的矛盾，实际上系辅臣张孚敬与礼部尚书夏言二人之间的斗争。在嘉靖帝的斡旋之下，张孚敬、汪鋐与夏言、黄绾的双方矛盾暂时缓和。

二月二十二日，总督宣大侍张瓒抚定大同乱卒。**二十四日**，代王返国。

二月，黄绾成《答韩苑洛中丞书（四首之三）》。

二月，黄绾有书函与夏言，就其与张孚敬（张璁）之间“交恶”之事发表看法，遂成《与桂洲少保书》。

二月，钱德洪在黄绾《阳明先生存稿》基础之上新编《阳明先生文录》，并刊刻成书。

二月，黄绾有书函与兵部侍郎张东瀛，即《答张东瀛司马书》。

二月，黄绾有五言绝句《种花南宫（二首）》。

二月，黄绾与礼部尚书夏言交往频繁，频有诗歌唱和，黄绾作五言绝句《江南曲次桂洲韵（二首）》《春江行次桂洲韵》《登楼曲次桂洲韵》等。

二月，王正亿在欧阳德的帮助之下北上京师，欧阳德并有书函与黄绾；黄绾复函《答欧阳崇一司业书》，告知正亿抵京后时况。

二月，卢希惠在其父卢英去世之后有书函与黄绾，因其父曾于弘治十五至十七年在黄岩任县令，故而恳请黄绾为其亡父撰墓表。盛情难却，黄绾作《主事卢君墓表》。与此同时，黄绾有《寄卢希惠书》。

闰二月十日，嘉靖帝遣礼部尚书夏言代祭先农之神，黄绾等京城官员陪祀，夏言有七言律诗一首纪之，黄绾次韵和之，成《次桂洲少保代祀先农韵》。

三月六日，在礼部尚书夏言举荐之下，黄绾受命抚赈大同，兼体察军情、勘明功罪，许以便宜从事。黄绾受命经纪抚赈大同之缘起，实系嘉靖帝与夏言、黄绾，张孚敬（张璁）、汪鋐，君臣三方博弈之结果。（编者按，《明世宗实录》卷一百六十一“嘉靖十三年三月”录有嘉靖帝、夏言、张孚敬、黄绾君臣对答之言论）

三月十二日，御史苏祐上纪验大同功罪，言张瓒、樊继祖等有平定功而劾郤永等欺误贪残之罪。革任巡抚潘仿，亦疏辩心迹，并以军变失屯政，敕书自劾、请罪兵部，请皆俟侍郎黄绾勘奏处分。从之。

四月十三日，方献夫乞致仕归里，帝“以其情词恳切，许之，命驰驿归，寻赐给路费银三十两、纻丝三表里、新钞三千贯”。时黄绾尚在大同。约是年秋方献夫正式离京之时，黄绾有七言律诗《赠方西樵阁老致仕次霍渭涯少宰韵》，王廷相亦有《送方西樵阁老还山次霍渭涯韵》。

四月，黄绾在大同与夏言有书函，告知大同近况，成《寄桂洲少保书（二首之一）》。

五月，黄绾在大同，妥善处置“兵变”之后事。上《遵圣谕敷王道以永定人心疏》。

六月，南京太庙火灾，南京礼部尚书湛若水先后上《火灾待罪疏》《火灾自劾书》《南京太庙火灾礼仪疏》。

夏，黄绾成《答韩苑洛中丞书（四首之四）》，告知处置大同之策略。在云中之时，黄绾因思念万里之外老母，有四言诗《河之水》。

七月一日，黄绾以钦差礼部左侍郎身份遣山西行都司都指挥佥事杨恭、大同府知府王诰，以牲祭“云中之变”中丧生的冤民亡伍之灵。黄绾作《云中葬冤民亡伍文》。

七月，黄绾上疏，以访捕大同叛军首恶王福胜等狱情奏报：“甲申倡乱及害李瑾逋诛贼首及后杀游击曹安，并屠灭指挥景铨等六七十家、男妇一百余口，劫神机营都司军器与夫勾引虏寇敌，杀官军、拆毁民廨舍，凶渠根排无遗者，福胜等十四人，论凌迟处死、妻奴资产没官，父母、祖孙、兄弟俱缘坐流徙。张玉等十九人论斩，与福胜等俱不决待。时未获郭经等四十九人，俱论斩，令所在物色根捕。白奴儿等四十一人当充戍。请兵部先定卫分，获日即行，发遣法司。”兵部答复“悉如（黄）绾拟”，同时以为“福胜等首级仍当枭示九边，及录所犯招由并图处决形状，通行榜示，以为恶逆之戒”。嘉靖帝诏可。

七月，黄绾有《寄桂洲少保书（二首之二）》。

七月，大学士张孚敬（张璁）累疏以疾乞退，帝温诏慰留，不允；后张孚敬再上疏辩解乞休之因，有对嘉靖三年“大议礼”诸同道的言语攻击。张孚敬因黄绾对“大同兵变”一事处置方式与其相左，而黄绾藉此深受嘉靖帝“亲信”，所以张孚敬对黄绾的言辞攻击尤甚。

八月，黄绾不辱使命，完成抚勘大同兵变事。离开大同，经居庸关而返京。先是，出征之时，王廷相有七言律诗相赠。完成使命返归、入居庸关，黄绾成《和王浚川司马赠使云中韵》。王廷相见诗，即复函与黄绾。

入关之时，黄绾还以《归度居庸关（二首）》诗歌赠礼部尚书夏言，夏言见诗，称此“二诗悲壮，有古调”，乃次韵和之。

八月，黄绾连上两道奏疏。一因大同所属城堡刍粮匮乏及廨宇墩营，间有毁坏，所以上疏建议户部发帑银数十万以为和籴、修复之费。嘉靖帝批复同意，“户部以折粮银四万，合前已解盐银七万及南北新纳例银三千三百余两给之”。二因大同城北原设草场城作为镇城外护未得到合理使用，而今镇城宗室蕃衍、民居日蹙，所以黄绾向朝廷建言：在草场城中立“公廨”即官员办公场所，同时为百姓愿迁出镇城者提供土地，令自筑室以居。如此一来，“不惟民居收适，且使镇城有所捍蔽”。兵部亦认同此事，嘉靖帝批准实行。

八月底，黄绾抵京师。

九月初，黄绾在京城，有书函与时任巡抚大同都御史樊继祖，建议其将“罪人、家属俱解到京”，即《与樊中丞书（二首之一）》。嗣后，又有《与樊中丞书（二首之二）》。

九月七日，因“大同兵变”善后事宜基本处置妥当，黄绾上疏建言：撤销宣大总制、提督二职。**二十日，**黄绾奉旨勘上大同事，述大同兵变发生之原委、列文武将吏之功罪。极诋刘源清、郤永。黄绾以劳增俸一等，张孚敬（张璁）及兵部包庇刘源清，阴抑黄绾。黄绾累疏论辩，帝亦意向之，刘源清、郤永卒被逮。

九月，嘉靖帝下旨：“黄绾抚赈查勘周悉，勤劳可嘉，升俸一级，还赏银三十两，彩段三表里者。”黄绾上《昭圣功明国是伸大义示四方万世疏》，谢恩。

九月，黄绾成《与钱徐二司马书（二首）》，与时任兵部左侍郎钱如京、兵部右侍郎徐问，就如何赏赉平定大同兵变诸有功之臣，发表自己的意见。

九月，先是，中书舍人周采之母唐氏于八月底病卒于京师，欲请黄绾为其亡母撰墓志铭。适黄绾从大同归来，政务繁忙，未及成文；至此，黄绾乃有《周母墓志铭》。与此同时，黄绾还有《寄周子亮书》。

十月二日，法司覆黄绾勘明大同叛卒及文武诸臣罪，兵部亦覆黄绾所勘擒斩首恶幸贼并阵亡被伤官军功次。**二十六日**，朝廷据黄绾之奏请，旌大同节妇董氏等三人、烈妇王氏一人、孝子温钺一人。**三十一日**，赐宸妃之父、锦衣卫带俸指挥佥事沈九鼎祭葬，仍赐银币布白。因宸妃系黄绾任职南京礼部右侍郎之时所主选，故而沈九鼎之子请黄绾为其亡父撰墓志铭，黄绾作《锦衣卫指挥沈君墓志铭》。

约在十月，湛若水有书函与黄绾，称赞其抚勘"大同兵变"之功，黄绾先后成《寄甘泉先生书（二首）》。

十一月四日，礼部左侍郎黄绾与辅臣张孚敬（张璁）、李时、礼部尚书夏言、右侍郎黄宗明等奉旨恭诣文华殿，访嘉靖帝恭默室，睹《龙马》《神龟》《丹凤》三图，退后，各上疏称谢；夏言、黄宗明、黄绾复撰《赐观文华殿颂》《赋》《诗》以进，嘉靖优诏答之。黄绾还有四言诗《赐观文华殿诗（有引）》。**九日**，嘉靖帝在南郊斋宫，自制《大报歌》一章，出示张孚敬等，曰："朕肃怀大报，草此数言，聊以见意，卿等可与言。"于是，黄绾与郭勋、陈万言、大学士张孚敬（张璁）、李时、尚书汪鋐、夏言、侍郎顾鼎臣、黄宗明、甘为霖、学士廖道南等，奉诏恭和。嘉靖俱命留览之。于是，黄绾有《应制恭和圣制大报歌》，王廷相亦有《恭和皇上郊祀大报歌》。

十二月十八日，嘉靖帝集远近祖先之神主于太庙之内合祭，命附马都尉邬景和代之，黄绾与尚书汪鋐、夏言，侍郎黄宗明、钱如京、张瓒、林庭㭿、甘为霖，学士张璧、吴惠、廖道南等"捧主"陪祭。

十二月，黄绾与礼部尚书夏言、礼部右侍郎黄宗明三人在路经道教场所妙应真人馆时，雅兴大发，赏梅赋诗，黄绾有七言绝句《过妙应真人馆观梅次桂洲致斋韵（二首）》。

十二月，京城大雪，黄绾侄子黄承芳携乡人王宗范，从家乡黄岩至京城拜访黄绾。雪夜之中，三人围火炉，惬意畅谈。黄绾有七言绝句《夜雪与侄承芳及王宗范围炉》。

是年，浙江嘉兴澉浦董沄卒，其子、举人董谷以黄绾曾与董沄"尝有一日之雅"，以九杞山人许相卿所撰《董先生墓志铭》转交王宗范，并托请黄绾作传。黄绾有《萝石翁传》。

是年，邹守益有《上黄石龙宗伯书》。

是年，礼部尚书夏言应黄绾之请，为黄绾在紫霄山所创石龙书院，题七言律诗《石龙书院次韵题黄久庵卷》。

是年，历经六年（嘉靖八年至十三年）之久，黄绾为挚友王阳明所撰《阳明先生行状》定稿。

是年，黄绾为礼部尚书夏言在嘉靖七年冬所作《山西按事奏议》（夏言曾任兵科给事中）撰序，成《山西按事奏议序》。

是年，王畿离开京师，至南京任职方主事。临行之际，同志之士请黄绾赠言，黄绾乃有《赠王汝中序》。

是年，雷礼于前年即嘉靖十一年举进士，后授任福建承宣布政使司兴化府推官。临行之际与黄绾道别，黄绾作《赠雷必进序》。

约在是年，黄绾为在嘉靖元年去世的五弟黄紒撰墓志铭，即《五弟宗哲墓志铭》。

约在是年，黄绾有《始迁祖都监公墓碣铭》。

约在是年，黄绾应福建邵武米荣之请，为其亡母汤姬作墓碣铭，即《米母墓碣铭》。

约在是年，黄绾四弟黄宗博之子黄承道受父之命，从黄岩携其诗书画卷《空明小隐》至京师，请黄绾作记，黄绾成《空明小隐记》。

嘉靖十四年乙未（1535），五十六岁，至南京，返京师，归黄岩

二月，黄绾奉命前往南京江南贡院，充知贡举官。知贡举之时，与杨梦羽、张济甫、胡汝懋、王承晦等多次登上明远楼，并赋诗数首以纪之，如七言律诗《校士登明远楼》，五言古诗《登明还楼观校士次杨梦羽韵》，五言排律《次张济甫胡汝懋登明远楼观校士四十韵》《次王侍御登明远楼二十六韵》。

三月十三日，黄绾母鲍氏病危，有遗言与黄绾子黄承文："我一生辛勤，上为汝家祖父，下为汝家子孙，无毫发不尽其心。今得汝父，竭忠事君，我愿足矣；更得汝父，益懋显扬，慰我地下，我愿尤足。"**十七日，**黄绾母鲍允俭卒于黄岩，年八十五。

四月四日，张孚敬致仕，召费宏复入阁。

四月十一日，即在黄绾母离世不多久，黄绾仲兄黄绎因"郁郁而未舒""幽忧而构疾"，即因悲恸过度而猝然离世，年六十。黄绎在重病之时，还力疾作书，以母亡讣告与黄绾。

五月一日，黄绾上疏，就"抚勘大同功罪"一事，再议刘源清之罪责。**十三日，**黄绾于京师得知母鲍氏讣讯，遂启程南归丁忧。此时，嘉靖帝得知黄母病故，以黄绾纂修、讲读之功劳，钦赐黄绾母鲍氏祭葬，并赐其亡父黄俌祭一坛。

五月，礼部左侍郎职位空缺，黄宗明由礼部右侍郎升任左侍郎。

夏（六、七月间），黄绾至家黄岩，经理亡母鲍氏葬事。

十一月二十七日，黄绾、黄约率黄家子弟葬母太淑人鲍允俭于黄岩委羽山中岗之东。原定亡母鲍允俭与先考黄俌合葬，黄绾、黄约启封黄俌墓后，发现石椁渍水，"又去墓东百步择地起坟，因先考柩湿不忍葬。乃葬先妣，虚其左以俟至冬启封且窆"。**二十八日，**黄绾作《先母太淑人墓志》，亦称《皇明诰封黄太淑人墓志》。若干

年后，友人许相卿拜读黄绾《先母太淑人墓志》之后，成《黄太淑人传》。

十二月，至冬之时，黄绾、黄约拟启封父墓与母墓合葬，发现母墓“气寒且靰沓，视柩漆玄绿之色，若葬数十年者”。黄绾、黄约哀痛，罔知所措，忽于委羽山稍东南屏下得堪舆家所云吉地一处，遂为父母迁葬，直至翌年（嘉靖十五年）四月十三日竣事。嗣后，黄绾作《先考妣迁墓记》。

冬，岁末，闽中高瀔跋涉冰雪，追踵流落天涯的郑善夫遗孤至浙南一带。此时，黄绾居家丁忧，高瀔指郑氏遗孤视黄绾，悲不能语。黄绾有《题高宗吕卷后》赠与高瀔。

是年，黄绾在处理亡母丧事之后，至鞠山，率工垒石，封曾祖母金太淑人之母陈哲（金贞妇）与其夫金翁（金如珙）合葬墓。此合葬坟墓历经岁月，无人修整，几近淹没，俨然成无主之土丘。黄绾不忍视坟丘如此破败，在拜读乡先哲叶拙讷著《金贞妇传》文后，树碑撰文，成《金贞妇墓碣铭》。墓成之后，黄绾率族人祭奠之，作《奠金贞妇墓文》。

是年，黄绾丁忧家居之时，检视遗箧，意外发现外祖父鲍恩供女（鲍允俭）少时所受《女孝经》犹存。黄绾抱书而泣，曰：“吾母平身精神心法不亡者，庶其在此！可使泯而不传哉？”故录此书，刻之家塾，以示子孙，“俾永为家宝，且以著闺门之式”。黄绾还作《女孝经序》。

是年，黄绾为先祖黄孔昭撰行状。先是，在黄绾弱冠之时（二十岁），黄俌即命黄绾摭拾黄孔昭事实为行状；直到三纪（即三十六年）之后，黄绾才完成乃父的托付，厥成《先祖文毅公行状》。

是年，台州太守许继任期满三载，部使巡行至台州，考核其政绩，因被许继治理台功绩及其个人贤德魅力所感，黄绾乃作《旌劝说》。

是年，先是黄孔昭曾有诗、书赠与天台齐立斋先生，立斋之孙齐献之以诗与书装裱为卷，请黄绾题识其后；黄绾乃有《题先文毅公与齐立斋先生书诗后》。

是年，黄绾与原南京刑部主事、赋闲在家的太平学者叶良佩，渐多交往。

是年，黄绾为其亡妻钟氏（卒于正德十五年）撰《亡室淑人钟氏墓志铭》。嗣后，又拜祭了钟氏之墓。

是年，湛若水南归，创莲洞书院于峨眉山，修甘泉馆于古甘泉洞，又为朱明书馆于罗浮山，与大科书院在西樵之巅、烟霞之洞者为四馆，以为他日归休之地。

是年，薛宗铠因弹劾吏部尚书汪鋐而被斥为民，并杖阙下，枉死。

约在是年，黄绾作有《与人论学书（三首）》《答应石门书（二首）》《答吴维新书》等。

嘉靖十五年丙申（1536），五十七岁，在黄岩

正月二十六日，黄绾率族人葬仲兄黄绎于塔山之原。黄绾成《祭仲兄文》。同时，黄绾应黄绎之子黄承芳之请，有《仲兄逸庵先生墓志铭》。

三月，邹守益为钱德洪于前年（嘉靖十四年）二月刻于姑苏的《阳明先生文录》作序文，即《阳明先生文录序》。

四月，黄绾在先考妣墓合葬事竣后，上《赐考妣祭葬谢恩疏》。

五月，严嵩由南京吏部尚书改任礼部尚书兼翰林院学士。

六月，湛若水由南京礼部尚书，改任南京吏部尚书，并有《改南京吏部尚书谢恩疏》。

六月，法司治刘源清、郤永之罪，即在“大同兵变”中所犯失职罪。

七月五日，叶良佩母叶太安人卒，年七十。黄绾有《奠叶母符氏文》。

十月，中顺大夫温州知府郁山卒于官，年五十六。逾时讣闻，黄绾以束帛吊其家。

十一月八日，黄绾携弟黄约自委羽山至太平桃溪，拜谒先师谢铎旧墓。以谢铎原墓葬不吉子孙，黄绾恻然伤感，拟择善地并捐赀迁葬。并请相士姜居简勘查新择墓穴之凶吉，黄绾有诗作《赠相地南昌姜居简》，叶良佩并有七律《久翁席上送姜地师还南昌》。

十一月，黄绾为已故两载的刑部右侍郎王启送葬并作神道碑铭文，即《刑部右侍郎东瀛王公神道碑铭》。落款署："嘉靖十五年岁次丙申十一月丁卯，通议大夫礼部左侍郎前詹事府詹事兼翰林院侍讲学士同修国典经筵讲官同邑黄绾撰。"与此同时，黄绾还有《奠王东瀛司寇文》。

十二月，叶良佩合葬亡母叶太安人（符氏）于太平白山西原先考叶墓。叶良佩持先考妣行状请黄绾作墓碣铭，黄绾成《叶封君符太安人合葬墓碣铭》。

闰十二月十四日，进华盖殿大学士、礼部尚书夏言兼武英殿大学士，并入阁办事；时在黄岩丁忧的黄绾闻讯，作七言律诗《和桂洲入阁见寄诗次费钟石韵》。**十九日，**礼部左侍郎黄宗明卒于官，赐祭葬如例。黄绾与黄宗明同系阳明先生门人，交往颇多。

是年，黄绾拜访了少年读书之时的同窗好友、县诸生范骥，有《赠范致斋诗》。

是年，巡按浙江监察御史张景、提学佥事徐阶，重修杭州天真精舍（书院），立祀田。黄绾应书院执事、举人刘候之请，成《天真书院田记》。

是年，安徽新安人康载任黄岩县令二载，巡按御史建康金君知其贤，檄所司旌劝，乡人请黄绾作序，黄绾成《邑侯康君旌劝序》。

是年，黄岩县利涉桥岁久失修，"风潮激荡，乘脆履朽，遂至颠坠漂溺者，往往有焉"。黄绾与黄岩县令康载偶语及之，康载曰：

“斯吾职也，吾忍坐视之哉！”乃稽往籍，谋善制，僦工集材，修筑两堤，锻蚀易敝，不数月而新桥告成。牢壮周致，行者无虞，人咸悦而嘉之。黄绾应县诸生范骥等请，记厥成绩，遂作《重修黄岩县利涉桥记》。

是年，黄绾有《寄方西樵阁老书》《答广德朱知州书》《与孙太守书》《答陈子愚书》《答秦子元书》等。

是年，闻人诠等编辑、刊刻《甘泉先生文集》(内编二十八卷，外编十二卷)于新泉精舍。

是年，黄绾《大学古本注》刊刻，寄赠王畿一种；王畿拜读之后，有书函与黄绾，有“《大学古本注》至善之旨有所忿懥之说，细体会，终未能尽契于里”云云。黄绾作《复王汝中书》以释疑。

是年，巡按浙江监察御史张景巡行至黄岩，黄绾受乡民之托，成《与张佥宪书》，反对在连接黄岩、太平两县的委羽山河道设闸。

约在是年，黄绾为先考黄俌撰行状，成《先府君行状》

约在是年，天台县令周仲玉任满三年，将升至云南巨津任太守。临行之际，黄绾有《赠周仲玉守巨津》。

约在是年，黄绾族兄、莆阳南溪先生黄科去世之后，其子黄文潜持《南溪挽诗册》来黄岩寻访黄绾，黄绾有《题族兄南溪挽诗册》。

约在是年，临海钱介夫持王氏三节妇册，来访黄绾；黄绾展而读之，感慨万千，有跋文《题王氏三节妇册》。

嘉靖十六年丁酉(1537)，五十八岁，在黄岩

正月二日，黄绾率谢铎诸孙正式迁葬谢铎至桃溪上黄新墓。黄绾先有《方石先生迁葬告文》。叶良佩全程参与了此次迁葬，并作《谢文肃公迁墓记》。**六日，**黄绾母鲍太淑人初葬于黄岩委羽山中岗之东，因穴中水湿，改葬于委羽山南岗之原。

二月六日，黄绾第四孙黄惟嵩生，黄惟嵩系黄绾长子黄承文

长子。

春，黄绾祖父黄孔昭、祖母蔡氏在黄岩委羽山坟墓之葬地有水，不吉；黄绾、黄约于是年正月、二月间，在委羽山之北择吉地迁葬。事成，黄绾作《先祖考妣迁墓记》。

春，连接黄岩县南官路店头铺至柏岙之间的东洋新路成。县邑诸生张池、王照及县令康载请黄绾为记，黄绾作《东洋新路记》。

四月，御史游居敬上疏，弹劾湛若水，奏请禁毁王阳明、湛若水所著书及门人所创书院。嘉靖帝下旨："禁私自创建书院。"

六月，黄绾十三叔父黄正倩卒，年七十六。嗣后，黄绾有《祭十三叔父两峰府君文》。

秋，叶良佩从太平前来，造访黄绾所早年创建的石龙书院。叶良佩有七言律诗《石龙书院题画（四首）》。嗣后，黄绾、叶良佩共登黄岩县城西方向之松岩绝顶。黄绾与叶良佩登上松岩山之后，有诗作《松岩》。黄、叶二人驻足松岩绝顶，眺望澄江，纵谈古昔。江北有南宋丞相杜范亭池遗址，江西有任旭、黄寿云、赵纳斋之故居，江南有道教洞天福地所在委羽山，江东系元泰不华死节处。叶、黄二人共睹此景，惆怅感慨："壮哉，先民之遗泽乎！殆将于此江争厥长雄也。后死者共勉之！"

秋，黄绾、叶良佩二人偕游澄江之畔的江云阁，黄绾有七言绝句《江云阁次叶敬之韵》。黄绾、叶良佩受邀至天台，参加许太恭人的寿宴，黄绾作《许太恭人寿歌》。

七月下旬，黄绾与叶良佩偕游黄绾四弟黄约即空明山人在黄岩县城之西，即松岩三童岙之西谷所经营之别业少白堂。此次访游经过，叶良佩有《西谷记》，黄绾有《少白堂记》。

在少白堂，黄绾为黄约所创作的《松竹梅》《鹅》《鸡》《芙蓉》《芭蕉》《菊》《鹤洲图》等七幅画作题诗，有《与四弟空明山人题画（九首）》。叶良佩次韵和之，成《为空明山人题画五首奉次久翁韵》。黄绾还有七言绝句《鹤园为四弟赋（二首）》。

秋，黄绾丁内艰结束，释服除丧，至洞黄，遍谒先祖坟墓，目睹先茔损坏践踏，“不胜悲恨”，遂筹资进行修整。此外，黄绾先有《祭洞黄山灵文》，又成《祭洞黄先墓文》。

丁母忧之时（嘉靖十四年三月至嘉靖十六年秋），黄绾还择吉日祭拜了过世十多年的亡室钟氏之墓，成《祭钟氏墓文》。

丁母忧之时，黄绾应台州别驾朱君（本姓章氏）之请，为其家谱作序，有《长湖章氏家谱序》。

丁母忧之时，黄绾曾接待了侍父宦台的应城后学周润夫的来访，黄绾因欣赏其贤德，而以“立志学圣人”为圭臬，与之论为学之道，并成《赠周润夫》文。

丁母忧之时，黄绾著有《家诫》一文，告诫子孙后代，当以“道德”治家。

秋冬之时，王阳明继子王正宪偕郑邦瑞自越地（绍兴）来访黄绾及王正亿于黄岩紫霄山。郑邦瑞此次台州之行，随身携带有王阳明手书《与郑邦瑞尺牍（三通）》，其卷末已有王阳明门生黄弘纲、萧敬德的题跋，呈请黄绾观摩，黄绾“观讫抚卷三叹”而有《书宝一官藏阳明先生三札卷》。此外，叶良佩亦陪同接待了郑邦瑞一行的来访，在王阳明《与郑邦瑞尺牍（三通）》之后亦有题跋。临别之时，黄绾作七言律诗《赠王仲肃郑邦瑞归越（有引）》。又据湛若水于此时所作《答王汝中兵曹》《答薛尚谦》文“闻……诸贤为天台、雁荡之游，此心飘然”云云，似可推断：王畿、薛侃也与王正宪、郑邦瑞等一道前来黄岩，寻访黄绾等。

十月，黄绾仲兄黄绎之子黄承芳即赴南雍读书，时湛若水系南京吏部尚书，黄绾有《寄甘泉先生书》，恳请予以关照。黄承芳赴南雍之时，黄绾还有书函与时任南京国子监祭酒伦以训，成《寄伦白山书》。

十一月二日，湛若水有《复黄久庵少宗伯》。

冬，黄绾作七言绝句《题符国信三友图》。

冬，黄绾生病卧床不起。因山垄之上腊梅花开，黄绾在某日清晨，倚杖雪中赏梅，赋七言绝句《病起观梅（二首）》。

是年，黄绾追记先祖淳德美行，先后成《先五世祖统五府君碑阴记》《高祖松坞府君碑阴记》《曾祖职方府君碑阴记》《先祖文毅公碑阴记》等。

是年，黄绾作《祭舅氏屿南鲍翁》文。黄绾还展拜了亡室钟氏父、祖及叔兄三世之墓，有《祭钟氏墓文》。

是年，叶良佩以诗歌方式与黄绾谈论小梅山（梅岩）隐居之胜，黄绾和之，成七言绝句《叶敬之谈梅岩隐居之胜咏诗索和》。

是年，黄绾于黄岩县南五里官道之旁、委羽山下，捐赀买地建重屋二十楹为义楼，床第、炀灶、汲浴、樵采、什器，靡不整具，供过路旅客晨饷夕宿。此时，叶良佩从黄绾游息于委羽，亲睹义楼之役，遂成《黄氏义楼记》。

是年，黄绾为已故温州知府郁山撰墓碑铭，有《明温州知府郁君墓碑铭》。

是年，天台学者夏鍭谢世。夏鍭系黄绾青年时代的学术“知音”，对黄绾多有提携。

嘉靖十七年戊戌（1538），五十九岁，在黄岩

正月十五日，元夕之夜，黄绾举家老少亲朋，欢聚一堂，赏灯宴饮。黄绾有七言绝句《元夕灯宴（二首）》。

三月，湛若水为薛侃之侄薛宗铠作《明故征仕郎右给事中东泓薛君墓志铭》。薛宗铠于嘉靖十四年因弹劾时任吏部尚书汪鋐事，受罚八十廷杖而卒。黄绾与薛宗铠生前亦交好。

十一月一日，嘉靖帝以其生父兴献皇帝既称宗配帝，乃于南郊

上“皇天上帝”大号，恭进册表，并诣太庙，改上太祖高皇帝、高皇后尊号。皇后助行亚献礼，文武大臣及命妇陪祀。

约在是年，叶良佩有《奉久庵先生书》，与黄绾探讨“志道”“诚意”之学。

嘉靖十八年己亥（1539），六十岁，在黄岩；至京师，归黄岩

正月，先是，恭上“皇天上帝”大号、尊加皇祖谥号礼成之后，礼部奏遣使诏谕朝鲜。嘉靖帝以为：“安南亦在天覆之下，不可以迩年叛服之故，不使与闻，今择廷臣有文学才识、通达国体者，赍诏谕之，如故事。”于是，所司以其人上报，前后多次上报之人选，皆不称嘉靖帝意。

二月，嘉靖帝命原任礼部左侍郎黄绾升本部尚书、为正使，右春坊右谕德张治升翰林院学士、为副使，捧诏行。时黄绾守制家居，趣赴行在所，领面谕行事。时同任礼部尚书系严嵩。

二月六日，张孚敬（张璁）卒于温州。

春，黄绾在黄岩之时，在朱涞、王献芝等人的陪同下游雁荡山。

约在四月，南京吏部尚书湛若水作《治权论》，上《进治权论疏》，主张“天子讨而不伐”，反对对安南用兵。

约在五月，黄绾奉诏至京。

六月八日，礼部尚书严嵩、黄绾俱以雷警，自陈乞罢。诏留用。

六月十四日，湛若水由南京吏部尚书，改为南京兵部尚书，参赞机务。在吏部尚书任上，湛若水成《杨子折衷》，对宋儒杨简学说进行评议。黄绾晚年不喜杨简之学，《明道编》以为“慈湖之学，禅学也”。

六月，同任礼部尚书严嵩，大力支持同僚黄绾“宣谕安南”的前期准备事宜。黄绾奏请“要将安南黎氏受封始末等项查录前去，以备应用”，嘉靖帝命严嵩照办。严嵩遂翻阅、稽查礼部所存有关

安南国案卷，查录完毕，上奏疏《稽古典以备采酌事》。

七月，黄绾有《定庙谟疏》，请求出使安南可便宜行事。

闰七月，礼部尚书兼翰林院学士黄绾罢。按《明世宗实录》记：先是，绾以礼部左侍郎升本部尚书，充正使往谕安南，未行。为其父母请赠且援建储恩例，请给诰命如其官，上怒，曰："绾先因行取使安南，闻命不趋。既至，则多端请辞，畏缩阘茸。今又复有请。其以原职闲住，毋复起用。"

秋八月，黄绾乘舟南归，途中曾在蔡家庄逗留，有五言古诗《乙亥归舟逗风蔡家庄见田舍土垣茅茨朴野有类太古慨然兴怀》。南归途中，黄绾还有七言绝句《出京泊舟保运观道馆书怀》《出京中秋舟中观月（二首）》《游白园赠白师慎鸿胪》《题张氏隐居》等。

冬，黄绾正式归隐，开始田居生活。施沛《南京都察院志·黄绾传》称黄绾"归抵家，迁居翠屏山中，杜门谢客，日事注述，布衣草履，超然于尘埃之外，虽极寒暑，手未尝释卷，远近有志士，咸趋事之"。

是年，黄绾与叶良佩一道凭吊了乡先贤符邵阳之墓，叶良佩有七言律诗《谒先师正斋先生墓》，黄绾次韵和之，成《吊符邵阳墓次叶敬之韵》。

是年，黄绾在京师之时，南京礼部侍郎吕柟因奉先殿灾而致仕，黄绾作七言绝句《赠吕泾野归关中》，为之送行。

是年，北方王门学者穆孔晖卒，年六十一。

嘉靖十九年庚子（1540），六十一岁，在黄岩

五月，南京兵部尚书湛若水六年考满，因年逾七十，嘉靖帝令致仕。**七月，**湛若水离开南都返乡，路经杭州，至天真精舍，以三香祭奠阳明先生。**九月中旬，**抵家增城。

六月十九日，黄绾第五孙黄惟庚生，惟庚系黄绾三子黄承德

长子。

六月，叶良佩应时任太平县县令曾才汉之请，主持修纂《（嘉靖）太平县志》。

十月，礼部尚书霍韬卒于官，年五十四。翌年，湛若水作《太子太保礼部尚书掌詹事府事赠太师太保谥文敏霍公墓表》。方献夫撰《明礼部尚书谥文敏渭厓霍公墓表》。

是年，王阳明门人周桐、应典等建书院于永康寿岩，祀阳明先生。

约在是年，王克之治台州满五载，擢任岳州太守，时抱病山谷的黄绾应黄岩县令林人纪及其同僚宗君、毕君之请，作《赠王克之擢岳州贰守序》。

约在是年，黄绾有七言古诗《白纻词（二首）》等。

嘉靖二十年辛丑（1541），六十二岁，在黄岩

七月，台州大水，黄岩尤甚，知府周志伟赈恤有加。明年（嘉靖二十一年）周志伟擢官去，百姓在黄岩县治东为其立祠，黄绾为之记，成《甘棠遗爱祠记》。

九月，王廷相以郭勋事牵连，被革职为民，罢官归里。其近四十年的从政生涯结束，王廷相抵家后，日以闭门读书为事。

是年，黄岩县令林人纪重修黄岩县儒学，黄绾撰《重修黄岩县儒学记》。

是年，台州太守周志伟任满三年，赴京考绩，应黄岩县令林人纪之请，黄绾成《赠周太守考绩序》。

是年，江右王门学者邹守益"因谗者中伤，落职闲居"，"既归，卜筑东阳行窝，四方学者日众"，有《简复久庵黄宗伯》相告。约在此时，邹守益还寄赠七言古诗《东海篇为黄久庵宗伯赋》。

是年，泰州王门学者王艮卒，年五十九。北方王门学者南大吉

卒，年五十五。

是年，湛若水高足洪垣补任温州太守，岭南诸友人有歌行赠别，湛若水作《送大巡觉山洪君外补温州太守诗序》。

约在是年，黄绾作七言律诗《和曾梅台少参游灵岩韵》。

约在是年，谢应午于台州任节推仅两月，升任真定府别驾从事，应黄岩后学梁、文、林诸子之请，黄绾作《送谢子应午序》。

嘉靖二十一年壬寅（1542），六十三岁，在黄岩

正月二日，黄绾与四弟黄约酌酒于江上草堂，黄绾有七言律诗《新岁二日四弟携酒酌江上草堂》。

三月十六日，系时任礼部左侍郎兼翰林院学士费寀六十寿辰，黄绾应时在浙任职的费寀同乡詹燕峰、欧阳约庵、高玉华、张蒙溪之请，为作祝寿文，成《贺费钟石六十寿序》。

四月十四日，黄绾七子黄承恭生，系黄绾继室王氏之媵婢陈氏所生。

闰五月五日，黄绾应台州府同知王廷幹之邀，撰《赤城书院记》文千余字，并刻成碑文。

夏，黄岩一带酷热，黄绾携周志伟、王维祯、张岱野等好友在郡城临海避暑，并宴饮集会于东湖。众人有诗歌唱和，黄绾有诗作《东湖宴集次周士器太守韵》《东湖宴集次王维祯韵（二首）》《和张岱野宪副游东湖韵》。

七月，致仕南京礼部右侍郎吕柟卒。黄绾闻讯，特作五言律诗《哭吕泾野宗伯》。湛若水闻讯后，作有《奠吕泾野文》。

七月，致仕南京刑部尚书周伦卒。

八月十六日，礼部尚书严嵩兼武英殿大学士，入阁参预机务，仍署礼部事。

九月，王畿在落职回绍兴之后，携槜李沈静夫、余姚杨汝鸣至

黄岩拜访黄绾，探视王阳明独子王正亿。黄绾在黄岩北山石龙书院予以接待，二人就为学宗旨展开辩论，先是在石龙书院“论绝学未明之旨”，继而在雁荡山能仁寺“深辩释老精微不同之旨”。

又，黄绾与王畿、沈静夫、曾才汉、叶良佩、冯子通、杨汝鸣、婿王正亿、儿承式、承忠，同游雁荡山，黄绾有《游雁山记》。游雁荡山之时，黄绾因追忆三十年前与郑继之、应元忠、赵弘道、弟黄约同游之事，此时郑继之、应元忠、赵弘道已逝，故而感怀，有七言律诗三首之作。

王畿离开雁荡山，拟同石简一道前往临海桐岩，黄绾、叶良佩有诗歌相赠，叶良佩诗作题名曰《奉陪久翁送石玉溪王龙溪至桐岩作》。王畿完成黄岩之行，归越之后，有《与张叔学书》，相告此次游学收获，有“此行受久庵公真切之教，向来凡情习气顿觉消灭，可谓不虚行矣”云云。

十一月十三日，黄绾第六孙黄惟新生，惟新系黄绾次子黄承廉四子。**十七日，**黄绾四弟黄约病逝，叶良佩有诗作《挽空明山人》。

是年，江右王门学者欧阳德与邹守益、罗洪先等会讲于青原，游石屋、玄潭，并有书函《寄黄久庵》。

是年，台州太守周志伟离任，至湖南岳阳任职，黄绾为之饯行，作七言古诗《感慨歌送周士器太守》。叶良佩有五言律诗《送郡守周阳山公擢官重夔兵备四首》，并有《阳山说》。

约在是年，黄绾第七孙黄惟龍生，惟龍系黄绾长子黄承文次子。

约在是年，黄绾有五言律诗《于东湖柬孔文谷提学用张岱野兵备韵》，作七言律诗《秋居感怀》《咏侄承芳山池》《江山草堂》等。

约在是年，黄绾移居翠屏山，作七言律诗《移居翠屏（二首）》。并于翠屏山中构建书堂，名曰“思古堂”，作《思古堂记》，还以“家经”名其书阁，成《家经阁记》。

嘉靖二十二年癸卯（1543），六十四岁，在黄岩

六月十五日，黄绾作七言古诗《飞虹硖歌》，并有摩崖石刻。

夏，黄绾有七言古诗《紫霄吟》。（编者按，今有摩崖石刻存世）

秋七月，黄绾撰《明奉政大夫南京吏部考功郎中无逸林公墓碑铭》。

是年，太常寺卿魏校卒，年六十一。赐祭葬如例，赠礼部右侍郎，谥恭简。魏校生前与王阳明有过学术论辩，黄绾曾居中调停。缘此，黄绾与魏校也成为好友。

约在是年，黄绾在黄岩澄江之北的北山（翠屏山）一带躬耕田野、课子读书，赋诗《田居（六首）》。嗣后，黄绾还有田园诗作《力耕（三首）》等。

约在是年，黄绾作七言古诗《送曾明卿守茶陵歌》《松图歌赠张元益》。

嘉靖二十三年甲辰（1544），六十五岁，在黄岩

春，黄绾有七言古诗《云壁楼歌》。

春，临海学者王宗沐中进士。

六月，致仕少保兼太子太保吏部尚书武英殿大学士方献夫卒，年六十。方献夫生前与黄绾交好。湛若水成《祭告西樵方公文》。

八月，黄绾撰《明处士松屿金翁墓碣铭》。

九月七日，王廷相卒。闻讣，黄绾特作五言律诗《哭王浚川宫保》。**二十八日，**黄绾于黄岩县东南十五里处东盘山（俗名“五马回朝”）摩崖岩石之上刻《生圹自铭》，对自己一生志业、功过是非进行评价，同时希望自己卒后归葬于此。

秋冬之时，致仕家居的湛若水有南岳衡山之行。

十一月，鄞县学者张邦奇谢世，其生前与黄绾、王阳明、湛若

水等交好。

是年，黄绾为追记先妣鲍氏先祖——鲍叔廉及其侄女嫆娘、婉娘在宋末誓死抗击元兵入侵台、温二州之英烈事迹，为乐清瞒谷岙（今浙江省乐清市智仁乡大台门村）所建义烈祠撰记文，成《义烈祠记》。

约在是年，黄绾追忆王阳明、湛若水、郑善夫等好友，在“二公亭”作七言古诗《胡为吟》。（编者按，今有石刻存世）

嘉靖二十四年乙巳（1545），六十六岁，在黄岩

正月八日，黄绾作七言律诗《谷日》。

闰正月，顾璘卒，年七十。黄绾、王阳明、王廷相、郑善夫等与顾璘交好。其中，顾璘在正德十一至十六年出任过台州太守。

四月十二日，黄绾第八孙黄惟峻生，惟峻系黄绾长子黄承文第三子。

四月，薛应旂以南京考功郎中考察南都官员，受夏言指使，王畿被黜罢官。王畿罢官事传到台州，黄绾作诗安慰之，叶良佩亦次韵和之，成七律《王龙溪驾部免官归次久翁韵奉讯（二首）》。

五月，温处兵备副使夏浚檄修处州城内丽阳、溪水二渠，知府李冕开浚，黄绾有《濬河记》文。

中秋，黄绾至越中探访王畿，在王畿庭园所构洗心亭上赏月论道，其中黄绾有七言绝句《中秋洗心亭与王汝中观月》。王畿有《次久庵中秋洗心亭玩月韵三首》。此外，应王畿之请，黄绾作有《洗心亭记》。

是年，王畿归林之后，四处讲学。按《明儒学案》：“先生（王畿）林下四十余年，无日不讲学，自两都及吴、楚、闽、越、江、浙皆有讲舍，莫不以先生为宗盟。年八十，犹周流不倦。”

是年，黄绾有书函与江右阳明学者罗洪先，罗洪先复函《奉黄

久庵公》。

是年，粤闽王门学者薛侃卒。

约在是年，黄绾与张岱野多有诗文唱酬，有《和张岱野兵备石门潭韵》《和张兵备湖亭雨集》等。

约在是年，台州陈太守将北上，黄绾作七言古诗《恻边行赠陈太守》。

嘉靖二十五年丙午（1546），六十七岁，在黄岩

春，江右王门学者陈九川入越，省先师（王阳明）之墓及其家，并入台州寻访王正亿、黄绾、叶良佩。先是，汪青湖、陈九川有书函与叶良佩，告知拟往台州寻访好友、游玩雁荡，叶良佩有《答汪青湖陈明水约游雁山二首》。

夏，黄绾在家乡台州与女婿王正亿及好友叶良佩，一同接待了陈九川、汪青湖一行，偕游览天台、雁荡等名山大川。在雁荡山中，叶良佩有诗歌《宿灵岩寺》《由瑞鹿抵能仁寺》。

八月，王正亿持黄绾所撰《阳明先生行状》及黄绾手书至岭南西樵山烟霞洞，请湛若水为乃父阳明先生撰“墓志铭”文。应黄绾、王正亿之请，湛若水成《明故总制两广江西湖广等处地方提督军务奉天翊卫推诚宣力守正文臣特进光禄大夫柱国少保新建伯南京兵部尚书兼都察院左都御史阳明先生王公墓志铭》。

十一月二十三日，黄绾“因山居之暇”，在“细读”先师谢铎诗文集最后定本《桃溪类稿》后，为之作序，成《桃溪类稿序》。嗣后，由谢铎曾孙、时任延平府同知谢适然刊刻之。

冬，黄绾在翠屏山中接待了闽中族弟黄希白的来访，因黄希白即将赴京参加明年会试，黄绾作七言古诗《赠闽族弟希白会试》。

冬，黄绾作《玉溪图歌》，赠宁海学者石简。

嘉靖二十六年丁未（1547），六十八岁，在黄岩

夏，台州民间一带讹传采童女，少女一时嫁娶殆尽。

五月，黄承德为父黄绾晚年著作《明道编》作跋文一种。与此同时，黄绾门生林文相有《明道编序》。

九月二十五日，永康阳明学者应典卒，年六十八。应应典长子应鹤龄之情，黄绾为撰墓表文。

是年，黄绾在祖父黄孔昭早年抄录的《杜清献公集》基础之上，又从《赤城集》及乡里诸载籍中检录杜范佚文若干种，重新编订成《宋杜清献公集》二十卷。其中古律诗四卷、杂文四卷、奏稿十卷、书札一卷，传记、行状等汇为一卷，置诸卷首。黄绾作序、符验撰跋的《宋杜清献公集》刊刻，是为嘉靖二十六年明刻本的《杜清献公集》，现收藏于日本静嘉堂文库。

是年，朱纨提督浙闽海防军务，巡抚浙江，防御倭寇。嗣后，黄绾结识朱纨。

是年，王道卒。王道系黄绾好友，早年师从王阳明，后转师湛若水。

约在是年，文启治持《百雀图》上门拜访黄绾并索诗，因文启治"介而知言"，黄绾乃作七言古诗《题百雀图》。

约在是年，蔡生拜会黄绾，临别，黄绾作七言古诗《赠蔡生》。

嘉靖二十七年戊申（1548），六十九岁，在黄岩

九月八日，黄绾第九孙黄惟楫生，黄惟楫系黄绾四子黄承式长子。

十月十九日，黄绾第一曾孙黄学诗生，学诗系黄绾次子黄承廉长子黄惟宠之长子。

十月初二，夏言被杀于京师西市，年六十七岁。黄绾在京师礼

部任职之时，与夏言交好。

嘉靖二十八年己酉（1549），七十岁，在黄岩

二月，黄绾有“纪梦”诗作赠与王畿，王畿次韵《复久庵纪梦韵十首》。

四月十五日，黄绾应邀为时任浙江巡抚朱纨的《甓余杂著》作序文。

九月，湛若水撰《潮州宗山精舍阳明王先生中离薛子配祠堂记》。

十一月十二日，仙居阳明学者应良卒于正寝。嗣后，邹守益应应良门人李一瀚之请，撰《应方伯良墓志》。湛若水作《寓奠应方伯南洲元忠文》。

十二月，朱纨被革职，愤而自杀，朝野为之叹息。

冬，湖州学者唐枢至台州，寻访好友黄绾、叶良佩。黄、叶、唐一同前往金鳌山望海，并有诗歌唱和。黄绾赋诗《金鳌山望海有感》，叶良佩作《陪唐一庵金鳌山观海同黄久翁符松岩作》。

是年，黄绾长子黄承文离家前往京城任职，叶良佩有诗作《送黄伯卑上舍之京》。

约在是年，黄绾有七言律诗《岁暮感怀》《次秦子亨宫允见访山居话旧韵》《雪后野望》等。

约在是年，少时邻居林世善携画作，请黄绾题诗；黄绾有《凭翠楼歌赠林世善》之作。

嘉靖二十九年庚戌（1550），七十一岁，在黄岩

三月十五日，黄岩儒学教谕、黄绾门生吴国鼎为黄绾所著《明道编》作跋文一种。

四月四日，黄绾第二曾孙黄学敏生，黄学敏系黄绾次子黄承廉次子黄惟宠之长子。

是年，间东重刻《阳明先生文集（录）》。

约在是年，黄绾著《洞黄黄氏家训》一卷，析分为十二条目，依次是“端本”“志学”“教养”“励志”“师友”“技艺”“婚姻”“治家”“勤俭”“内德”“朔节”等。

嘉靖三十年辛亥（1551），七十二岁，在黄岩

三月二十一日，湛若水为严嵩《钤山堂文集》作序。

十二月，薛应旂游雁荡，撰有《雁荡山志》，赋诗有《登雁山》《宿雁山禅院》等。

是年，江右王门学者何廷仁卒，年六十六。

嘉靖三十一年壬子（1552），七十三岁，在黄岩

四月，倭寇入犯海门关，黄岩知县高材御战，不胜，邑民杨志等被杀。

五月十七日，倭寇犯黄岩县治，泊舟澄江，据城七日，毁官民廒舍殆尽，杀掳甚重。台州府遣知事武炜赴救，至钓鱼岭，遭伏死之。

五月二十八日，福清贼首邓文俊等率倭寇二千，直入黄岩，焚县治，七日而出。时县无城，贼乘潮至，故陷。至十一月，参将汤克宽追逐之于马下洋，文俊始就擒。

五月，黄岩县城黄绾住宅被倭寇毁，王正亿游北雍，其妻黄姆哀惶奔走，不携他物，独抱王阳明木主图像以行。

是年，黄绾三子黄承德离家，赴广西任奉议军民指挥使司经历。岁暮，黄绾有五言绝句《岁暮忆三儿承德》。

嘉靖三十二年癸丑（1553），七十四岁，在黄岩

二月，南中王门学者戚贤卒，年六十二。戚贤系正德八年王阳

明在安徽滁州讲学之时的得意门生。黄绾与戚贤有交往。

春，会试之时，徐阶、聂豹、欧阳德、程文德等在京会讲于灵济宫，学徒云集，至千人。

五月，台州黄岩大风，雨连日不止，坏民田稼。

八月二十六日，黄绾第十孙黄惟柱生，惟柱系黄绾四子黄承式次子。

十月二十九日，黄绾第三曾孙黄学礼生，学礼系黄绾次子黄承廉长子黄惟宠之次子。

晚年家居之时（嘉靖十九年至三十二年），黄绾还有七言律诗《寿任秋山八十》《和应立之归田自咏韵》《送范元德岁贡》《和高少参雁荡韵》《和宗叔亦斋岭店驿韵分得歌字》《和张岱野岭店驿分韵得歌字》《夜读宋靖康德祐史有感》《岁暮江楼咏怀》《夜坐一碧楼》《次韵留别杜子敬郡博》《陈山人鹤以诗见赠依韵酬之》等。

晚年家居之时，黄绾作有五言绝句《明印流落远来住我溪亭三年矣兹欲寻访名山诗以赠之（四首）》等。

晚年家居之时，黄绾作五言古诗《和游佥事游灵岩韵》等。

晚年家居之时，黄绾作七言绝句《和萧两湖宪副雁荡道中韵（二首）》《题常秋壑赠王湍（二首）》《雁荡书院赠朱时言》《和甘泉登罗浮见怀韵（二首）》《送潘司训归休》《暮春》《次应立之亭池韵》《写松（二首）》《写梧冈图赠陈太守》《写海峰图赠叶敬之》《与文启治写壁峰图》《雨后枕流亭观瀑（二首）》《为林尹通写梅趣图》《叶云壑以诗期过次韵答之》等。

嘉靖三十三年甲寅（1554），七十五岁，卒于黄岩

九月四日戌时，黄绾病卒于黄岩翠屏山里宅村，年七十五。始葬于邑南东盘山。以家多变，迁葬委羽山文毅公墓前。以地多水，又迁葬于紫霄山之南的长陇。

黄绾研究论著索引

1. 容肇祖 :《王守仁的门人黄绾》,《燕京学报》第 27 期,1940 年,第 53—113 页 ;后收录于《容肇祖集》,齐鲁书社 1989 年版,第 247—316 页。

2. 容肇祖 :《明代思想史 · 黄绾》,开明书店 1941 年版,第 158—182 页。

3. 侯外庐 :《明道编序》,载《明道编》,中华书局 1959 年版,第 1—14 页。

4. 侯外庐主编:《中国思想通史(第四卷下)· 黄绾的哲学思想》,人民出版社 1960 年版,第 929—941 页。

5. 劳思光 :《新编中国哲学史(三卷上)· 黄绾》,友联出版社 1980 年 ;广西师范大学出版社 2005 年版,第 374 页。

6. 浙江省社科院编 :《浙江人物简志(中册)· 黄绾》,浙江人民出版社 1986 年版 ;《黄岩县志通讯 · 黄绾》,1987 年第 1 期,第 17—18 页。

7. 侯外庐、邱汉生、张岂之主编,唐宇元撰文:《宋明理学史 · 黄绾的学行与“艮止”说》,人民出版社 1987 年版,第 383—402 页。

8. 陈志鹏 :《明礼部尚书黄绾籍贯考》,《温岭县志通讯》1988 年第 4 期,第 28 页 ;《黄岩史志》,1989 年第 2 期。

9. 严振非 :《黄绾籍贯辨》,《黄岩史志》1989 年第 2 期,第 19—20 页。

10. 池太华 :《明代的一场官司》,《黄岩史志》1988 年第 3 期,第 88 页。

11. 池太华:《池黄两家是亲戚》,《黄岩史志》(刊发时间不明),第 70 页。

12. 赵康龄 :《东盘山考黄绾自铭石刻》,《黄岩史志》1989 年第 2 期,第 12—13 页。

13. 严振非 :《郑善夫与黄绾》,《黄岩史志》1989 年第 3 期,第 57 页。

14. 阮孔棠 :《读〈东盘山考黄绾自铭石刻〉》,《黄岩史志》1989 年第 4 期,第 68—69 页。

15. 杨苍舒 :《黄绾自铭石刻的主题探讨》,《黄岩史志》1990 年第 5 期,第 68 页。

16. 葛荣晋:《黄绾实学思想简论》,《浙江学刊》1989 年第 2 期,第 86—92 页。

17. 葛荣晋 :《王廷相和明代气学·王廷相和黄绾》,中华书局 1990 年版,第 278—289 页。

18. 杨国荣 :《王学通论·黄绾以"志道"否定"惟意而出"》,上海三联书店 1990 年版,第 136—139 页;华东师范大学出版社 2003 年版,第 145—149 页。

19. 唐宇元 :《黄绾思想新议》,《齐鲁学刊》1991 年第 3 期,第 19—25 页。

20. 吴震 :《王阳明佚文论考 :就京都大学所藏王阳明著作而谈·黄绾本〈阳明文录〉》,载陈平原主编《学人(第一辑)》,江苏文艺出版社 1992 年版,第 417—447 页。

21. 张克伟 :《试论黄绾对王学的评骘与乖离》,《宁波大学学报(人文版)》1992 年第 2 期,第 18—26 页。

22. 徐洪兴 :《〈明道编〉评介》,载周谷城、潘富恩主编《中国学术名著提要·哲学卷》,复旦大学出版社 1992 年版,第 680—683 页;又载潘富恩、徐洪兴主编《中国理学》第三卷,东方出版中心

2002 年版。

23. 王凤贤、丁国顺 :《浙东学派研究 · 黄绾的“艮止”说和他与王畿的“深辩”》，浙江人民出版社 1993 年版，第 231—234 页。

24. 陈鼓应、辛冠洁、葛荣晋主编 :《明清实学简史 · 黄绾的王道政治及其对理学的批判》，社会科学文献出版社 1994 年版，第 36—50 页。

25. 刘蔚华、赵宗正主编，佃利撰文:《中国儒家学术思想史·黄绾及其对王学的修正》，山东教育出版社 1996 年版，第 1346—1349 页。

26. 白寿彝主编，商传撰文:《中国通史（第九卷）中古时代·明时期（上册）· 黄绾由信奉王学转向批评王学》，上海人民出版社 1999 年版，第 453—455 页。

27. 张学智 :《明代哲学史 · 黄绾的“艮止”》，北京大学出版社 2000 年版，第 146—154 页;《中国儒学史（明代卷）·黄绾的“艮止”》，北京大学出版社 2011 年版，第 217—227 页。

28. 方祖猷 :《王畿评传 ·（王畿）与黄绾的深辩》，南京大学出版社 2001 年版，第 361—366 页。

29. 王健主编，坚石撰文 :《儒学三百题 · 黄绾的基本观点有哪些？》上海古籍出版社 2001 年版，第 394—396 页。

30. 李书增、岑青、孙玉杰、任金鉴著 :《中国明代哲学 · 黄绾的思想》，河南人民出版社 2002 年版，第 1183—1213 页。

31. 吴秀玉 :《明代中叶黄绾之实用实行哲学》，《宜兰技术学报（人文及社会专辑 9）》，2002 年，第 115—132 页。

32. 傅怡祯、黄静妃 :《黄绾生卒年考》，《大仁学报》2003 年第 23 期，第 127—143 页。

33. 董平 :《浙江思想学术思想史 · 黄绾“艮止”说》，中国社会科学出版社 2005 年版，第 250—255 页 ；又见沈善洪、费君清主编:《浙江文化史·黄绾的“艮止”说》,浙江大学出版社 2009 年版,第 188—190 页。

34. 杨朝明:《儒家文化面面观·黄绾是怎样“指摘正救”王学的》,齐鲁书社 2005 年版,第 168—170 页。

35. 张安奇、步近智:《中国学术思想史稿·黄绾由信奉王学转向批评王学》,中国社会科学出版社 2007 年版,第 423—426 页。

36. 王宇:《从黄绾到黄宗羲:阳明心学与十七世纪的智识转型》,载钱明、叶树望主编《王阳明的世界:王阳明故居开放典礼暨国际学术研讨会论文集》,浙江古籍出版社 2008 年版,第 463—476 页。

37. 钱明:《王阳明及其学派考论·黄绾的保孤情怀》,人民出版社 2009 年版,第 104—107 页。

38. 钱明:《浙中王学研究·黄绾》,中国人民大学出版社 2009 年版,第 89—100 页。

39. 陈坚:《黄绾的“艮止”心学:兼谈黄绾心学的天台佛学性格》,载《中日韩天台学术对话国际研讨会论文集》(未刊稿),2009 年;《周易研究》2012 年第 6 期,第 77—88 页。

40. 卢伟:《管窥黄绾之〈明道编〉》,《明长陵营建 600 周年学术研讨会论文集》,社科文献出版社 2010 年版,第 380—387 页。

41. 刘辉玲:《黄绾的义利观及其当代价值》,《船山学刊》2010 年第 4 期,第 79—81 页。

42. 邵秋艳:《论黄绾对心学的继承和修正》,《信阳师范学院学报(哲社科版)》,2010 年第 5 期,第 30—36 页。

43. 张韶宇:《“〈易〉之微言,莫要于‘艮止’”:黄绾“艮止”易学研究》,《周易研究》2011 年第 1 期,第 36—41 页。

44. 于仙海:《阳明学派和黄绾的批判精神》,黄岩历史学会博客,2011 年 5 月 28 日。

45. 陈理尧:《穿越时空的对话:黄绾学术思想拾零》,黄岩历史学会博客，2011 年 8 月 19 日。

46. 姜国柱：《中国思想通史（明代卷）· 黄绾的哲学思想》，武汉大学出版社 2011 年版，第 196—219 页。

47. 张岱年主编：《中国哲学大辞典 · 黄绾》，上海辞书出版社 2011 年版，第 547 页；《中国哲学大辞典 · 明道编 石龙集》，第 698 页。

48. 吴锐：《黄绾与王阳明》，载《国际阳明学研究（第一卷）》，中国社会科学出版社 2011 年版，第 303—309 页。

49. 赵元煜：《黄绾“艮止”学说述评》，苏州大学中国哲学硕士学位论文，2011 年 4 月，第 1—40 页。

50. 张宏敏：《黄绾论杨简》，载《慈湖心舟：杨简学术研讨会论文集》，浙江大学出版社 2012 年版，第 251—260 页。

51. 张宏敏：《今存黄绾诗文集版本略考》，《国际阳明学研究（第二卷）》，上海古籍出版社 2012 年版，第 309—318 页。

52. 张宏敏：《黄绾生卒年、表号、职官等考正》，《儒学天地》2012 年第 2 期，第 39—43 页。

53. 张勇：《黄绾艮止之学新探》，湖南师范大学中国哲学硕士学位论文，2012 年 4 月。

54. 吴锐：《黄绾“大礼”疏评议》，《第二届国际阳明学研讨会论文集》（未刊稿），2012 年 11 月，第 147—164 页。

55. 王秋生：《“艮止”心学的立论依据与“艮止”心学的本体论》，《今日黄岩》（第 1212 期连载），2012 年 3 月 9 日、4 月 6 日、4 月 20 日。

56. 王大千（秋生）编著：《黄绾哲学思想研究》，中国文史出版社 2012 年版，第 1—300 页。

57. 朱红：《黄绾“艮止”思想及其对王畿近禅化的批评》，《儒学天地》2012 年第 3 期，第 35—39 页；《浙江社会科学》2013 年第 7 期，第 115—119 页。

58. 张宏敏：《黄绾著作考论》,《国学学刊》2013 年第 1 期，第 46—61 页。

59. 张宏敏著：《黄绾生平学术编年》，浙江大学出版社 2013 年版。

60. 张建：《黄绾对理学的批判与重建研究》，中央民族大学中国哲学硕士学文论文，2013 年 4 月。

61. 朱红：《黄绾思想研究》，浙江大学博士学位论文，2013 年 4 月。

62. 朱红、王绪琴:《从“大礼议”事件看黄绾的政治思想》,《浙江学刊》2013 年第 2 期，第 121—125 页。

63. 张宏敏:《黄绾经学、政论著作合考》,《国际阳明学研究（第三卷）》，上海古籍出版社 2013 年版，第 295—305 页。

64. 吴锐：《黄绾论反腐败》，载《王阳明廉政思想与行为研究》，中国社会科学出版社 2013 年版，第 281—298 页。

65. 张宏敏：《从理学、心学到经学：黄绾道学思想之进展》，上海师范大学博士学位论文，2014 年 4 月。

66. 钱明：《浙中王门的经学形态：黄绾论》,《浙江江夏文化研究（第一卷）》，武汉大学出版社 2014 年版，第 123—132 页。

67. 张宏敏：《“台南理学名家”之洞黄黄氏》,《浙江江夏文化研究（第一卷）》，武汉大学出版社 2014 年版，第 133—136 页。

68. 张宏敏：《黄绾集·编校说明》，上海古籍出版社 2014、2020 年版，第 1—9 页。

69. 朱坤祯：《〈黄绾集〉最新编校本出版》,《古籍新书报》2015 年 3 月 28 日。

70. 冈田武彦:《王阳明大传(中)·黄绾》,重庆出版社 2014 年版，第 256 页。

71. 潘君祥：《上海沙船与商船会馆·黄绾与沙船》,《航海》

2015 年第 2 期，第 28—31 页。

72. 李玉、朱玶祯:《〈黄绾集〉新编本出版，助益阳明后学研究》，中国社会科学网，2015 年 4 月 28 日。

73.《〈黄绾集〉最新编校整理本出版》，中华古籍网，2015 年 4 月 29 日。

74. 陈坚：《黄绾心学与天台宗佛学》，《天台山文化当代价值理论研讨会论文集》（未刊稿），2015 年，第 66—78 页。

75. 张宏敏：《黄绾与天台山：兼论“阳明学”系“思想史意义上的天台山文化研究”的一个有益补充》，《天台山文化当代价值理论研讨会论文集》（未刊稿），2015 年，第 212—221 页。

76. 张宏敏：《黄绾与席书：浙中王学与黔中王学互动的一个案例》，《贵州师范大学学报（社科版）》，2015 年第 4 期，第 32—37 页。

77. 王传龙：《阳明心学流衍考·黄绾的“反叛”之路》，厦门大学出版社 2015 年版，第 153—189 页。

78 严振非：《台州理学南湖学派史·黄绾评传》，上海古籍出版社 2015 年版，第 137—174 页。

79. 张宏敏、李青云：《“慎独而致吾之良知”——中年黄绾对王阳明良知学的一种阐释》，《贵州大学学报（社会科学版）》2016 年第 1 期，第 33—39 页。

80. 宫云维、张宏敏:《王畿佚文〈石洞黄公墓志铭〉考释》，《文献》2016 年第 6 期，第 115—122 页；

81. 王宇：《如何致天理良知于事物之间——论黄绾对阳明思想的修正》，《浙江学刊》2016 年第 4 期，第 11—17 页。

82. 张宏敏：《黄绾与湛若水：姚江心学与岭南心学互动的一个案例》，载《湛若水与当代社会》，广州出版社 2016 年版，第 177—201 页。

83. 张宏敏：《黄绾与陈献章》，载《心学与心理建设》，社会科学文献出版社 2017 年版，第 157—166 页。

84. 刘小伟：《黄绾美学思想研究》，贵州大学硕士学位论文，2017 年 6 月。

85. 陆永胜、刘小伟：《黄绾美学的三重向度及其时代意识与价值》，《江淮论坛》2017 年第 6 期，第 67—73 页。

86. 张宏敏：《黄绾年谱简编》，上海古籍出版社 2017 年版。

87. 张宏敏：《黄绾道学思想研究》，中国社会科学出版社 2017 年版。

88. 刘聪：《大家精要·黄绾》，陕西师范大学出版社 2017 年版。

89. 张宏敏：《黄绾礼学思想简述》，《贵阳学院学报（社会科学版）》2017 年第 4 期，第 22—24 页。

90. 张宏敏：《浙中王门与嘉靖“大礼议”事件——兼论黄宗明、黄绾的学术生平》，《贵州师范大学学报（社会科学版）》2017 年第 6 期，第 123—132 页。

91. 刘昊：《关于〈阳明先生文录〉的文献学新考察——就新发现的〈文录〉三卷本及黄绾〈文录〉本而谈》，《中国哲学史》2018 年第 3 期，第 73—80 页。

92. 张宏敏：《阳明学者黄绾研究的回顾与展望》，载《浙江历史文化研究（第八卷）》，浙江大学出版社 2018 年版，第 346—382 页。

93. 张宏敏：《黄绾〈明道编〉对湛若水的评论》，载《心学与家训家教》，社会科学文献出版社 2018 年版，第 256—259 页。

94. 张宏敏：《黄绾与泰州学派之关联》，《朱子学研究（辑刊）》2019 年第 2 卷，第 201—205 页。

95. 陈寒鸣、夹纪坤：《阳明后学专案研究的上乘之作——评〈黄绾道学思想研究〉》，《衡水学院学报》2019 年第 2 期，第 78—84 页。

96. 牛磊：《试论阳明学士人对杨慈湖“不起意”之说的评析——以王畿与黄绾、季本的争论为中心》，《中共宁波市委党校学报》

2019 年第 2 期，第 58—67 页。

97. 张宏敏 :《黄绾与王阳明》，载《走进越文化（第 1 辑）》，浙江古籍出版社 2020 年版，第 285—289 页。

98. 张宏敏 :《从推崇到批判 : 黄绾论陆九渊》，载《心学史上的一座丰碑 : 陆象山诞辰 880 周年纪念》，武汉大学出版社 2020 年版，第 370—374 页。

99. 张宏敏 :《石龙集》，上海古籍出版社 2021 年版。

100. 张宏敏 :《再寻黄绾》，《文汇报》2023 年 1 月 21 日。